Conteúdo

AS HISTÓRIAS DO ANTIGO TESTAMENTO

História 1: Deus cria o mundo 3

História 2: Deus cria o homem e a mulher 4

História 3: Adão e Eva desobedecem a Deus 7

História 4: Caim e Abel. 8

História 5: Deus escolhe Noé 11

História 6: O arco-íris da promessa de Deus 12

História 7: A torre de babel 15

História 8: Abrão e a promessa de Deus 16

História 9: Deus faz uma aliança com Abrão 18

História 10: Deus muda o nome de Abrão 20

História 11: O Senhor aparece a Abraão 23

História 12: Deus resgata Ló 24

História 13: : Isaque e Ismael 27

História 14: Abraão é posto à prova 28

História 15: Deus escolhe uma
esposa para Isaque 30

História 16: Jacó e Esaú 33

História 17: A mentira de Jacó 34

História 18: O sonho de Jacó 37

História 19: Jacó e Raquel 38

História 20: Jacó foge de Labão 41

História 21: Jacó luta com Deus. 42

História 22: Os sonhos de José 45

História 23: José é atacado por seus irmãos. 46

História 24: José interpreta os sonhos 49

História 25: Deus provê para os israelitas
durante o período de fome 50

História 26: José dá-se a conhecer
aos seus irmãos 52

História 27: Deus protege o bebê Moisés 55

História 28: Deus chama Moisés 56

História 29: Moisés confronta faraó. 58

História 30: Deus envia pragas contra o Egito . . . 60

História 31: A última praga e a primeira Páscoa. . 62

História 32: Deus abre o mar Vermelho. 64

História 33: Deus provê comida
e água para Israel 67

História 34: Deus dá os Dez Mandamentos
a Moisés 68

História 35: O Tabernáculo. 70

História 36: O bezerro de ouro. 72

História 37: Deus tem piedade de Israel 74

História 38: O povo de Israel reclama. 76

História 39: Miriã 78

História 40: Os israelitas espiam a terra 80

História 41: Moisés desobedece a Deus 82

História 42: Deus cura Israel com
uma serpente de bronze 84

História 43: A ajuda de Raabe 86

História 44: A destruição de Jericó 88

História 45: Israel e Ai 90

História 46: Deus chama Gideão 92

História 47: A vitória de Gideão 94

História 48: Deus dá força a Sansão 96

História 49: Sansão perde a sua força 98

História 50: Rute 101

História 51: Deus ouve as orações de Ana 102

História 52: Deus chama o pequeno Samuel 105

História 53: O Deus de Israel não
pode ser contido 106

História 54: : Os israelitas pedem um rei 109

História 55: Saul desobedece ao Senhor 110

História 56: Deus escolhe um novo rei 113

História 57: Davi e Golias 114

História 58: A arca de Deus 116

História 59: Davi, o salmista 1

História 60: Salomão e o templo de Deus 1

História 61: O reino é dividido 1

História 62: Deus dá provisão a Elias
por meio de milagres 1

História 63: Elias e os profetas de Baal 1

História 64: Elias é elevado ao céu 1

História 65: O ministério de Eliseu 1

História 66: Naamã é curado 1

História 67: A queda de Israel 1

História 68: Rei bom, rei mau 1

História 69: Jonas e Nínive 1

História 70: Josias, o rei de
oito anos de idade 1

História 71: A queda de Jerusalém 1

História 72: O sonho de Nabucodonosor 1

História 73: Os quatro homens na fornalha 1

História 74: A glória pertence
somente a Deus 1

História 75: Daniel na cova dos leões 1

História 76: O retorno dos exilados 1

História 77: O templo é concluído 1

História 78: Neemias 1

Introdução

Bem-vindo à *Bíblia ilustrada da salvao*. Esperamos que esta obra apresente
 histórias bíblicas de forma a prender
 atenção de seus filhos, desenvolvendo
 les um amor pela Palavra de Deus que
 rmaneça no coração deles pelo resto da
 da. Dessa forma, ele serve como um lio de histórias da Bíblia para os pais lem com seus filhos em casa, mas também
 ode ser utilizado pelas crianças em sala
 aula.

A maioria das histórias bíblicas se denrola em vários capítulos. As dez pras do Egito, por exemplo, são descritas
 longo de cinco capítulos do livro de
 xodo. É uma história muito longa para
 r lida para uma criança de uma vez só.
 utras histórias são contadas em mais de
 m livro da Bíblia – e, em cada um desses
 vros, o mesmo relato é contado a partir
 e uma perspectiva diferente, incluindo,
 uitas vezes, detalhes específicos. Quando
 mos sobre o nascimento de Jesus somenno livro de Lucas, não temos menção
 s reis magos; quando lemos em Mateus,
 ão há referência aos pastores nos campos.
 o juntar todos esses detalhes em uma
 nica narrativa, conseguimos obter o paorama completo daquele acontecimento.

Existe a possibilidade de simplificarmos
 anto as histórias bíblicas, a ponto de
 eixar de fora conexões importantes do
 vangelho ao grande plano de Deus para
 salvação. Na *Bíblia ilustrada da salvação*,
 ós nos determinamos a preservar esse
 etalhe teológico terminando todas as
 istórias com um breve comentário, com o
 bjetivo de associar os acontecimentos de
 ada episódio específico ao grande plano

redentor de Deus para a humanidade. As
histórias do Antigo Testamento apontam
para a vinda de Jesus no futuro; já as do
Novo Testamento apontam para a cruz.
O objetivo desta obra é, portanto, colocar
cada uma das 156 histórias bíblicas como
fios de malha na tapeçaria do Evangelho,
criando, com todas elas, uma única
imagem.

A fim de preencher essa imagem maior
da redenção de Deus, foram incluídas histórias bíblicas das cartas do Novo Testamento. Ao combinar os acontecimentos
descritos no livro de Atos com os ensinamentos das epístolas, a história da Igreja
Primitiva ganha vida.

Como acontece em qualquer livro de
histórias bíblicas, muitas partes de algumas histórias precisaram ser deixadas de
fora para que se chegasse mais rápido às
"melhores" partes. Portanto, continua sendo fundamental ler a própria Bíblia com
os seus filhos. Ao ler uma das histórias
presentes neste livro primeiro, seu filho
terá uma compreensão melhor da história
bíblica. Depois disso, se desejarem, vocês podem ler, no dia seguinte, a mesma
história diretamente das Escrituras. Para
ajudá-lo a fazer isso, incluímos as referências bíblicas em cada história – e abaixo
do título de todas elas, estão as passagens
maiores em que elas se baseiam.

É nosso desejo que este livro de histórias apresente aos seus filhos a Bíblia Sagrada de forma a despertar neles fome e
sede pela Palavra eterna de Deus.

Usando a
Bíblia ilustrada da salvação

Um recurso como a *Bíblia ilustrada da salvação* pode ser usado de diversas maneiras, por uma grande variedade de públicos. Aqui estão algumas sugestões:

COMO UM LIVRO DE HISTÓRIAS PARA O SEU FILHO EM IDADE PRÉ-ESCOLAR

Leia a história e, depois, faça perguntas simples, apontando para as ilustrações. Por exemplo, aponte para um personagem e pergunte: "Quem é este?" Quando a criança responder corretamente, comemore o acerto e continue para ver se ela consegue se lembrar do que esse personagem fez.

COMO UM DEVOCIONAL PARA O SEU FILHO EM INÍCIO DE IDADE ESCOLAR

Comece, na segunda-feira, lendo uma narrativa da *Bíblia ilustrada da salvação* para o seu filho. Então, no dia seguinte, de terça a sexta-feira, leia com ele uma parte da mesma história na própria Bíblia Sagrada. No caso de uma carta do Novo Testamento, vocês podem ler partes do texto em cada dia.

NA SALA DE AULA

Os ministérios infantis e escolas dominicais podem indicar quando ler a história apropriada da *Bíblia ilustrada da salvação*. Sente-se em um lugar confortável e convide as crianças para se acomodarem ao redor, a fim de que possam ver as ilustrações enquanto você lê. Ao terminar a história leia as perguntas listadas com seus filhos peça-lhes que façam comentários sobre as ilustrações, perguntando quem são os personagens mostrados ou o que está acontecendo naquele desenho.

Ao combinar essas dicas com a sua própria criatividade, você estará promovendo um amor pela história do Evangelho em sua família ou em sua sala de aula. Independente de como você utilizar a *Bíblia ilustrada da salvação*, o nosso desejo é que este livro aproxime você e seus filhos de uma relação mais íntima com Deus e com a sua Palavra.

USANDO AS ILUSTRAÇÕES E AS PERGUNTAS

Cada desenho foi criado para dar vida às histórias. E as perguntas, na seção "Vamos conversar sobre esta história!", foram projetadas para ajudá-lo a interagir com o seu filho sobre o Evangelho. Os desenhos das figuras humanas foram deixados sem cor intencionalmente, para que cada criança possa se imaginar nas histórias. Na última ilustração, nos desenhos de pessoas de todas as tribos e nações adorando ao redor do trono de Deus, as figuras humanas foram pintadas com cores diferentes justamente para mostrar a diversidade da família de Deus.

Dedicatória

Este livro não seria possível sem
o amor e o apoio de minha esposa, Lois.

Juntos, gostaríamos de dedicar esta obra aos
nossos seis filhos – os filhos mais maravilhosos do mundo.

Para Emma, Nathan, Martha, Noah, Anna e Amelia.

Que as ricas histórias da Bíblia possam
transformar sua vida e serem passadas
para a próxima geração.

Agradecimentos

Produzir este livro simplesmente não teria sido possível sem a ajuda e o trabalho duro de muitas pessoas. Eu gostaria de agradecer a Dave Harvey pelo seu apoio e incentivo no desenvolvimento e publicação deste material, bem como aos pastores da igreja Covenant Fellowship pelo seu exemplo, que me ensinou a colocar o Evangelho em prática, tanto em meu ministério quanto em minha vida. Sou grato a C. J. Mahaney por suas pregações abençoadas, em que nos exorta a manter o Evangelho no centro de tudo que fazemos. O desafio lançado por ele de sempre "colocar em primeiro lugar aquilo que é mais importante" foi a inspiração por trás da criação desta Bíblia ilustrada da salvação para crianças.

Tenho uma dívida de gratidão para com a minha esposa, Lois, e para com Jared Mellinger, que leu cada história a fim de apresentar suas críticas, assim como para com a minha editora, Sue Lutz, pelo esforço cuidadoso, paciente e transformador que ela empenhou neste projeto.

Como é o caso de todo livro infantil, as ilustrações são uma parte muito importante da obra. Por isso, gostaria de agradecer a Anne Macha pelos desenhos maravilhosos que criou. Fico encantado com o uso que Anne faz dos traçados para criar texturas e formas – o que pode ser visto, por exemplo, nas estrelas desenhadas sobre Abraão, no vapor que sobe da panela de ensopado de Jacó e no céu em espiral ao redor da crucificação de Jesus. Um enorme obrigado, também, a Matt Nowicki, nosso veterano diretor de arte, que ajudou Anne neste projeto, transformando o visual deste livro com a sua mistura criativa de cores.

Também sou grato à equipe da editora New Growth Press: Karen Jacklin Teears, por seu olhar artístico e seu compromisso com a excelência; e a Barbara Miller Juliani, por sua valiosa administração deste projeto. A releitura das maravilhosas histórias bíblicas simplesmente não seria possível sem a ajuda dessas pessoas.

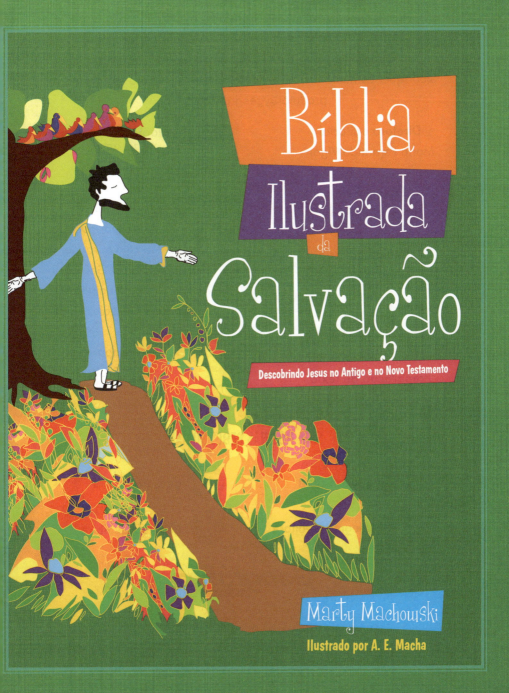

Bíblia Ilustrada da Salvação

Descobrindo Jesus no Antigo e no Novo Testamento

Marty Machowski

Ilustrado por A. E. Macha

1ª edição
Santo André - SP
2022

Título original The Gospel Story Bible® por Marty Machowski, publicado por New Growth Press. Translated by permission.
Todos os direitos desta obra em Português pertencem a Geográfica Editora © 2022 - www.geografica.com.br
Quaisquer comentários ou dúvidas sobre este produto escreva para: produtos@geografica.com.br

Diretora editorial
Maria Fernanda Vigon

Editor chefe
Marcos Simas

Assistente editorial
Adriel Barbosa

Tradução
Júlia Ramalho

Preparação de texto
Carlos Fernandes

Adaptação da arte e diagramação
Rick Szuecs

Revisão
João Rodrigues
Marcelo Miranda
Nataniel Gomes
Angela Baptista
Maristela Gonzalez Codogno

Capa
Rick Szuecs

SIGA-NOS NAS REDES SOCIAIS

 geograficaed   geoeditora

 geograficaeditora   geograficaeditora

M151b	Machowski, Marty
	Bíblia ilustrada da salvação: descobrindo Jesus no Antigo e no Novo Testamento. – Marty Machowski. Ilustrado por A. E. Macha. Santo André: Geográfica, 2022.
	16x23 cm; il. ; 166p.
	ISBN 978-65-5655-280-4
	1. Bíblia sagrada. 2. Cristianismo. 3. Literatura juvenil. I. Macha, A. E. II. Título.
	CDU 22.06+087.5

HISTÓRIAS DO NOVO TESTAMENTO

História 79: O nascimento de Jesus
é profetizado..................................158

História 80: O nascimento de Jesus 160

História 81: Jesus é apresentado no templo.......162

História 82: O ministério de João Batista 164

História 83: O batismo de Jesus 166

História 84: A tentação de Jesus 168

História 85: A festa de casamento....................171

História 86: Jesus purifica o templo.................172

História 87: Nicodemos 174

História 88: Boas-novas....................................176

História 89: A pesca milagrosa.........................179

História 90: Jesus cura um paralítico 180

História 91: O sermão do monte –
As bem-aventuranças..................182

História 92: O sermão do monte –
Amem os seus inimigo..................184

História 93: A oração do Pai-Nosso.................187

História 94: Tesouros no céu 188

História 95: O homem prudente e
o homem insensato.....................190

História 96: Os quatro tipos de solo.................192

História 97: O tesouro escondido....................194

História 98: Jesus acalma a tempestade............196

História 99: Jesus alimenta a multidão 198

História 100: Jesus anda sobre o mar 200

História 101: Tome a sua cruz 202

História 102: A transfiguração.........................205

História 103: Jesus cura dez leprosos 206

História 104: Jesus testifica que é Deus.............208

História 105: O fariseu e
o publicano 210

História 106: Lázaro..212

História 107: Jesus e Zaqueu 215

História 108: A entrada triunfal 216

História 109: A oferta da viúva pobre..............218

História 110: Jesus lava os pés dos discípulos....220

História 111: A última ceia...............................222

História 112: Jesus promete enviar
o Espírito Santo........................225

História 113: Jesus é preso...............................226

História 114: Pedro nega Jesus.........................228

História 115: A crucificação e os dois ladrões ...230

História 116: A morte de Cristo.......................232

História 117: A ressurreição.............................234

História 118: A incredulidade de Tomé............236

História 119: Outra pesca milagrosa..........238

História 120: A Grande Comissão............240

História 121: A ascensão de Jesus 243

História 122: Pentecoste 244

História 123: Pedro e o profeta Joel 247

História 124: Novos convertidos 248

História 125: A cura do mendigo paralítico 250

História 126: Ananias e Safira 252

História 127: A morte de Estêvão 254

História 128: Saulo é derrubado no chão 256

História 129: A conversão dos gentios 258

História 130: O fruto do Espírito 260

História 131: O Corpo de Cristo 262

História 132: Amor 265

História 133: A obra de Paulo em Éfeso 266

História 134: Uma nova criação 268

História 135: Deus ama quem
dá com alegria 270

História 136: A justificação pela graça 272

História 137: Justificados pela fé 274

História 138: Creia e confesse 276

História 139: A prisão de Paulo 278

História 140: A supremacia de Cristo 281

História 141: Escolhidos antes
da criação do mundo 28

História 142: Da morte para a vida 28

História 143: A dádiva do homem 28

História 144: Despindo-se do velho homem 28

História 145: A armadura de Deus 29

História 146: A humildade de Cristo 29

História 147: Prossiga com os
olhos no prêmio 29

História 148: O caráter é importante 29

História 149: Toda a Escritura é
inspirada por Deus 29

História 150: Os desejos do coração 30

História 151: Nascido de novo! 30

História 152: A Palavra de Deus é viva 30

História 153: Pela fé 30

História 154: Amando uns aos outros 30

História 155: Digno é o Cordeiro 310

História 156: A adoração diante
do trono de Deus 312

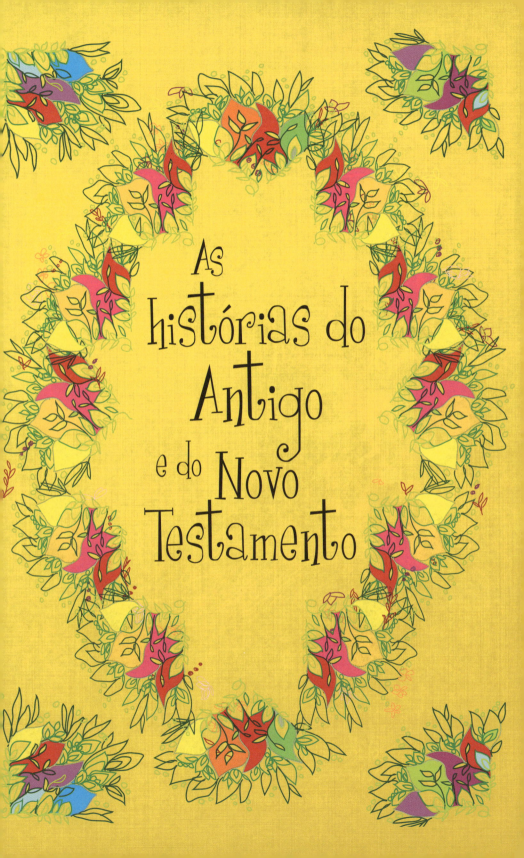

Vamos conversar sobre esta história!

Qual foi a primeira coisa que Deus criou?
Deus criou o mundo a partir de quê?
Qual é a sua parte favorita da Criação de Deus?

HISTÓRIA 1
Deus cria o mundo

GÊNESIS 1.1-25

A história do Evangelho de Deus começa bem no início, quando ainda não existia absolutamente nada. Absolutamente nada é algo difícil para nós compreendermos, pois precisamos começar com alguma coisa quando criamos algo. No entanto, Deus não começou a sua criação com a luz, com o barro da terra e, nem mesmo, com o ar invisível. Sim, Deus começou com absolutamente nada. Ele falou em meio ao nada e criou os céus e a terra. O Senhor, então, falou e ordenou: "'Haja luz', e houve luz. Deus viu que a luz era boa" (Gênesis 1.3-4). Assim, Deus criou o dia e a noite naquele primeiro dia.

No segundo dia, Deus criou o céu e o firmamento acima dele. Quando o Senhor falou, essas coisas foram criadas, exatamente como ele desejou. Em um segundo, nada daquilo existia; e no instante seguinte, lá estavam elas!

No terceiro dia, Deus criou a terra seca. Foi nesse dia que ele criou a terra sobre a qual nós andamos. O Senhor ordenou, ainda, que brotassem da terra todo tipo de plantas e vegetação. Esse foi o dia em que toda grama, arbustos e árvores foram criados por Deus. Ele, então, olhou para a água, para a terra, para o céu e para todas as plantas – e viu que tudo era bom.

No quarto dia, Deus disse: "Que haja estrelas no céu", e elas surgiram. O Senhor criou os astros para brilharem no céu durante a noite e marcar as estações, os dias e os anos. Deus criou dois grandes luminares: a lua, para iluminar a noite; o sol, para iluminar o dia. Ele olhou para a água, para a terra com suas plantas, para o céu, os planetas, as estrelas, a lua e o sol e viu que tudo era bom.

No quinto dia, Deus encheu as águas e o céu com vida. Ele criou todos os seres vivos do mar, desde o menor peixinho até a maior baleia. Ele criou todas as aves de todas as espécies, como pardais, águias, avestruzes e pombos. O Senhor fez cada um deles de maneira especial e viu que tudo era bom. Deus abençoou os peixes do mar e as aves do céu e ordenou que eles tivessem muitos filhotes, para que preenchessem todo o oceano e todo o céu.

No sexto dia, Deus disse: "Produza a terra seres vivos de acordo com as suas espécies" (Gênesis 1.24). O Senhor fez criaturas pequenas, como as aranhas e os insetos, e todos os animais que andam sobre a terra, desde o menor lagarto até o enorme elefante. E Deus viu que isso era bom.

Mais para adiante, na história do Evangelho de Deus, aprendemos algo muito especial com o apóstolo Paulo. Paulo escreveu que Deus, o Filho, que veio como Jesus, criou tudo o que vemos: "Todas as coisas foram criadas por ele e para ele" (Colossenses 1.16). Isso significa que Deus, o Pai; Deus, o Espírito Santo; e Deus, o Filho estavam todos envolvidos na criação da Terra – e esses Entes divinos criaram tudo o que existe a partir do nada! Portanto, na próxima vez que você der um passeio pela praia ou caminhar por uma floresta, observe atentamente algo criado por Deus – e verá como toda a sua Criação é maravilhosa!

HISTÓRIA 2
Deus cria o homem e a mulher
GÊNESIS 1.26 – 2.25

No sexto dia da criação, Deus disse: "Façamos o homem à nossa imagem" (Gênesis 1.26). Isso é algo muito especial, porque, de toda a Criação, somente os seres humanos foram feitos à imagem de Deus. O Senhor formou o primeiro ser humano – um homem – a partir do pó da terra. Deus, então, soprou sobre o homem e ele ganhou vida! O Senhor chamou o homem de Adão. Ele plantou um jardim muito especial para Adão viver e o chamou de Éden. Era um lindo jardim, cheio de rios e árvores. Havia uma árvore especial que se chamava Árvore da Vida e outra denominada Árvore do Conhecimento do Bem e do Mal. Deus mandou Adão cuidar do jardim e passava tempo com ele ali. O Senhor disse ao homem que ele podia comer de todas as árvores que cresciam no jardim, menos de uma. Se Adão comesse da Árvore do Conhecimento do Bem e do Mal, ele morreria.

Deus, porém, ainda não havia acabado de criar. Ele disse: "Não é bom que o homem esteja só; farei para ele alguém que o auxilie e lhe corresponda" (Gênesis 2.18). Adão precisava de alguém como ele para ser sua melhor amiga, auxiliadora e parceira. Deus levou todas as espécies de animais para Adão dar nome, mas nenhum desses animais era como o homem e, portanto, não podiam ajudá-lo. O Senhor, então, fez com que Adão caísse em um sono profundo. Enquanto ele dormia, Deus tirou uma de suas costelas e formou a mulher. Isso significa que a mulher foi criada a partir do corpo de Adão. Por isso, eles não podiam ser mais próximos um do outro; porém, também eram diferentes entre si e se complementavam.

Quando Adão acordou e viu a mulher, ficou muito feliz! Agora, ele não estava mais sozinho. Finalmente, Adão tinha uma auxiliadora e amiga! Ele a chamou de mulher, porque fora feita a partir de seu próprio corpo. Juntos, eles se tornaram o primeiro casal da Terra. Deus os abençoou e disse que eles enchessem a terra com seus filhos, ordenando-lhes que governassem sobre todo o restante da sua Criação. O Senhor deu ao homem e à mulher os vegetais e os frutos das árvores como alimento. Deus, então, olhou tudo o que havia feito e viu que era tudo muito bom.

Foi assim que os céus e a terra, as águas, o firmamento e todos os seres vivos que neles há foram criados. No sétimo dia, quando Deus terminou a sua obra criadora, ele descansou.

Você sabia que a Criação é tão maravilhosa, que basta um olhar para ela, em todo o seu esplendor, para sabermos que Deus é real e poderoso? O rei Davi disse certa vez: "Os céus declaram a glória de Deus; o firmamento proclama a obra das suas mãos" (Salmo 19.1). O apóstolo Paulo disse que a Criação do Senhor é tão extraordinária que ninguém pode duvidar de que ele existe. Desde o início do mundo, nós podemos ver que Deus é poderoso, simplesmente, observando todas as coisas que ele criou (Romanos 1.19-20). O ponto alto – a melhor parte – da obra criadora de Deus foi quando ele fez os seres humanos. Toda a criação reflete a glória do Senhor em toda a sua beleza; porém, os seres humanos foram os únicos criados à imagem e semelhança de Deus. Isso significa que as pessoas são as únicas criaturas que podem viver e agir como o Senhor. Podemos ler a Palavra de Deus, declarar coisas ao Senhor e orar para falar com ele. Podemos escrever poemas, compor músicas, fazer pinturas e inúmeras outras coisas que os animais não podem fazer. No entanto, a diferença mais importante entre os animais e nós é que cada um de nós, humanos, podemos ter um relacionamento com Deus, como um de seus filhos ou filhas!

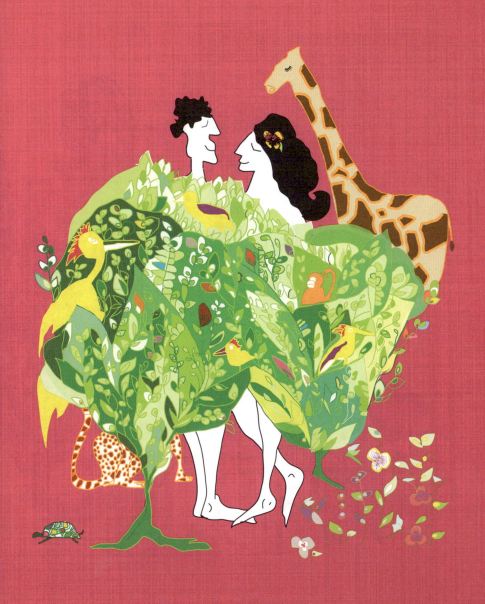

Vamos conversar sobre esta história!

Qual foi o nome que Deus deu ao homem?
Quais animais você consegue ver na imagem?
O que torna o homem e a mulher diferentes dos animais?

Vamos conversar sobre esta história!

Por que, na imagem, Eva está fora do Jardim?
Onde está Adão?
O que Eva está vestindo e quem deu essa roupa para ela?

HISTÓRIA 3

Adão e Eva desobedecem a Deus

GÊNESIS 3.1-24

Os momentos maravilhosos que o homem e a mulher desfrutaram ao conviver com Deus no Jardim do Éden, infelizmente, não duraram muito tempo. Satanás entrou no jardim, em forma de serpente, para enganá-los. Ele foi até a mulher para tentá-la a comer o fruto da Árvore do Conhecimento do Bem e do Mal, a única cujo fruto Deus havia dito para eles não comerem. Se eles comessem, morreriam. Porém, a serpente mentiu para a mulher, dizendo: "Não é verdade que vocês morrerão se comerem. Deus mentiu, pois se vocês comerem deste fruto, serão como ele, conhecedores do bem e do mal." A mulher acreditou na mentira de Satanás. Ela, então, desobedeceu a Deus, pegou o fruto e o comeu. Ela tomou uma decisão horrível quando desobedeceu à ordem do Senhor. Então, para piorar ainda mais as coisas, também deu o fruto ao seu marido Adão, que estava com ela. Ele o comeu, também desobedecendo a Deus.

Assim que se deram conta do que haviam feito, Adão e sua mulher se envergonharam. Eles pegaram algumas folhas de figueira para se cobrir, pois perceberam que estavam nus. Mais tarde, quando Deus foi passear pelo Jardim do Éden, eles sentiram medo e tentaram se esconder do Senhor. Mas ninguém pode se esconder de Deus nem ocultar o seu pecado dos olhos do Senhor. Deus foi até Adão e perguntou por que ele havia desobedecido. O homem não tinha uma resposta muito boa: ele culpou a sua própria mulher. E, então, quando Deus perguntou à mulher por que havia desobedecido, ela, por sua vez, culpou a serpente.

Deus amaldiçoou a serpente pelo que ela tinha feito. Depois disso, o Senhor disse à mulher que haveria consequências ruins pela sua desobediência. A partir daquele momento, a relação entre eles seria difícil. Além disso, o Senhor também amaldiçoou a terra e disse a Adão que, dali em diante, ele teria que viver do seu trabalho. Deus também disse que, um dia, eles retornariam ao pó da terra de onde foram tirados. Isso significava que Adão e sua mulher haveriam de morrer. Foi isso que o Senhor disse que aconteceria desde o início. Deus tinha falado a verdade, e não a serpente.

Aquele foi um dia muito triste. Deus expulsou os dois primeiros seres humanos que havia criado, do jardim que ele mesmo tinha feito para eles. Depois, colocou um anjo como guarda na entrada, para impedir que voltassem. No entanto, em meio a toda aquela tristeza, o Senhor lhes deu uma grande esperança. Quando Deus amaldiçoou a serpente, ele disse que, a sua descendência esmagaria a cabeça da serpente.

Você sabia que Deus fez roupas de peles de animais para cobrir a nudez de Adão e Eva? Esse ato fazia uma referência ao dia, no futuro, em que Jesus, o Filho Unigênito de Deus, nasceria neste mundo. Ele viria como um filho da família de Adão – um descendente muito, muito distante de Adão e Eva. Jesus iria morrer na cruz, sendo punido pelo pecado de Adão e de todos aqueles que colocassem a sua confiança nele, para que pudessem voltar a ter um relacionamento com Deus. E Jesus seria aquele que derrotaria Satanás.

HISTÓRIA 4
Caim e Abel
GÊNESIS 4.1-16

Depois que foram expulsos do Jardim do Éden, Adão e Eva descobriram como era difícil viver debaixo da maldição que receberam por causa de sua desobediência. Adão tinha que trabalhar muito pesado para cultivar a terra. Não era assim antes do pecado. Porém, depois da queda, assim como acontece hoje, as ervas daninhas começaram a crescer e insetos e pestes ameaçavam estragar as colheitas. Depois de um tempo, Eva engravidou e teve um filho. Ela deu a ele o nome de Caim. Depois, teve outro filho, a quem deu o nome de Abel. Caim, ao crescer, tornou-se agricultor e cultivava legumes e vegetais para sua alimentação. Abel, por sua vez, tornou-se pastor de ovelhas e as criava para ter lã, para fazer suas roupas.

Certo dia, Caim colheu alguns alimentos que havia cultivado e os levou até o Senhor, como uma oferta. Abel também levou uma oferta a Deus – as primeiras crias e os melhores animais do seu rebanho. Deus viu a oferta de Abel e a aceitou com agrado, porém não aceitou a de Caim. Isso deixou Caim muito irritado. O Senhor tentou ajudá-lo, dizendo: "Não fique irritado, Caim. Se você fizer o que é certo, então será aceito. Mas, tenha cuidado, pois o pecado está perto, e se você não se afastar dele, estará em perigo."

Caim, no entanto, não deu ouvidos ao que o Senhor disse. Ele ainda estava bravo porque Deus havia aceitado a oferta de Abel, e não a dele. Apesar de o Senhor ter dito a Caim que seria aceito se fizesse a coisa certa, ele não se importou. Em vez disso, ele foi atrás de seu irmão e o matou! Depois, Deus foi até Caim e perguntou: "Onde está seu irmão Abel?" Caim mentiu e respondeu com raiva: "Eu não sei." O Senhor, porém, sabia o que Caim tinha feito. Deus, então, o julgou e disciplinou por causa do seu pecado. Daquele momento em diante, Caim não colheria mais nada da terra e se tornaria um fugitivo errante pelo mundo. Caim disse ao Senhor que o seu castigo era maior do que poderia suportar e que temia que alguém tentasse matá-lo! Deus, assim, colocou em Caim um sinal para protegê-lo e disse que qualquer pessoa que visse aquele sinal não o mataria.

Embora Abel não merecesse ser morto pelo seu irmão, a sua morte não poderia resolver os problemas trazidos ao mundo por causa do pecado. Entretanto, um dia no futuro, outro filho de Adão – um de seus descendentes muito distantes –, que se chamaria Jesus, consertaria as coisas. Assim como Abel, Jesus seria morto, mesmo sem merecer a morte. Porém, ao morrer, o sangue de Cristo seria capaz de tirar a maldição do pecado de todo aquele que acreditasse nele. É por isso que o autor do livro de Hebreus diz que o sangue de Jesus fala mais alto do que o de Abel (Hebreus 12.24).

Vamos conversar sobre esta história!

Quem está deitado atrás dos arbustos e por que ele está ali?
Por que Caim matou seu irmão Abel?
Como a nossa raiva nos torna parecidos com Caim?

Vamos conversar sobre esta história!

Cite alguns dos animais que entraram na arca.
O que mais deveria entrar na arca?
Como a arca de Noé nos faz lembrar de Jesus?

HISTÓRIA 5
Deus escolhe Noé

GÊNESIS 6 – 7

Depois que Caim matou Abel, Adão e Eva continuaram a ter outros filhos e filhas. Os seus filhos se casaram, tiveram outros filhos e o número de pessoas na terra aumentava cada vez mais. Algumas dessas pessoas eram obedientes a Deus; porém, a maioria delas não era.

O Senhor olhou para a terra e viu que as pessoas tinham se tornado muito, muito perversas. Havia, todo o tempo, muita maldade no coração e nos pensamentos delas. As pessoas eram desleais, cruéis umas com as outras e não amavam a Deus. "Então o SENHOR arrependeu-se de ter feito o homem sobre a terra; e isso lhe cortou o coração" (Gênesis 6.6). Naquele dia, Deus decidiu destruir todas as pessoas perversas, bem como todos os animais, insetos e aves e começar tudo de novo.

Mas havia um homem em quem o Senhor se agradava. O seu nome era Noé. A Bíblia nos conta que Noé andava com Deus. Ele vivia com a sua mulher e três filhos, chamados Sem, Cam e Jafé. Noé tinha quinhentos anos de idade quando teve seus filhos. O Senhor chamou Noé e contou a ele o seu plano de trazer um dilúvio para destruir todos os seres viventes da terra. Por isso, o Senhor mandou Noé construir uma arca, um barco muito grande, com tamanho suficiente para acomodar todas as espécies de animais que Deus havia criado. Deus disse a Noé exatamente como ele deveria construir a arca e tudo o que deveria colocar dentro dela.

Demorou muito tempo até que a arca ficasse pronta. Noé já estava com seiscentos anos de idade quando terminou de construí-la! Quando tudo estava pronto e o dia do dilúvio se aproximava, Deus ordenou que ele colocasse todos os animais e a sua família dentro da arca, pois o dilúvio viria dali a sete dias. Noé obedeceu ao Senhor. Então, Deus fez com que os animais fossem até Noé, um macho e uma fêmea de cada espécie. Quando a arca estava cheia, Noé, a sua mulher e os seus três filhos, com suas famílias, entraram nela e o Senhor fechou a porta. Uma quantidade enorme de chuva começou, então, a cair do céu e grandes fontes subterrâneas de água começaram a jorrar da terra. Choveu durante quarenta dias e quarenta noites. Toda a terra foi inundada pela água, e todas as pessoas e animais que estavam fora da arca morreram, exatamente como o Senhor havia falado. Deus salvou Noé e a sua família, mas eles precisaram ficar dentro da arca durante um ano inteiro até que as águas baixassem e eles pudessem sair novamente.

O Senhor salvou todos que entraram na arca. Nos dias de Noé, a arca era a única maneira de alguém ser salvo do julgamento de Deus. Hoje, no entanto, Jesus é como a nossa arca de salvação. A Bíblia nos diz que somente aqueles que estão seguros "em Cristo" serão salvos do julgamento do Senhor. Então, quando você pensar na arca de Noé, que o salvou do dilúvio, lembre-se de Jesus, que nos salva dos nossos pecados.

HISTÓRIA 6

O arco-íris da promessa de Deus

GÊNESIS 8 – 9

À medida que as águas do dilúvio foram abaixando, a arca pousou no topo de uma montanha chamada Ararate. Depois de muitos dias parada sobre essa montanha, Noé abriu uma janela da arca e soltou um corvo. Ele sabia que se o corvo encontrasse terra seca, não voltaria para a arca. Mas, durante muitos dias, o corvo ficou voando de um lado para o outro acima da arca. Finalmente, certo dia ele voou e não voltou mais. Noé, então, soltou outra ave, uma pomba; porém, a pomba não encontrou lugar onde pousar os pés e voltou para a arca. Ele estendeu a mão para fora, apanhou a pomba cansada e a trouxe de volta para dentro da arca. Depois de sete dias, Noé soltou novamente a pomba – e, dessa vez, ela voltou trazendo em seu bico uma folha nova de oliveira. Ao ver que a folha era nova e bem verde, Noé soube que a terra estava secando e voltando a ter vida. Ele esperou mais sete dias e soltou a pomba pela terceira vez. Dessa vez, ela não voltou, pois havia encontrado um lugar seco para pousar.

Quando Noé olhou para fora da arca, viu que a água já havia secado quase completamente. Ele, no entanto, ainda permaneceu dentro da arca por mais um mês, até que Deus dissesse que era hora de Noé, sua família e todos os animais saírem. Eles, portanto, começaram a libertar os animais para que pudessem habitar novamente na terra e se multiplicar. Depois que todos os animais saíram, Noé e sua família também deixaram a arca. Deve ter sido uma sensação maravilhosa poder sair novamente e respirar o ar puro. Afinal, viver naquela arca deve ter sido como morar dentro de um celeiro gigante!

Para honrar a Deus por ter salvo ele e sua família, Noé construiu um altar e ofereceu um sacrifício ao Senhor. Deus se agradou com o sacrifício de Noé. "Deus abençoou Noé e seus filhos, dizendo-lhes: 'Sejam férteis, multipliquem-se e encham a terra'" (Gênes 9.1). O Senhor disse a Noé que os anima lhes serviriam como alimento, mas ordeno que não matassem outras pessoas.

O Senhor, então, fez uma promessa e pecial a Noé, aos seus filhos e a todas as pe soas que viriam depois deles. Deus chamo essa promessa de aliança. Ele prometeu qu jamais inundaria a terra novamente con um dilúvio para destruí-la, – e como sin de sua promessa, o Senhor colocou no cé um arco-íris. Deus disse a Noé que, toda ve que um arco-íris surgisse no céu, ele se lem braria da aliança eterna que fez naquele dia Deus não fez essa promessa porque Noé er uma pessoa boa. Noé era um pecador, assin como cada um de nós. O Senhor fez a pro messa porque é um Deus de amor que no dá coisas que não merecemos. Isso se cham graça. Nos dias de hoje, sempre que virmo um arco-íris no céu, devemos nos lembra da promessa feita por Deus a Noé e do inf nito amor que ele derrama sobre nós, peca dores, por causa da sua graça.

Você sabia que, quando Deus salvou No naquela arca, isso fazia parte do seu plan para nos salvar também? Isso é verdade po que, um dia, Jesus, o nosso Salvador, nasce ria como um descendente distante da famíli de Noé. Para Noé e sua família, havia apena um caminho a trilhar para serem salvos da águas do dilúvio: através da porta de entrad da arca. Da mesma forma, há apenas um ca minho para sermos salvos do nosso pecado Jesus disse: "Eu sou o caminho" (João 14.6 A próxima vez que você vir um arco-íris n céu, portanto, não se lembre somente d como Deus salvou Noé – lembre-se de Jesu e de como a morte dele trouxe salvação par todos nós.

Vamos conversar sobre esta história!

O que Noé e sua família estão olhando?
O que aconteceu com toda a água do dilúvio?
Por que, de vez em quando, um arco-íris aparece no céu?

Vamos conversar sobre esta história!

A torre do desenho é grande ou pequena?
Onde estão todos os homens que estavam trabalhando em sua construção?
Por que Deus impediu que o povo terminasse de construir a torre?

HISTÓRIA 7
A torre de Babel
GÊNESIS 11.1-9

Os filhos de Noé e suas mulheres deixaram a arca e suas famílias cresceram. Logo, a terra voltou a ser habitada por muitas pessoas, pois os filhos, netos e bisnetos de Noé foram se multiplicando, em obediência ao mandamento de Deus para que eles povoassem a terra. Naquela época, todos os filhos, netos e bisnetos de Noé falavam a mesma língua.

Havia tantas pessoas na terra que elas precisaram se espalhar. Alguns homens se mudaram de onde viviam e encontraram uma grande planície. Eles chamaram essa planície de Sinear e se fixaram ali. Embora Deus tenha ordenado que os descendentes de Noé povoassem a terra, eles não queriam se espalhar por lugares diferentes. Eles gostaram de Sinear e desobedeceram ao Senhor, construindo uma grande cidade ali. Todos trabalharam juntos para fazer tijolos e construir a cidade. Aqueles homens se orgulharam do que haviam feito – tanto, que decidiram construir uma torre enorme, que alcançasse o céu. Só que não queriam construir aquela torre para a glória de Deus: eles desejavam construí-la para a sua própria fama, para que ficassem conhecidos por toda a terra. O povo havia se esquecido do Senhor.

Deus, é claro, sabia o que eles estavam fazendo. Ele viu a cidade e a torre que o povo estava construindo e disse: "Eles são um só povo e falam uma só língua, e começaram a construir isso. Em breve nada poderá impedir o que planejam fazer" (Gênesis 11.6). Logo, eles se esqueceriam de Deus e o rejeitariam. O Senhor, portanto, desceu até a cidade e confundiu a língua que eles falavam. De repente, eles pararam tudo o que estavam fazendo. Em um piscar de olhos, os homens que estavam fazendo os tijolos passaram a falar uma língua diferente dos homens que estavam construindo a torre. Talvez os próprios pedreiros tenham começado a falar línguas diferentes entre si! Imagine como isso deve ter sido estranho e confuso para aqueles homens...

Como não conseguiam mais se entender, eles precisaram interromper a construção. O povo, então, deixou aquela cidade, abandonou a grande torre que estavam construindo e partiram dali. Assim, o Senhor os dispersou por toda a face da terra, exatamente como havia planejado desde o início. Daquele dia em diante, as pessoas foram separadas umas das outras de acordo com o idioma que falavam. Aquela cidade foi chamada Babel, porque ali o Senhor confundiu a língua de todo mundo.

Você sabia que, um dia, Deus reunirá todas as diferentes nações novamente? Pessoas de todas as tribos, países e línguas serão reunidas no céu. Nesse dia, não seremos mais separados por causa de nossas línguas ou culturas diferentes. Nesse dia, louvaremos ao Senhor juntos, a uma só voz. Graças ao que Jesus fez por nós na cruz, poderemos declarar juntos em alta voz: "Aleluia! A salvação, a glória e o poder pertencem ao nosso Deus" (Apocalipse 19.1).

HISTÓRIA 8
Abrão e a promessa de Deus

GÊNESIS 12 –13

Agora que as pessoas de Babel não conseguiam mais se comunicar na mesma língua, elas precisaram se espalhar por toda a terra. Dessa forma, foram formadas nações diferentes, cada uma com o seu próprio idioma. Terá, um homem que era descendente distante de Sem, filho de Noé, estabeleceu-se com a sua família em um lugar chamado Harã. Terá teve um filho chamado Abrão, que vivia em Harã com sua mulher, Sarai, e com seu sobrinho, Ló.

Certo dia, o Senhor falou que Abrão pegasse a sua família e deixasse aquela terra. Deus disse: "Saia da sua terra, do meio dos seus parentes e da casa de seu pai, e vá para a terra que eu lhe mostrarei. Farei de você um grande povo, e o abençoarei. Tornarei famoso o seu nome, e você será uma bênção" (Gênesis 12.1-2). O Senhor disse a Abrão que o usaria para abençoar todas as famílias da terra. Apesar de não saber para onde Deus o estava enviando, Abrão acreditou e confiou nas palavras do Senhor. Então, quando estava com setenta e cinco anos de idade, Abrão saiu da terra de Harã com Sarai, Ló, seus servos e todos os bens que havia acumulado. Lembre-se que, ao sair de seu país, Abrão não entenderia as línguas faladas pelos povos que ele encontraria pelo caminho, mas Deus lhe deu fé suficiente para obedecer. Deus estava prestes a dar início ao seu plano para resgatar as pessoas da maldição que caiu sobre elas depois do pecado de Adão e Eva. Ao longo do caminho, Abrão também pecou, é claro; porém, o Senhor não o abandonou.

Quando Abrão passou por uma região chamada Canaã, o Senhor apareceu a ele e prometeu dar aquela terra a ele e à sua descendência. Abrão construiu ali um altar dedicado ao Senhor e depois continuou a sua jornada. Quando chegou em segurança a Betel, Abrão construiu outro altar ao

Vamos conversar sobre esta história!

Para onde Ló e Abrão estão olhando?
Você preferiria morar em uma cidade ou no campo?
O que Deus deu a Abrão que era melhor do que viver em uma bela cidade?

Senhor. Depois, por causa de uma grande fome que atingiu aquela região, ele precisou descer até o Egito para viver ali por algum tempo, até que pudesse retornar a Betel. Durante todas as suas viagens, Deus abençoava Abrão e Ló. Os seus rebanhos de animais cresciam continuamente, até encher toda a região.

Depois de um tempo, não havia mais espaço para que Abrão e Ló permanecessem juntos na mesma terra. Os seus rebanhos haviam crescido tanto, que a terra não podia sustentá-los com água e comida suficiente. Começaram até mesmo a surgir desavenças entre os seus pastores. Quando percebeu que não havia mais espaço para todos eles, Abrão pediu que Ló escolhesse onde ele desejava morar. Se Ló fosse para a esquerda, Abrão seguiria para a direita e vice-versa. Ló, então, escolheu habitar um lindo vale coberto por verdes pastos, rios e córregos. Com a sua família e o seu rebanho, Ló se apartou de Abrão. Ele se estabeleceu entre as cidades daquele vale, montando o seu acampamento próximo a uma localidade chamada Sodoma.

Depois que Ló partiu, o Senhor falou com Abrão: "De onde você está, olhe para o Norte, para o Sul, para o Leste e para o Oeste: toda a terra que você está vendo, darei a você e à sua descendência para sempre" (Gênesis 13.14-15). Deus disse a Abrão que ele teria tantos filhos e netos que eles não poderiam ser contados, assim como não se pode contar as estrelas do céu. Ló havia escolhido o melhor pedaço de terra; porém Abrão recebeu uma promessa do Senhor. Por meio de Abrão, todos nós fomos abençoados, assim como Deus prometeu, pois foi por causa da morte e ressurreição do seu descendente distante, Jesus, que todos aqueles que creem em seu nome herdarão para sempre a promessa feita a Abrão!

HISTÓRIA 9
Deus faz uma aliança com Abrão
GÊNESIS 15

Abrão, sua mulher e todos os seus rebanhos se estabeleceram em Hebrom. Esse foi o lugar onde o Senhor disse a Abrão que ele teria tantos descendentes que eles seriam como o pó da terra. No entanto, o tempo foi passando e Abrão continuava sem filhos para cumprir a promessa que o Senhor havia feito a ele. Deus, porém, não tinha se esquecido de Abrão. Ele apareceu novamente a Abrão e disse: "Não tenha medo, Abrão! Eu sou o seu escudo; grande será a sua recompensa" (Gênesis 15.1). Porém, Abrão lembrou ao Senhor de que ele ainda não havia tido nenhum filho. "Quem será o meu herdeiro depois que eu morrer?", ele perguntou.

O Senhor garantiu a Abrão que ele certamente teria um filho para ser seu herdeiro depois de sua morte. Deus disse: "Olhe para o céu e conte as estrelas, se é que pode contá-las. Assim será a sua descendência um dia." Abrão creu nas palavras do Senhor, que, ao ver a sua fé, creditou-a "como justiça" (Gênesis 15.6). Abrão era um pecador, assim como nós – contudo, ele colocou a sua fé no plano de Deus.

O Senhor pediu que Abrão separasse alguns animais para oferecer um sacrifício. Quando o sacrifício estava pronto, segundo as direções de Deus, Abrão foi tomado de sono profundo. O Senhor, então, contou a Abrão tudo o que aconteceria no futuro: seus descendentes seriam estrangeiros em outra terra e serviriam ali como escravos, sofrendo durante quatrocentos anos. Depois desse tempo, o Senhor os traria de volta a Canaã com muitos bens. (E foi exatamente isso que Deus fez por intermédio de Moisés centenas de anos mais tarde, quando ele libertou seu povo do Egito.)

Mais tarde, quando o sol já havia baixado completamente e veio a escuridão, do nada um fogareiro esfumaçante, com uma tocha acesa, passou pelo meio dos animais oferecidos como sacrifício por Abrão. A tocha de fogo foi um sinal da promessa de Deus a Abrão. Mais uma vez, o Senhor prometeu dar aquela terra a todos os seus descendentes. Deus chamou a promessa de aliança, exatamente como havia feito com Noé e o arco-íris. E, como Deus sempre cumpre as suas promessas, Abrão podia ter certeza de que um dia ele teria um filho.

Você sabia que essa parte da história foi escrita especialmente para nós? O apóstolo Paulo nos diz que as palavras ditas por Deus a respeito da fé de Abrão – que "foi creditada como justiça" – foram escritas para nós (Romanos 4.22-24). Se crermos que Jesus morreu pelos nossos pecados e que Deus o ressuscitou dos mortos, a nossa fé também será creditada como justiça, exatamente como a fé de Abrão. Essa é a promessa de Deus para nós. Não somos salvos por causa das coisas boas que fazemos. Assim como Abrão, somos salvos quando confiamos naquilo que Jesus fez por nós. E, como o Senhor sempre cumpre as suas promessas, podemos ter certeza de que, se crermos nele, seremos salvos e passaremos a eternidade no céu, com o Senhor. Ou seja, um dia, lá no céu, poderemos até conhecer e conversar com Abrão!

Vamos conversar sobre esta história!

Quantas estrelas você consegue contar?
O que Deus prometeu a Abrão?
Por que você e eu somos como as estrelas do céu?

HISTÓRIA 10
Deus muda o nome de Abrão
GÊNESIS 17.1-10; 15-21

Quase vinte e cinco anos haviam se passado desde o dia que Deus chamou Abrão para ir até Canaã. Fazia mais de dez anos desde que o Senhor prometeu, pela primeira vez, que Abrão teria um filho, mas Sarai, sua mulher, ainda não havia engravidado. Àquela altura, todos concordavam que ela era velha demais para sequer tentar ter um bebê. No entanto, quando Abrão estava com noventa e nove anos de idade, Deus falou com ele novamente e o lembrou da sua promessa. Ele até deu um novo nome a Abrão, dizendo: "De minha parte, esta é a minha aliança com você. Você será o pai de muitas nações. Não será mais chamado Abrão; seu nome será Abraão, porque eu o constituí pai de muitas nações. Eu o tornarei extremamente prolífero; de você farei nações e de você procederão reis" (Gênesis 17.4-6).

Deus disse algo muito especial a Abraão. Ele disse que a sua aliança com ele seria uma aliança eterna, por todas as gerações. Isso significa que aquela promessa duraria para sempre. E, mais uma vez, o Senhor lembrou Abraão da sua promessa de dar a ele e aos seus descendentes a terra de Canaã. Deus, então, ordenou que Abraão circuncidasse todos os homens que moravam com ele como um sinal da aliança. Abraão obedeceu a Deus.

O Senhor também mudou o nome de Sarai. Daquele momento em diante, ela se chamaria Sara. Não apenas ela teria filhos, como Deus a abençoaria com um primogênito homem! Abraão caiu no chão e riu. Como poderia uma mulher de noventa anos de idade ter um filho? O Senhor, no entanto, garantiu a

Vamos conversar sobre esta história!

O que Deus prometeu a Abraão?
Por que era tão difícil acreditar na promessa do Senhor?
Você pode citar algumas pessoas que fazem parte da árvore genealógica de Abraão?

Abraão que a promessa se cumpriria. Ele disse que, quando o menino nascesse, Abraão deveria chamar-lhe Isaque. Deus, então, prometeu manter a sua aliança com Isaque e com todos os seus descendentes.

Você sabia que Deus tinha algo muito especial em mente quando fez essa aliança com Abraão? Quando o Senhor disse que manteria a sua aliança com os descendentes de Abraão, ele estava pensando em todas as pessoas que ainda nasceriam até chegar em Jesus. Isso porque Jesus nasceu como um descendente da linhagem familiar de Abraão! Quando Deus disse que reis procederiam de Abraão (Gênesis 17.6), ele estava se referindo aos futuros reis, como Saul, Davi e Salomão. Porém, ainda mais importante, o Senhor estava se referindo ao maior rei de todos, o Rei Jesus.

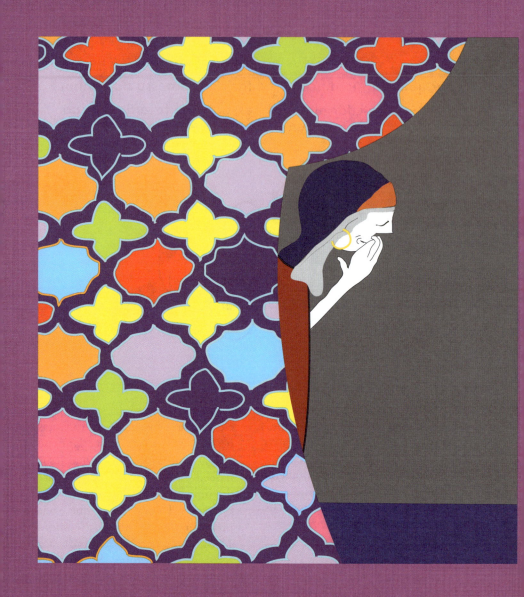

Vamos conversar sobre esta história!

O que Deus prometeu a Sara?
Por que Sara riu?
Por que Sara mentiu, dizendo ao Senhor que não havia rido?

HISTÓRIA 11
O Senhor aparece a Abraão
GENESIS 18:1-21

Depois que o Senhor mudou o nome de Abrão para Abraão, ele apareceu-lhe novamente. Dessa vez, Deus visitou Abraão em sua casa e trouxe com ele dois anjos. Abraão estava descansando à entrada de sua tenda durante a hora mais quente do dia quando, de repente, abriu os olhos e viu três homens se aproximando. Assim que os viu, Abraão correu para cumprimentá-los. Ele se curvou diante deles e disse: "Meu senhor, se mereço o seu favor, não passe pelo seu servo sem fazer uma parada. Mandarei buscar um pouco d'água para que lavem os pés e descansem debaixo desta árvore. Vou trazer-lhes também o que comer" (Gênesis 18.3-5). O Senhor concordou em ficar, e Abraão correu para falar com Sara.

"Depressa", ele disse à sua mulher, "pegue três medidas da melhor farinha, amasse-a e faça uns pães". Abraão, então, correu até os seus rebanhos de gado, escolheu um novilho e ordenou que um de seus servos o preparasse para a refeição. Quando a comida estava pronta, Abraão a levou até aqueles homens, que estavam sentados debaixo das árvores à entrada da tenda. Ele serviu a refeição e, enquanto comiam, ficou parado de pé perto deles, esperando.

O Senhor perguntou a Abraão: "Onde está Sara, sua mulher?" "Ela está ali na tenda", respondeu ele. Então, o Senhor disse: "Voltarei a você na primavera, e Sara, sua mulher, terá um filho" (Gênesis 18.10). Sara estava escutando à entrada da tenda o que o Senhor falava. Como era muito velha, ela riu quando ouviu aquelas palavras. Sara pensava que seria impossível ter um filho e disse a si mesma: "Eu sou velha demais para ter filhos." O Senhor ouviu Sara e perguntou a Abraão: "Por que Sara riu? Existe alguma coisa impossível para o SENHOR?" Deus, então, repetiu a promessa de que ela teria um filho no ano seguinte. Sara mentiu e disse que não havia rido, pois ficou com medo. No entanto, o Senhor a corrigiu, dizendo: "Não negue, você riu" — mas ele não a puniu por isso.

Após a refeição, os três homens se levantaram para seguir viagem. Abraão os acompanhou para despedir-se. Enquanto caminhavam, o Senhor contou a Abraão que planejava fazer dele uma nação grande e poderosa e que o havia escolhido para ordenar aos seus filhos e descendentes que obedecessem a Deus e que se conservassem no caminho do Senhor.

Um ano após esse encontro, o Senhor, de fato, deu um filho a Abraão, e, por meio desse filho, Abraão teve muitos descendentes. No entanto, Deus tinha uma família muito maior em mente quando disse que ele seria pai de multidões. Veja bem, Deus chama todos aqueles que seguem Jesus de filhos de Abraão (Gálatas 3.7). Quando o Senhor disse a Abraão que os seus filhos seriam tão numerosos quanto as estrelas do céu, ele estava se referindo a uma família da fé muito maior do que a família natural de Abraão. Todo aquele que crê em Jesus faz parte da família da fé de Deus e é filho de Abraão.

HISTÓRIA 12
Deus resgata Ló
Gênesis 18.22-33; 19.1-3; 12.29

Depois que o Senhor e os dois anjos terminaram a refeição na tenda de Abraão, eles partiram em direção às cidades pecaminosas de Sodoma e Gomorra. Quando Abraão soube que Deus planejava destruir aquelas cidades por causa de toda perversidade que havia nelas, ele ficou muito preocupado, pois o seu sobrinho, Ló, vivia naquela região. Ele, então, perguntou ao Senhor: "E se houver cinquenta justos na cidade? Ainda a destruirás e não pouparás o lugar por amor aos cinquenta justos que nela estão?" (Gênesis 18.24). O Senhor respondeu: "Se eu encontrar cinquenta justos em Sodoma, pouparei a cidade toda por amor a eles" (Gênesis 18.26). Abraão, porém, continuou questionando os planos do Senhor e insistiu: "E se houver quarenta e cinco? E se houver trinta? E se houver vinte, ou apenas dez justos na cidade?" Finalmente, o Senhor prometeu a Abraão que se apenas dez pessoas justas fossem encontradas em Sodoma, ele pouparia a cidade inteira.

Os dois anjos partiram, então, em direção à Sodoma e Gomorra. Eles encontraram Ló na entrada da cidade e se hospedaram na casa dele. Mesmo estando dentro da casa de Ló, eles podiam ver que existia muita maldade e pecado naquela cidade. Não havia sequer dez pessoas justas naquele lugar. Os anjos alertaram Ló de que, em breve, as duas cidades seriam destruídas. Eles disseram a Ló que pegasse a sua família e fugisse de lá o quanto antes. Ló tentou alertar os homens de que um horrível castigo estava para vir, mas eles riram, pois pensaram que Ló estava brincando. Quando amanheceu, não havia mais tempo. Os anjos insistiram que Ló pegasse a sua família e fugisse. Mas, ainda assim, Ló hesitou em deixar a sua casa.

Por fim, os anjos precisaram agarrar Ló pela mão e puxá-lo, junto com a sua família, para fora da cidade. Deus teve misericórdia deles. Os anjos exortaram-nos a fugir do vale em direção às montanhas, mas como as montanhas ficavam muito longe, Ló perguntou se eles poderiam, em vez disso, fugir para a cidade de Zoar. Os anjos concordaram, porém avisaram a Ló e sua família que não olhassem para trás nem parassem pelo caminho. Quando Ló chegou a Zoar, o Senhor fez chover fogo e enxofre para destruir Sodoma e Gomorra. No entanto, assim que começou a chuva de fogo, a mulher de Ló desobedeceu aos avisos dos anjos e olhou para trás. Naquele mesmo instante, ela se transformou em uma coluna de sal! Porém Ló e suas duas filhas foram salvos porque obedeceram aos anjos.

Você sabia que Deus tem um plano para nos resgatar também? Assim como Ló, todos nós somos pecadores, vivendo em um mundo dominado pelo pecado. Todos nós precisamos do resgate misericordioso do Senhor. Sem ele, todos nós pereceremos no fogo do inferno, que nunca se apaga. No entanto, quando Jesus morreu na cruz, ele levou sobre si o castigo que merecíamos pelos nossos pecados. Deus nos chama a crer naquilo que Jesus fez por nós, a nos afastarmos do pecado e a depositarmos a nossa fé no plano de Deus para nos salvar. Mas, assim como Ló, somos teimosos. Preferimos permanecer em nosso mundo de pecado, por isso Deus precisa vir até nós e nos dar a fé de que necessitamos para acreditar. O Senhor, então, nos afasta do pecado e nos conduz até os braços seguros do seu Filho Jesus.

Vamos conversar sobre esta história!

Por que os anjos estavam com tanta pressa?
O que aconteceria se Ló e a família dele não saíssem da cidade?
Para onde você acha que os anjos estão apontando?

Vamos conversar sobre esta história!

De que Hagar e Ismael precisavam para sobreviver?
O que Hagar está fazendo na imagem?
O que está escondido atrás das plantas?

HISTÓRIA 13
Isaque e Ismael
GÊNESIS 21.1-21

Foi difícil para Abraão continuar acreditando na promessa de Deus com o passar dos anos. Enquanto ainda esperava que o Senhor desse um filho à Sara, ele tomou outra mulher – a serva de Sara, Hagar – e teve um filho com ela. Ele chamou o menino de Ismael. Mas Deus não havia se esquecido da sua promessa a Abraão. Ismael não era o filho que o Senhor havia prometido dar a Sara e Abraão. Então, um ano após a visita do Senhor com os anjos, quando ele prometeu que lhes daria um filho, Sara engravidou e deu um filho a Abraão! Eles o chamaram Isaque, conforme o Senhor havia instruído. O nome Isaque significa riso. Você se lembra de quando Sara riu ao ouvir as palavras do Senhor de dentro da tenda? Ela não acreditou quando Deus prometeu que ela teria um filho. Mas, agora que a promessa do Senhor havia se cumprido, Sara estava transbordando de alegria. Ela disse: "Deus me encheu de riso" (Gênesis 21.6), pois ela sabia que todos que ouvissem a sua história se alegrariam junto com ela. Imagine uma mulher mais velha que uma avó tendo um bebê!

Mais tarde, quando Abraão deu uma grande festa para celebrar a vida de seu Isaque, o seu filho mais velho, Ismael, riu de maneira irônica. Ele tinha ciúmes de Isaque. Sara, então, pediu que Abraão mandasse sua serva Hagar e Ismael embora de sua casa. Abraão não gostou da ideia, porém o Senhor disse que ele deveria fazer tudo o que Sara pedisse. Deus já tinha planos para cuidar de Hagar e Ismael, e disse a Abraão que seria por meio de Isaque, e não de Ismael, que a sua descendência seria abençoada. No entanto, o Senhor também confortou Abraão, prometendo abençoar Ismael e fazer dele uma grande nação – afinal, ele também era seu filho. Abraão, então, pegou alguns pães e uma vasilha de água e se despediu de Hagar e Ismael, que seguiram caminho pelo deserto.

Hagar e Ismael vagaram pelo deserto até acabar a água que levavam. Com o calor que fazia e sem água para beber, eles logo morreriam. Hagar, então, preocupada com seu filho, o fez sentar-se debaixo de um arbusto. Ela chorou e clamou por ajuda. O Senhor a ouviu e, assim como havia prometido a Abraão, disse a Hagar: "Não tenha medo. Eu farei do seu filho uma grande nação." Então, o Senhor abriu os olhos de Hagar e ela viu uma fonte de água ali perto. Ela foi até lá, encheu a vasilha de água e deu de beber ao menino. Aquela água salvou a vida de Ismael. Ele cresceu no deserto e, quando já era adulto, casou-se com uma mulher do Egito. Logo eles formaram uma família.

Você sabia que Deus esperou tanto tempo para dar um filho a Abraão e Sara de propósito? O Senhor sempre tem um motivo por trás de tudo o que faz. Deus queria que todos soubessem que Isaque havia nascido por causa da promessa especial que ele tinha feito a Abraão – e não por causa das próprias forças daquele casal. O Senhor esperou até que Abraão e Sara ficassem tão idosos a ponto de ninguém poder duvidar de que o nascimento de Isaque havia sido um milagre de Deus. Hoje, todo aquele que crê em Jesus é adotado na família de Deus, como um dos filhos de Abraão. E esse é um milagre ainda maior, pois tudo o que nós, pecadores, merecemos é o castigo do Senhor. Mas, graças ao que Jesus fez na cruz, podemos ser perdoados por nossos pecados e nos tornar parte da família de Deus.

HISTÓRIA 14
Abraão é posto à prova
GÊNESIS 22.1-19

Quando Isaque ainda era um menino, Deus chamou Abraão para colocá-lo à prova Deus disse: "Tome seu filho, seu único filho, Isaque, a quem você ama, e vá para a região de Moriá. Sacrifique-o ali como holocausto num dos montes, que lhe indicarei" (Gênesis 22.2). Imagine isto: Deus estava pedindo a Abraão que matasse o seu único filho! Ele havia esperado tanto tempo por Isaque e agora o Senhor pedia que ele abrisse mão de seu filho... Aquilo parecia não fazer sentido algum! No entanto, Abraão teve uma grande fé no plano de Deus. Então, na manhã seguinte, Abraão se levantou e partiu para obedecer ao Senhor. Ele pegou Isaque, cortou lenha para o holocausto, preparou o seu jumento e chamou dois de seus servos para acompanhá-los. E, assim, Abraão e seu filho partiram na jornada até o local que Deus tinha ordenado.

No dia seguinte, ao se aproximarem do lugar, Abraão deu ordem aos seus servos para que ficassem onde estavam com o jumento, enquanto ele e Isaque seguiam caminho para adorar a Deus. Pode ser difícil tentar entender por que Abraão estava disposto a matar o seu único filho. Afinal, Deus jamais pediu que qualquer outra pessoa fizesse isso! O autor do livro de Hebreus nos dá a resposta: Abraão acreditava que Deus poderia ressuscitar o seu filho dos mortos (Hebreus 11.19)! A fé e o amor de Abraão por Deus eram ainda maiores do que o seu amor por Isaque. Ele não duvidava de que o Senhor cumpriria as suas promessas, mesmo que ele não entendesse todo o plano de Deus. De uma coisa, Abraão tinha certeza: ele podia confiar no Senhor.

Enquanto caminhavam, Isaque percebeu que eles tinham lenha e fogo para o sacrifício, mas faltava o principal: um cordeiro para ser imolado. Então, perguntou ao pai: "Onde está o cordeiro para o holocausto?" Abraão respondeu: "Deus mesmo há de prover o cordeiro para o holocausto, meu filho" (Gênesis 22.7-8 Quando chegaram ao lugar indicado, Abraã construiu um altar e sobre ele arrumou a lenh Ele, então, amarrou seu filho Isaque e o coloco sobre o altar, em cima da lenha. No entant quando Abraão estendeu a mão e pegou a fa para sacrificar o seu filho, o Senhor o chamo do céu, dizendo: "Abraão! Abraão!" Abraã parou e respondeu: "Eis-me aqui." O Senho disse: "Não toque no rapaz. Não lhe faça nad Agora sei que você teme a Deus, porque nã me negou seu filho, o seu único filho" (Gênes 22.12). Naquele momento, Abraão ergueu olhos, e sabe o que ele viu? Um carneiro pr so pelos chifres em um arbusto! Abraão, entã pegou o carneiro e sacrificou-o como holocau to, em lugar de seu filho. Depois disso, De o lembrou mais uma vez da sua promessa abençoá-lo, e Abraão e Isaque seguiram, felize de volta para casa.

Você sabia que Deus nos dá uma metáfor da sua salvação por meio desta história? O s crifício que Abraão estava disposto a fazer entregar o seu único filho é muito parecid com o que Deus fez por nós, ao sacrificar o s único Filho, Jesus. Há, porém, uma grande d ferença: Deus não interrompeu o sacrifício seu Filho no último segundo, como fez Abraã Sim, Jesus precisava morrer. O carneiro pres nos arbustos também é uma metáfora da nos salvação. Aquele animal foi morto no lugar Isaque, como seu substituto. Da mesma form Jesus, o Cordeiro de Deus, é o nosso substitu to. Jesus morreu em nosso lugar para que pu déssemos viver. Sem ele, todos nós merecemo a morte por causa dos nossos pecados cont Deus. A história de Abraão e do sacrifício Isaque mostrou um sinal a Israel sobre o plan da salvação de Deus. Agora, olhando para trá é fácil percebermos a ligação entre esses do acontecimentos.

Vamos conversar sobre esta história!

Onde está Isaque nesta imagem?
Quem colocou o carneiro nos arbustos?
O que Abraão deveria fazer com o carneiro?

HISTÓRIA 15
Deus escolhe uma esposa para Isaque
GENESIS 24

O Senhor abençoou Abraão, e Isaque cresceu. Quando chegou a hora de Isaque se casar, Abraão enviou o seu mais antigo e confiável servo para encontrar uma esposa para seu filho. Ele mandou aquele homem ir de volta até a terra onde seus parentes viviam. Abraão não queria que Isaque se casasse com uma mulher do povo cananeu, onde eles moravam. O servo, porém, não tinha tanta fé em Deus quanto Abraão. "Mas, o que eu faço se a mulher que eu escolher não quiser vir comigo até esta terra?" Porém Abraão encorajou a fé de seu servo, dizendo: "O SENHOR enviará o seu anjo adiante de você para que de lá traga uma mulher para meu filho." O servo prometeu obedecer às instruções de Abraão. Ele levou vários presentes maravilhosos consigo e partiu em direção à cidade de Naor, onde os parentes de Abraão viviam.

Ao chegar a Naor, o servo de Abraão parou para descansar com seus camelos perto de um poço que ficava na entrada da cidade. Era ali que as mulheres costumavam sair para buscar água ao cair da tarde. O servo orou: "SENHOR Deus, dá-me neste dia bom êxito." Ele pediu um sinal ao Senhor para guiá-lo na escolha da mulher certa para Isaque. O servo pediria água a uma das mulheres, e se ela também oferecesse água para os seus camelos, então esse seria o sinal de que ela era a mulher escolhida por Deus para ser a esposa de Isaque.

Antes que ele terminasse de orar, surgiu uma jovem chamada Rebeca, para encher de água a sua jarra. O servo, então, foi até ela e pediu um pouco de água. Rebeca rapidamente ofereceu-lhe a água de sua jarra

e disse logo em seguida: "Tirarei água também para os seus camelos." Assim, o servo soube que ela era a escolhida! Quando os camelos acabaram de beber, ele deu à jovem duas pulseiras e um anel de ouro. Ele perguntou a qual família ela pertencia. Quando Rebeca respondeu quem era o seu avô, o servo se alegrou, pois sabia que ele era irmão de Abraão! A jovem o convidou para se hospedar na casa de sua família durante aquela noite. O servo, então, prostrou-se e adorou ao Senhor por conceder-lhe êxito em sua missão.

Rebeca correu para casa, e o servo foi atrás dela. Quando chegaram, o servo de Abraão contou tudo o que havia acontecido à família de Rebeca. Ele contou sobre a sua viagem até aquela cidade e sobre a sua oração respondida por Deus. A família de Rebeca viu que a mão do Senhor, de fato, estava abençoando tudo o que acontecia. Eles, portanto, perguntaram à jovem: "Você quer ir com este homem para casar com Isaque?", e Rebeca respondeu que sim! O servo partiu com Rebeca no dia seguinte. Ao se aproximarem da terra de Abraão, eles encontraram Isaque. O servo contou a ele tudo o que havia acontecido. Isaque, então, levou Rebeca para casa, fez dela sua mulher e a amou.

Abraão estava certo – Deus providenciou uma mulher para o seu filho. Sabe, quando chegou o momento em que Isaque precisava de uma esposa, a fé de seu pai Abraão era muito grande, pois havia sido testada. Ele creu na promessa do Senhor de que os seus descendentes seriam tão numerosos quanto as estrelas do céu e que eles seriam uma bênção para todas as nações. Por isso, Isaque precisava se casar para que a promessa se cumprisse e eles tivessem muitos filhos e netos. Um dia, Jesus nasceria nesta mesma família, e a promessa de Deus de abençoar todas as nações do mundo seria cumprida por meio de Jesus. Hoje, todos nós somos chamados a crer também. Deus promete nos dar a vida eterna no céu se deixarmos o pecado e depositarmos a nossa confiança em Jesus. Ler as histórias da vida de Abraão e ver como o Senhor cumpriu todas as suas promessas nos ajuda a aumentar a nossa fé, pois podemos confiar que o nosso Deus é um Deus que cumpre tudo o que promete.

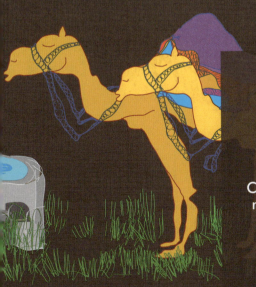

Vamos conversar sobre esta história!

Qual era a missão do servo enviado por Abraão?

Como o servo soube que Rebeca era a mulher certa para casar com Isaque?

Quais foram os presentes que o servo deu à Rebeca?

Vamos conversar sobre esta história!
Em que aspectos Jacó e Esaú são diferentes?
O que Jacó estava cozinhando?
O que Esaú entregou ao irmão em troca de comida?

HISTÓRIA 16
Jacó e Esaú
GÊNESIS 25. 19-34

Isaque tinha quarenta anos quando casou com Rebeca. Os anos se passaram, mas Rebeca não teve nenhum filho. Ela era estéril. Isaque, portanto, orou a Deus, pedindo que ele a abençoasse com filhos. O Senhor ouviu a sua oração e logo Rebeca engravidou. Ela não sabia no início, mas Deus a abençoou com gêmeos – dois meninos. Antes de nascerem, ainda no ventre materno, os dois bebês se empurravam dentro de Rebeca. Isso a deixou nervosa, então, ela buscou ao Senhor em oração para perguntar por que aquilo estava acontecendo. Disse-lhe o Senhor: "Duas nações estão em seu ventre, já desde as suas entranhas dois povos se separarão; um deles será mais forte que o outro, mas o mais velho servirá ao mais novo" (Gênesis 25.23).

Quando os dois meninos nasceram, eles não podiam ser mais diferentes. O primeiro a sair do ventre era ruivo, e todo o seu corpo era como um manto de pelos, por isso lhe deram o nome de Esaú, que significa "peludo". Logo em seguida, saiu seu irmão, com a mão agarrada no calcanhar de Esaú, pelo que lhe deram o nome de Jacó, que significa "aquele que segura pelo calcanhar". Parecia que ele queria evitar que o seu irmão nascesse primeiro! Esaú, quando cresceu, tornou-se caçador e vivia correndo pelos campos. Jacó, ao contrário, era um homem quieto que preferia ficar em casa. Os rapazes iam crescendo, e Isaque, seu pai, preferia Esaú, porque gostava de comer a carne dos animais que ele caçava. Já Rebeca, sua mãe, preferia Jacó, porque ele passava mais tempo com ela nas tendas.

Certo dia, Jacó estava em casa preparando um ensopado enquanto Esaú estava caçando pelos campos. Quando Esaú chegou em casa, ele estava muito cansado e faminto. Ele viu o ensopado vermelho que seu irmão estava fazendo e pediu: "Dê-me um pouco desse ensopado vermelho aí. Estou faminto!" (Gênesis 25.30). Jacó fez um acordo com Esaú: se Esaú vendesse a ele o seu direito de filho mais velho, então ele lhe daria o ensopado. A primogenitura era uma honra especial concedida ao filho mais velho. Significava que o primogênito teria direito a uma herança maior quando o seu pai morresse. Mas Esaú não se importou com isso. Ele respondeu a Jacó: "Olhe, eu estou quase morrendo. De que me vale esse direito?" Jacó, porém, insistiu que ele fizesse um juramento para que Esaú cumprisse a sua palavra. Esaú estava com tanta fome que perdeu o bom senso e concordou em vender o seu direito de filho mais velho a Jacó em troca de um pedaço de pão e uma tigela de ensopado.

Você sabia que esta história é contada novamente no Novo Testamento? O apóstolo Paulo contou aos romanos que fazia parte do plano de Deus que Esaú servisse o seu irmão mais novo, Jacó (Romanos 9.11-12). O Senhor queria que todos soubessem que ele não precisava seguir as tradições dos homens e escolher o filho mais velho. Na verdade, mesmo antes dos meninos nascerem, Deus já havia planejado usar Jacó para dar continuidade à aliança que ele tinha feito com Isaque. Dessa forma, todos saberiam que a escolha de Deus não foi baseada nas boas obras de Jacó, mas sim na sua misericórdia. O mesmo é verdadeiro para nós. Quando Deus nos salva por meio de Jesus, ele o faz somente pela sua graça, e não por causa de quem somos ou do que fazemos.

HISTÓRIA 17
A mentira de Jacó
GÊNESIS 27

Quando Isaque já estava velho, cego e perto de morrer, ele chamou Esaú, seu filho mais velho, e lhe disse: "Pegue agora suas armas, o arco e a aljava, e vá ao campo caçar alguma coisa para mim. Prepare-me aquela comida saborosa que tanto aprecio e traga-me, para que eu a coma e o abençoe antes de morrer" (Gênesis 27.3-4).

Rebeca, esposa de Isaque, estava ouvindo tudo. Ela queria que o seu filho mais novo, Jacó, recebesse a bênção e, portanto, armou um plano para enganar o seu marido. Ela mesma prepararia a comida saborosa de que Isaque tanto gostava e a entregaria para que Jacó a levasse até o pai. Isaque, dessa maneira, pensaria que Jacó era Esaú e abençoaria o filho mais novo no lugar do mais velho. No entanto, quando Rebeca contou sobre o seu plano para Jacó, ele pensou e disse: "Mas o meu irmão Esaú é homem peludo, e eu tenho a pele lisa. E se meu pai me apalpar? Vai parecer que estou tentando enganá-lo, fazendo-o de tolo."

Rebeca, então, preparou um disfarce que faria com que Jacó parecesse Esaú, até mesmo no cheiro. Ela cobriu as mãos e as partes lisas do pescoço de Jacó com as peles dos cabritos para que ele parecesse peludo como o irmão. Ela também o vestiu com as roupas de Esaú, para que ele tivesse o seu cheiro. Então, quando estava tudo pronto, Jacó pegou a comida preparada por sua mãe e a levou até o pai. Ele mentiu e disse que era Esaú, porém Isaque desconfiou e disse: "Chegue mais perto, meu filho, para que eu possa apalpá-lo e saber se você é realmente meu filho Esaú." Quando Isaque apalpou a pele dos braços e pescoço coberta de pelos de cabrito e sentiu o cheiro das roupas de Esaú que Jacó estava vestindo, ele foi enganado. Isaque, então, comeu e abençoou Jacó em vez de Esaú.

Quando Isaque acabou de abençoar Jacó, mal tendo ele saído do quarto do pai, Esaú chegou da caçada. Ele também havia preparado uma comida saborosa, mas já era tarde demais. A mentira de Jacó foi descoberta naquele momento. Isaque se deu conta do que Jacó havia feito e disse a Esaú que a sua bênção tinha sido roubada pelo seu irmão mais novo. Esaú deu um forte grito e disse: "Não é com razão que o seu nome é Jacó? Já é a segunda vez que ele me engana! Primeiro, tomou o meu direito de filho mais velho e agora recebeu a minha bênção!" (Gênesis 27.36). Isaque disse a Esaú que agora ele, o irmão mais velho, teria que servir a Jacó, o irmão mais novo, pois ele havia recebido a bênção. Esaú implorou para que o seu pai lhe concedesse ainda alguma bênção, mas não havia mais nada que Isaque pudesse dar a ele. Esaú ficou muito revoltado e ameaçou matar Jacó. Quando Rebeca soube o que seu filho planejava fazer, ela armou um plano para mandar Jacó para longe dali.

Nesta história, nós podemos ver que, mesmo com o pecado de Jacó, ainda assim o plano de Deus se cumpriu. O Senhor "faz todas as coisas segundo o propósito da sua vontade" (Efésios 1.11). Deus planejou que a nossa salvação viesse por meio da linhagem de Jacó, até chegar a Jesus. Absolutamente nada, nem mesmo o pecado, pode atrapalhar os planos de Deus. Portanto, mesmo que Isaque tenha ignorado o plano do Senhor de abençoar Jacó em vez de Esaú, e mesmo que Rebeca tenha enganado seu marido, fazendo com que ele desse a bênção ao filho mais novo, o plano de Deus se cumpriu.

Vamos conversar sobre esta história!

Por que Isaque está deitado na cama?
Quem está ajoelhado ao lado da cama?
Por que ele está coberto com pele de cabritos?

Vamos conversar sobre esta história!

Até onde vai a escada do sonho de Jacó?
Quem está subindo e descendo pela escada?
Quem essa escada representa?

HISTÓRIA 18
O sonho de Jacó

GÊNESIS 28.3-22

Como você pode imaginar, Esaú ficou muito irritado quando descobriu que Jacó havia roubado a sua bênção. Quando Rebeca soube que Esaú estava ameaçando matar Jacó por causa disso, ela armou um plano para protegê-lo. Ela disse a Isaque que não queria que Jacó se casasse com uma das mulheres cananeias, que moravam naquela terra. Isaque considerou o que sua esposa havia dito e mandou chamar Jacó. Ele ordenou que o filho não se casasse com uma mulher cananeia, mas que retornasse à terra de Padã-Arã, até a família do seu tio Labão, e encontrasse ali uma esposa. Isaque abençoou Jacó novamente, dizendo: "Que o Deus Todo-poderoso o abençoe, faça-o prolífero e multiplique os seus descendentes, para que você se torne uma comunidade de povos" (Gênesis 28.3). Isaque pediu, ainda, que o Senhor concedesse a Jacó a bênção de Abraão e se despediu do filho.

Depois disso, Jacó deixou os seus pais e fugiu da raiva de seu irmão. Ele seguiu viagem até Padã-Arã, a mesma terra em que Deus havia chamado o seu avô, Abraão. Ao anoitecer, Jacó montou acampamento para passar a noite. Ele usou uma pedra como travesseiro e dormiu. Logo quando pegou no sono, começou a sonhar. Em seu sonho, viu uma escada. Os degraus da escada começavam na terra e o seu topo alcançava os céus. Os anjos subiam e desciam por ela, e em seu topo estava o Senhor.

O Senhor disse: "Eu sou o SENHOR, o Deus de seu pai Abraão e o Deus de Isaque. Darei a você e a seus descendentes a terra na qual você está deitado. Seus descendentes serão como o pó da terra, e se espalharão para o Oeste e para o Leste, para o Norte e para o Sul. Todos os povos da terra serão abençoados por meio de você e da sua descendência" (Gênesis 28.13-14). O Senhor disse a Jacó que estaria com ele por onde quer que ele fosse, que nunca o deixaria e que sempre o protegeria.

Quando Jacó acordou, ele sentiu a presença do Senhor naquele lugar. Isso o deixou um pouco assustado, pois Deus é muito santo e poderoso. Ele nunca tinha tido uma experiência como aquela antes! Quando chegou a hora de levantar na manhã seguinte, Jacó pegou a pedra que havia usado como travesseiro e colocou-a de pé como coluna para marcar aquele local. E deu o nome de "Betel" àquele lugar e fez um voto ao Senhor, dizendo que se ele o protegesse em sua viagem e permitisse que retornasse à casa de seu pai, ele serviria ao Senhor e lhe daria o dízimo de tudo o que Deus provesse a ele.

Você sabia que Jesus fez uma ligação de sua vida com esta história? Ele disse aos seus discípulos que ele mesmo é a escada que nos leva até o céu (João 1.51). Na verdade, Jesus é o único caminho que pode nos levar ao céu. Jesus disse: "Eu sou o caminho, a verdade e a vida. Ninguém vem ao Pai, a não ser por mim" (João 14.6).

HISTÓRIA 19
Jacó e Raquel
GÊNESIS 29 – 30

Depois de seu sonho, Jacó seguiu viagem em direção à terra de seus parentes, onde ele procuraria uma esposa. Quando estava se aproximando da terra de Labão, irmão de sua mãe, ele viu um poço, onde alguns pastores estavam reunidos. Eles estavam esperando os seus rebanhos chegarem para rolar a pedra que tapava o poço e dar-lhes água para beber. Jacó se aproximou daqueles homens e perguntou se conheciam Labão. Os pastores responderam: "Sim, nós o conhecemos! Ali vem a sua filha Raquel com as ovelhas."

Quando Jacó viu a linda jovem Raquel aproximando-se do poço para dar água às ovelhas de seu pai, apressou-se para retirar a pedra que cobria o poço para ela. Ele deu água para as ovelhas de Raquel, a beijou e contou a ela quem ele era. Raquel foi correndo contar tudo a seu pai, que acolheu Jacó como parte de sua família. Jacó ficou hospedado na casa de seu tio Labão e passou a trabalhar para ele.

Labão tinha duas filhas. A mais velha era Lia, e ela não enxergava muito bem. Raquel era a mais nova e era uma jovem muito bonita. Jacó já estava trabalhando para o seu tio havia um mês, e Labão desejava pagá-lo por isso. Jacó, no entanto, não queria dinheiro, ele queria Raquel como esposa! Jacó amava Raquel, então disse ao seu tio: "Trabalharei sete anos em troca de Raquel, sua filha mais nova" (Gênesis 29.18). Labão concordou.

Jacó trabalhou durante sete anos, mas todo esse tempo passou rápido demais, pois ele amava muito Raquel. Quando os sete anos terminaram, Labão preparou um banquete de casamento. Mas, em vez de dar Raquel como esposa para Jacó, Labão o enganou. Naquela noite, ele entregou Lia, a sua filha mais velha, como noiva de Jacó, e ele não percebeu! Na manhã seguinte, quando estava claro, Jacó viu que havia sido enganado e foi tirar satisfação com seu tio: "Por que você fez isso comigo? Eu queria casar com Raquel, e não com Lia!" Labão respondeu: "Não é o costume desta terra entregar em casamento a filha mais nova antes da mais velha. Mas você também poderá se casar com Raquel – em troca de mais sete anos de trabalho!"

Quando Jacó ainda morava na casa de seus pais, ele enganou Isaque para receber a bênção que pertencia a seu irmão Esaú. Agora, era ele que havia sido enganado por seu tio Labão. Jacó casou-se com Raquel e trabalhou para Labão por mais sete anos. Ele amava Raquel, mas não amava Lia, o que a deixou muito triste. O Senhor viu que Lia era desprezada e a abençoou com filhos antes de Raquel, que permaneceu estéril, sem dar nenhum filho a Jacó.

Lia deu ao seu quarto filho o nome de "Judá". Ela teria ficado muito feliz se soubesse como Judá seria um homem especial. Sabe, Jesus nasceria, no futuro, na linhagem da família de Judá. Jesus é até chamado de o Leão da tribo de Judá (Apocalipse 5.5)! Isso nos ajuda a lembrar de que Deus está sempre trabalhando, mesmo quando pessoas como Labão armam planos maliciosos e mentem. As armações de Labão não impediram o cumprimento do plano de Deus. O tempo todo, Deus planejava que o seu Filho Jesus fosse descendente de um dos filhos de Lia.

Vamos conversar sobre esta história!

O que Jacó sente em relação à Raquel?
O que Lia tinha que Raquel não tinha?
O que havia de especial em um dos filhos de Lia?

Vamos conversar sobre esta história!

Por que Labão foi atrás de Jacó?

Se Labão estava chateado com Jacó, por que, então, na imagem, ele está apertando a sua mão?

Para que servia a coluna de pedras?

HISTÓRIA 20
Jacó foge de Labão
GÊNESIS 31

Enquanto Jacó trabalhava durante aqueles sete anos seguintes, Lia teve muitos filhos, porém Raquel não teve nenhum. Mas, finalmente, depois de muito tempo, o Senhor abençoou Raquel com um filho. Ela deu a ele o nome de "José". Quando Jacó cumpriu o seu tempo de trabalho pela mão de Raquel, ele pediu a permissão de Labão para levar as suas duas esposas e os seus filhos de volta à terra de seu pai. Labão, no entanto, não queria que ele fosse embora, por isso insistiu que Jacó ficasse, oferecendo pagar-lhe por isso. Jacó concordou em ficar, e, em troca, Labão aceitou dar a ele todas as crias salpicadas e malhadas que nascessem de seu rebanho.

Deus abençoou Jacó e ele ficou muito rico, mesmo Labão tentando trapaceá-lo, trocando constantemente o seu salário. Quando Labão decidia mudar o acordo e dizia que as crias salpicadas seriam o salário de Jacó, então o Senhor fazia com que todos os rebanhos gerassem filhotes salpicados. Se, então, Labão desse por salário de Jacó apenas as crias com listras brancas, nasciam somente filhotes com listras brancas em seu rebanho. Por causa das bênçãos de Deus, os rebanhos de Jacó cresceram tanto, que os filhos de Labão ficaram com raiva e começaram a falar contra Jacó.

O Senhor, então, falou com Jacó por meio de um sonho. Jacó contou a Lia e a Raquel o que Deus falou no sonho: "Tenho visto tudo o que Labão lhe fez. Sou o Deus de Betel, onde você ungiu uma coluna e me fez um voto. Saia agora desta terra e volte para a sua terra natal" (Gênesis 31.12-13). Jacó, portanto, conduziu todo o seu rebanho e os seus bens para longe de Labão e seguiu de volta para Canaã. Ele fez isso escondido, enquanto Labão havia saído para tosquiar suas ovelhas. Três dias depois, Labão descobriu que Jacó tinha fugido. Ele foi atrás de Jacó, perseguindo-o durante sete dias. Porém, quando se aproximou de Jacó, o Senhor apareceu a Labão em um sonho e ordenou que ele não fizesse nenhum mal a ele.

No dia seguinte, Labão alcançou Jacó e questionou por que ele havia fugido. No entanto, ele não podia fazer nada, pois o Senhor o tinha alertado. Labão, então, fez um acordo com Jacó. Ele tomou uma pedra e a colocou de pé como coluna para marcar uma fronteira entre eles. Os dois homens concordaram que nenhum deles cruzaria aquela fronteira para prejudicar o outro. Depois disso, Labão foi embora para que Jacó pudesse, enfim, retornar à terra de seu pai.

Labão não queria que Jacó partisse, porque ele não queria perder as suas filhas e os rebanhos que haviam crescido tanto enquanto Jacó cuidava deles. Deus, porém, tinha um plano diferente. Ele planejava que Jacó vivesse na terra prometida a ele, a seu pai Isaque e a seu avô Abraão. Sabe, Deus tinha planos especiais para Jacó na Terra Prometida. Um dia, um de seus descendentes muito distantes – Jesus – nasceria ali, em uma cidade chamada Belém. Labão jamais seria capaz de impedir que isso acontecesse.

HISTÓRIA 21
Jacó luta com Deus
GÊNESIS 32.1-32

Depois de fazer o acordo com Labão, Jacó seguiu a sua viagem de volta para casa. Havia mais de catorze anos que ele não via seu pai e sua mãe. Jacó viajou por todo o caminho debaixo da bênção de Deus, pois, ao longo de sua jornada, o Senhor enviava anjos para encontrá-lo. Jacó sabia que Deus estava com ele, mas ainda precisaria enfrentar seu irmão Esaú. A última vez que os dois estiveram juntos, Esaú estava furioso com Jacó, pois tinha roubado a sua bênção. Ao aproximar-se de sua terra, Jacó enviou mensageiros adiante dele para falar com Esaú, pois estava com medo de que seu irmão ainda quisesse matá-lo. Quando os mensageiros retornaram, eles disseram a Jacó que Esaú estava vindo ao seu encontro com quatrocentos homens. Jacó entrou em pânico e dividiu o seu grupo em dois, pois pensou que, dessa maneira, se Esaú atacasse um dos grupos, o outro poderia escapar.

Jacó orou e pediu que o Senhor o livrasse, como havia prometido. Logo em seguida, teve uma ideia. Ele enviaria presentes para o seu irmão Esaú! Jacó escolheu em seu rebanho várias cabras, bodes, ovelhas, carneiros, camelos, vacas, touros e jumentos para dar ao seu irmão. Os animais foram enviados na frente, um grupo de cada vez, para que Esaú recebesse um presente atrás do outro. Jacó tinha a esperança de que, se seu irmão ainda estivesse com raiva dele, esses presentes poderiam acalmá-lo. Jacó, então, chamou sua família e fez com que ela atravessasse o ribeiro. Ele passou a noite ali, sozinho.

Naquela noite, Deus visitou Jacó como um homem misterioso, que apareceu para lutar com ele até o amanhecer. A luta entre eles já durava horas, quando, perto da alvorada, o homem viu que não poderia dominar Jacó. Então, tocou na articulação de sua coxa, deslocando-a enquanto lutavam. O homem pediu que o adversário o deixasse ir, mas Jacó lhe respondeu: "Não te deixarei ir, a não ser que me abençoes" (Gênesis 32.26). O homem disse: "Seu nome não será mais Jacó, mas sim Israel, porque você lutou com Deus e com homens e venceu" (Gênesis 32.28). Ele, em seguida, abençoou Jacó. Jacó chamou aquele lugar de "Peniel", que significa "face de Deus", pois sabia que tinha visto o Senhor face a face e, mesmo assim, sobrevivido.

Esta história nos conta como a nação de Israel teve seu início. O nome que o Senhor deu a Jacó seria usado para designar todos os seus descendentes e, no futuro, toda a nação do povo de Deus. Jesus foi chamado de Rei de Israel quando entrou triunfante em Jerusalém e também foi chamado assim em tom de zombaria, quando estava morrendo na cruz (Marcos 15.32). O Senhor mudou o nome de Jacó para Israel, pois sabia que, um dia, Jesus morreria sendo chamado assim – de Rei de Israel!

Vamos conversar sobre esta história!

Com quem Jacó estava lutando?
O que aconteceu com a coxa de Jacó?
Por que a luta durou tanto tempo?

Vamos conversar sobre esta história!

Qual foi o presente especial que Jacó deu a José?
Descreva os sonhos de José.
Como os irmãos de José se sentiam em relação a ele?

HISTÓRIA 22
Os sonhos de José

GÊNESIS 37.1-11

Jacó, a quem Deus havia renomeado Israel, voltou para Canaã e morou lá com os seus doze filhos: Rúben, Simeão, Levi, Judá, Issacar, Zebulom, Dã, Naftali, Gade, Aser, José e Benjamim. Certo dia, José, o segundo filho mais novo, estava pastoreando os rebanhos com os seus irmãos. Ele tinha dezessete anos. Quando todos eles retornaram do campo, José contou ao seu pai sobre o mau comportamento de seus irmãos. Com certeza, eles não gostaram muito do que José fez. Para piorar ainda mais as coisas, Israel amava mais a José que a todos os seus irmãos, porque ele era filho de Raquel. Por isso, o pai lhe deu de presente uma linda túnica colorida, mas nada aos outros filhos. Quando os seus irmãos mais velhos viram que seu pai amava mais a José que a qualquer outro, ficaram muito bravos. Dali em diante, passaram a odiar José e a falar mal dele.

Certa vez, José teve um sonho e o contou aos seus irmãos. Ele disse que, no sonho, todos eles estavam em um campo, amarrando feixes de trigo. Então, o feixe de José se levantou e ficou de pé, enquanto os feixes dos seus irmãos se ajuntaram ao redor e se curvaram. Quando ouviram isso, os irmãos de José disseram, indignados: "Então, você vai reinar sobre nós? Quer dizer que você vai governar sobre nós? E o odiaram ainda mais, por causa do sonho e do que tinha dito" (Gênesis 37.8).

Depois disso, José teve um segundo sonho. Dessa vez, ele contou que o sol, a lua e onze estrelas se curvavam diante dele. Quando José contou ao seu pai sobre esse sonho, Israel o repreendeu, dizendo: "Que sonho foi esse que você teve? Será que eu, sua mãe e seus irmãos viremos a nos curvar até o chão diante de você?" (Gênesis 37.10). Os irmãos de José ficaram com muito ciúme dele. Seu pai, no entanto, refletiu sobre aqueles sonhos.

Deus deu a José aqueles sonhos que, no início, pareciam grandiosos demais. Porém, se José soubesse de todas as dificuldades que ele teria em seu caminho, talvez tivesse contado sobre os seus sonhos de maneira mais humilde. O Senhor faria José enfrentar a escravidão e a prisão antes de, finalmente, torná-lo um grande governante no Egito. Naquela terra, Deus usaria José para salvar toda a sua família de uma terrível fome que atingiria a região. O Senhor ia usar José para salvar Israel para que, um dia, Jesus viesse ao mundo por meio da sua linhagem, a fim de salvar a todos nós.

HISTÓRIA 23

José é atacado por seus irmãos

GÊNESIS 37.12—36

Certo dia, os irmãos invejosos de José foram cuidar dos rebanhos da família. Israel, seu pai, enviou José para ir atrás deles e se certificar de que eles e os animais estavam bem. José, obedecendo ao pai, partiu em direção aos pastos de Siquém. Quando chegou lá e não encontrou os seus irmãos, um estranho aproximou-se e lhe disse que eles haviam partido com os rebanhos para Dotã.

Os irmãos de José o viram se aproximar de longe e, antes que ele chegasse, planejaram matá-lo, tão grande era a sua ira contra o irmão. Eles disseram uns aos outros: "Lá vem aquele sonhador! É agora! Vamos matá-lo e jogá-lo num destes poços, e diremos que um animal selvagem o devorou. Veremos então o que será dos seus sonhos" (Gênesis 37.19-20). No entanto, o seu irmão mais velho, Rúben, tentou livrar a vida de José e sugeriu que não o matassem, mas apenas o jogassem dentro de um poço vazio. Ele propôs isso porque planejava, secretamente, voltar mais tarde para resgatar José e levá-lo de volta ao seu pai. Os irmãos concordaram com a ideia de Rúben. Quando José chegou, eles lhe arrancaram a linda túnica e o jogaram no poço, que estava vazio. Rúben foi embora para casa.

Quando os outros irmãos sentaram para comer, viram ao longe uma caravana de ismaelitas com seus camelos, indo em direção ao Egito. Os irmãos de José, então, mudaram de ideia e o venderam para os mercadores por vinte peças de prata. Os ismaelitas levaram o rapaz consigo e, quando Rúben voltou ao poço, para a sua surpresa, José não estava mais lá – ele havia sido vendido como escravo pelos próprios irmãos! Para encobrir a crueldade que tinham feito, eles mataram um bode, mergulharam a túnica de José no sangue do animal e a levaram até o pai. Israel reconheceu a túnica e acreditou que algum animal selvagem o havia atacado. Ele ficou muito, muito triste! Israel chorou por muitos dias pela perda de seu filho amado e ninguém conseguia consolá-lo. Enquanto o pai sofria o luto por José, a caravana dos ismaelitas chegou ao Egito, onde ele foi vendido como escravo a um homem chamado Potifar, oficial e capitão da guarda do faraó, rei do Egito.

Esta história faz você se lembrar de outra pessoa na Bíblia que também foi traída? A vida de José foi muito parecida com a vida de Jesus. Os dois foram maltratados por pessoas próximas a eles. Os irmãos de José tinham ciúme e inveja dele e sequer consideraram a possibilidade de que o sonho que ele relatou poderia mesmo ter vindo do Senhor e fazer parte dos planos divinos. Da mesma forma, muitos judeus também não acreditaram nos ensinamentos de Jesus. Por fim, um dos amigos mais próximos do Mestre o traiu. Ele vendeu o Senhor aos seus inimigos – assim como os irmãos de José fizeram – em troca de algumas moedas de prata.

Vamos conversar sobre esta história!

Onde está José na imagem?
O que os seus irmãos fizeram com ele?
Como você acha que José se sentiu?

Vamos conversar sobre esta história!

Onde José está na imagem?
Descreva o que José está vestindo.
Quem ajudou e cuidou de José durante todo o tempo?

HISTÓRIA 24

José interpreta os sonhos

GÊNESIS 40 – 41

Os problemas de José não acabaram quan-
ele foi vendido para Potifar, o capitão da
da de faraó. Trabalhar para um dos oficiais
era algo muito bom para um escravo, e
s abençoou José enquanto ele trabalhava
ela posição. No entanto, a mulher de Po-
se apaixonou por José e queria que ele a
sse também. Quando o jovem se recusou a
isso, ela ficou com muita raiva dele. En-
mentiu e disse ao seu marido que José havia
uma coisa errada. Potifar mandou prender
mas, ainda assim, o Senhor estava com ele.
mo na prisão, ele era abençoado em tudo o
fazia. Algum tempo depois, o faraó irou-se
dois de seus servos – o chefe dos copeiros e
efe dos padeiros – e mandou prendê-los na
ma prisão em que José estava. O capitão da
da, por sua vez, os deixou aos cuidados de
que atendia às suas necessidades enquanto
am lá.

Certa noite, o copeiro e o padeiro tiveram
hos estranhos. Quando José soube que eles
vam perturbados por causa daqueles sonhos,
u que lhe contassem o que haviam sonha-
É que José sabia que o Senhor podia revelar
e o significado daqueles sonhos, e confiava
Deus o ajudaria. José, então, depois de ou-
sonho do copeiro, o interpretou, dizendo
significava que o rei o perdoaria e o levaria
olta ao palácio. José pediu que o copeiro se
brasse dele quando voltasse para lá e falasse
seu favor ao rei. O sonho do padeiro, no en-
o, não era tão bom. José o interpretou e dis-
ue ele seria morto por faraó. Tudo aconteceu
amente como José falou; porém o copeiro
eceu-se dele quando foi levado de volta ao
cio.

Dois anos depois, faraó, o rei do Egito, tam-
n teve sonhos esquisitos e ficou muito preo-
ado, pois percebeu que poderia ser sinal de
importante. Quando o copeiro ouviu fa-
contá-los aos seus magos e sábios, em busca
m esclarecimento, ele se lembrou de José

e falou ao rei sobre ele. Faraó, então, mandou
chamar o jovem judeu e contou a ele sobre os
dois sonhos estranhos que tivera. No primeiro,
ele viu sete vacas feias e magras saírem de dentro
do rio Nilo e comerem sete vacas belas e gordas.
Já no segundo sonho, faraó viu sete espigas de
trigo gordas e boas serem devoradas por outras
sete, mirradas e murchas. José interpretou os sonhos e alertou faraó, dizendo que os sonhos significavam que haveria sete anos de muita fartura
de alimento por toda a terra do Egito. Porém,
em seguida, viriam sete anos de uma escassez
terrível, que levaria toda aquela grande nação
a padecer com a fome. Mais que interpretar os
sonhos, José aconselhou que o faraó mandasse
estocar o máximo de alimento que pudessem
durante os anos de fartura, a fim de que, quando a fome viesse, Egito tivesse uma reserva.

Faraó ficou muito satisfeito com a interpretação de José. Ele sabia que Deus o havia ajudado! O rei disse: "Uma vez que
Deus lhe revelou todas essas coisas, não há ninguém tão criterioso e sábio como você. Você terá
o comando de meu palácio, e todo o meu povo
se sujeitará às suas ordens" (Gênesis 41.39-40). O
rei deu a José o seu anel e o vestiu de linho fino,
que eram vestes da realeza. Ele também fez José
subir em uma carruagem real atrás da carruagem
do rei, para que toda a terra do Egito o visse.

Quem você acha que protegeu e ajudou José,
enquanto ele estava na prisão? Isso mesmo! Foi
Deus que o ajudou! Sabe, o Senhor desejava
usar José para ser um instrumento especial no
cumprimento de seus planos. Deus faz, constantemente, com que coisas ruins cooperem
para o nosso bem. Um dia, em um futuro bem
distante dos tempos de José, o Senhor usaria a
morte do seu próprio Filho Jesus – que, sem dúvida, parecia ser algo muito ruim – para fazer
algo maravilhoso, nos salvando dos nossos pecados. Não há nada que possa impedir o plano de
Deus para salvar o seu povo – nem a prisão, nem
a fome, nem mesmo a morte!

HISTÓRIA 25

Deus provê para os israelitas durante o período de fome

GÊNESIS 42

Deus deu ao Egito sete anos de muita fartura de comida, exatamente como o sonho de faraó havia previsto. José, no comando do país, recolheu e armazenou muito trigo nas cidades do Egito. Em cada uma delas, foi feito um estoque com o que foi colhido nas lavouras dos campos das redondezas. A quantidade de alimento armazenado era tão grande que já não se podia contar. Quando, então, os sete anos de fome atingiram a terra do Egito, todo o povo tinha bastante comida. Os egípcios iam até José e ele lhes vendia o trigo armazenado. A notícia de fartura no Egito se espalhou, e logo povos de todas as terras vizinhas começaram a viajar até lá, a fim de comprar alimentos.

Quando o pai de José soube que poderia comprar comida no Egito, enviou os seus dez filhos mais velhos para buscar trigo. Quando os irmãos de José chegaram, curvaram-se diante dele. Eles não sabiam que aquele agora poderoso governante era o irmão que haviam vendido como escravo, anos antes... José, no entanto, os reconheceu! Ele se lembrou dos sonhos que teve quando era mais jovem e de tudo o que os seus irmãos lhe haviam feito. Antes de dizer quem era, José os acusou de terem ido até lá para espionar a terra do Egito. Ele questionou os irmãos de maneira severa e os prendeu durante três dias. Você está surpreso por José ter feito isso? Você acha que ele agiu assim porque ainda sentia rancor pelos atos de seus irmãos no passado? Pois esse não foi o motivo. Na verdade, Deus estava usando José para mostrar àqueles homens o pecado que haviam cometido contra o seu irmão mais novo. E José os colocou à prova par ver se o coração deles havia mudado desd aquela ocasião. Será que eles tinham se tor nado pessoas diferentes?

No terceiro dia em que estavam presos José ordenou que eles provassem a sua ino cência trazendo até o Egito seu irmão caçu la, Benjamim, que Jacó havia mantido con ele em Canaã. Os irmãos de José disseram uns aos outros que certamente estavam sen do punidos por Deus pelo que haviam feito a José. O que eles não sabiam era que Jos podia entender perfeitamente o que estavam dizendo, pois conhecia aquela língua. José então, acorrentou Simeão na frente dos ou tros irmãos e o prendeu, até que os outro voltassem com Benjamim. Mais que isso José mandou que seus servos lhes dessen mantimento para a viagem e colocassem d volta em suas bagagens, secretamente, o di nheiro que eles haviam pago pelo trigo. Eles então, partiram de volta para Canaã. Jos sabia que quando eles encontrassem a pra ta em suas bagagens, temeriam a Deus po causa do que haviam feito ao seu irmão n passado. Mais uma vez, o Senhor usaria essa situação para ajudá-los a se arrependerem do que fizeram contra José.

Durante a viagem, um deles abriu a ba gagem para pegar forragem para o seu ju mento e viu a prata ali dentro! Todos os irmãos tiveram medo. Ao chegarem à casa de seu pai, acharam ainda mais dinheiro en cada bagagem e sentiram ainda mais medo. Eles contaram tudo a Jacó e pediram para le var Benjamim de volta com eles até o Egito a fim de que Simeão fosse liberto da prisão

Porém, Israel não permitiu. Ele tinha muito medo de perder Benjamim, assim como já havia perdido José.

Apesar de seus irmãos terem pecado contra ele, José foi bondoso e teve misericórdia deles, dando mantimento para que não morressem durante o período da fome. A vida de José é um reflexo da maneira como Deus age com cada um de nós. Assim como os irmãos de José, todos nós merecemos ser punidos por nossos pecados; no entanto, o Senhor não nos trata como merecemos. Ao contrário – Deus nos entregou seu próprio Filho Jesus para que pudéssemos ser salvos. Da mesma forma que os irmãos de José precisavam de alimento, nós precisamos de Jesus – que declarou ser o pão da vida (João 6.35) – para nos salvar dos nossos pecados.

Vamos conversar sobre esta história!

O que está empilhado na imagem?
Quem é o homem que está vestido como um rei?
Esta imagem se parece com o sonho que José teve quando era mais novo, antes de ser vendido como escravo pelos irmãos?

HISTÓRIA 26

José dá-se a conhecer aos seus irmãos

GÊNESIS 43 – 46

Quando sua família ficou sem ter o que comer de novo, Israel não teve escolha e precisou enviar os seus filhos de volta ao Egito para comprar mais trigo. Desta vez, ele precisou mandar Benjamim junto com eles, conforme José pediu. Assim que chegaram ao Egito, os irmãos devolveram o dinheiro que havia sido colocado em suas bagagens depois da sua primeira ida até lá. José mandou soltar Simeão quando viu que seus irmãos haviam trazido Benjamim, como ele havia ordenado. José, então, mandou preparar uma refeição especial aos seus irmãos e depois os mandou de volta para casa com mais mantimento. Secretamente, porém, ele mandou que seus servos, novamente, colocassem o dinheiro de volta em suas bagagens. Ele também ordenou, desta vez, que escondessem na bagagem de Benjamim a sua própria taça de prata. Quando seus irmãos encontrassem todas essas coisas, eles temeriam ainda mais a Deus por tudo que haviam feito contra José.

Pouco depois que seus irmãos saíram do Egito de volta para casa, José ordenou que seus homens fossem atrás deles para flagrá-los com a taça de prata. Em pouco tempo, os irmãos de José estavam diante dele novamente. Imagine como devem ter ficado assustados! José os acusou de terem roubado a taça e ordenou que Benjamim se tornasse seu escravo, pois a taça foi encontrada em sua bagagem. Judá se ofereceu para ficar no lugar de Benjamim, pois havia

prometido ao seu pai que cuidaria do irmão mais novo. Ele explicou a José que o seu pai amava tanto a Benjamim que, se o perdesse, certamente morreria de tanta tristeza.

Nesse momento, José começou a chorar. Ele pôde, finalmente, ver que os seus irmãos estavam arrependidos pelo que haviam feito a ele anos atrás. Ele mandou que todos os egípcios saíssem de sua presença para que pudesse falar a sós com seus irmãos. Quando eles saíram, José disse: "Eu sou José, seu irmão, aquele que vocês venderam ao Egito.

Agora, não se aflijam nem se recriminem por terem me vendido para cá, pois foi para salvar vidas que Deus me enviou adiante de vocês" (Gênesis 45.4-5). José beijou e perdoou os seus irmãos, e eles passaram algum tempo conversando. Depois de tantos anos, tornaram-se amigos. José disse-lhes que a fome ainda duraria mais cinco anos. Com a bênção de faraó, José os mandou de volta para casa com comida e presentes, assim como com o convite para que trouxessem o seu pai.

Quando os irmãos contaram a Israel que José estava vivo, ele não acreditou. Foi só quando viu todos os presentes enviados por faraó que se convenceu de que era verdade! Israel, então, ofereceu um sacrifício ao Senhor e, naquela noite, Deus falou com ele, em uma visão. "Não tenha medo de descer ao Egito, porque lá farei de você uma grande nação. Eu mesmo descerei ao Egito com você e certamente o trarei de volta" (Gênesis 46.3-4). Israel creu e partiu em direção ao Egito com toda a sua família – mulheres, filhos, netos – e foram salvos da fome. Mais tarde, José explicou aos seus irmãos que, embora eles tivessem tentado prejudicá-lo quando o venderam como escravo, Deus havia tornado tudo em bem, a fim de salvar a vida de muitas pessoas.

Você notou que foi Judá quem ofereceu a sua vida no lugar de Benjamim (Gênesis 44.33)? Isso o faz lembrar de como Jesus se ofereceu para morrer em nosso lugar? Alguns podem até dizer que foi apenas uma coincidência o fato de ter sido Judá – bisavô muito distante de Jesus – o irmão que se ofereceu para ficar no lugar de Benjamim. No entanto, no plano extraordinário de Deus nada acontece por acaso!

Vamos conversar sobre esta história!

O que estava escondido nas bagagens?

Como os irmãos de José se sentiram ao vê-lo?

Como José ajudou seus irmãos?

Vamos conversar sobre esta história!

O bebê Moisés está dentro de quê, na imagem?
Você consegue enxergar a cruz na imagem?
Qual missão especial Deus tinha planejado para Moisés?

HISTÓRIA 27

Deus protege o bebê Moisés

ÊXODO 1.1 – 2.10

Por causa da fome, Israel e a sua família estabeleceram-se no Egito. Com o passar do tempo, eles tiveram mais filhos e cresceram, tornando-se um grande povo. José morreu, e, depois de algum tempo, um novo faraó subiu ao poder. Ele não se lembrava de José nem de tudo o que ele havia feito para salvar o Egito. Esse novo rei achava que havia muitos israelitas vivendo naquela terra e temia que eles pudessem, quem sabe, se voltar contra os egípcios e atacá-los. O faraó, então, transformou todos os israelitas em escravos. Ele colocou sobre eles capatazes, que eram os chefes de trabalhos forçados, para controlá-los, fazendo-os transportar cargas pesadas, trabalhar nos campos, fabricar tijolos e construir cidades. Eles passaram a ser tratados com muita crueldade. No entanto, Deus abençoou o seu povo mesmo em meio a toda essa dificuldade, e as suas famílias continuaram a crescer.

Quando faraó percebeu isso, ele não ficou nada feliz. O rei ordenou a todas as parteiras, que ajudavam as mulheres durante os partos, que matassem todas as crianças do sexo masculino que nascessem. As parteiras, no entanto, temiam mais a Deus do que a faraó, por isso não obedeceram à sua ordem. O Senhor abençoou as parteiras, e os israelitas tiveram ainda mais filhos! Pouco tempo depois, faraó ordenou que todo menino recém-nascido fosse lançado no rio Nilo. Apenas as meninas poderiam ser poupadas.

Havia uma mulher israelita que se casou com um homem da tribo de Levi e deu à luz um filho. Ela viu que ele era bonito e, com medo de que fosse morto, o escondeu durante três meses. Quando já não podia mais escondê-lo, pegou um cesto feito de junco e o vedou com piche e betume, para impedir que a água entrasse. Depois, a mulher colocou o menino dentro do cesto e o escondeu entre os juncos, à margem do Nilo. Ela deixou a irmã do menino observando de longe, para ver o que aconteceria. Naquela manhã, a filha do faraó desceu até o rio para tomar banho e encontrou o bebê dentro do cesto. A irmã do menino saiu de onde estava se escondendo e se aproximou para perguntar se a filha do faraó gostaria que ela encontrasse uma mulher israelita para amamentar e criar o bebê. A princesa concordou e mandou o menino de volta à sua própria mãe, para que ela cuidasse dele até que ele fosse mais crescido. Anos depois, quando o menino foi morar com ela, a filha de faraó deu a ele o nome de Moisés e o criou no palácio real. Deus salvou Moisés porque ele fazia parte do seu plano para libertar o povo do sofrimento da escravidão.

Você sabia que a palavra usada por Deus para falar do cesto de Moisés é a mesma palavra usada para se referir à arca de Noé? Pois, assim como o Senhor usou a arca para salvar Noé, ele usou aquele pequeno cesto para livrar Moisés da morte. Deus protegeu o menino Moisés da ordem de faraó, porque planejava usá-lo para libertar o seu povo da escravidão do Egito. Muitos anos depois, o Senhor também protegeu o menino Jesus de outro rei perverso. Herodes tentou matá-lo, mas Deus alertou José em um sonho, orientando-o a partir de onde estavam para um lugar seguro. Jesus, assim como Moisés, cresceu e libertou o povo de Deus da escravidão. Mas de um tipo diferente de servidão – Jesus nos libertou da escravidão do pecado.

HISTÓRIA 28

Deus chama Moisés

ÊXODO 2.11 – 4.31

Moisés cresceu. Ele tornou-se adulto, mas a escravidão do povo de Deus no Egito ainda perdura. A vida dos israelitas era muito difícil, e Moisés podia ver como eles sofriam. Certo dia, ele ficou tão indignado com a maneira como o seu povo era tratado que, ao ver um egípcio espancar um dos israelitas, ficou furioso e acabou matando-o. Afinal, os israelitas, ou hebreus, eram o seu povo, e Moisés queria ajudá-los. Porém, quando faraó descobriu o que Moisés havia feito, planejou matá-lo. Moisés, então, fugiu do Egito e partiu em uma jornada pelo deserto, chegando até a terra de Midiã. Ali, ele conheceu um sacerdote chamado Jetro, que tinha sete filhas. Essa família acolheu Moisés, que passou a morar em sua casa. Moisés acabou se casando com a filha mais velha daquele sacerdote! Moisés e sua mulher moravam com Jetro, e Moisés ajudava o sogro a cuidar de seu rebanho de ovelhas.

Certo dia, Moisés estava com as ovelhas do outro lado do deserto, ao lado de um monte chamado Horebe. Ali, ele viu uma coisa muito estranha: uma sarça, que é uma espécie de arbusto, completamente em chamas. Contudo, ele notou, espantado, que as chamas não consumiam a planta! Moisés achou aquilo muito impressionante e aproximou-se para observar melhor. Quando estava chegando mais perto, Deus o chamou, do meio da sarça: "Moisés, Moisés!"

"Eis-me aqui", respondeu ele.

Então, disse Deus: "Não se aproxime! Tire as sandálias dos pés, pois o lugar em que você está é terra santa. Eu sou o Deus de seu pai, o Deus de Abraão, o Deus de Isaque, o Deus de Jacó."

Quando ouviu a voz de Deus, Moisés cobriu o rosto, pois teve medo de olhar para ele.

O Senhor disse mais a Moisés: "Eu tenho visto a opressão sobre o meu povo no Egito e também tenho escutado o seu clamor, por causa dos seus feitores, e sei o quanto estão sofrendo. Eu irei livrá-los das mãos dos egípcios." Então, Deus disse algo que realmente surpreendeu Moisés: "Eu o enviarei ao faraó para tirar do Egito o meu povo, os israelitas."

Moisés, porém, respondeu a Deus: "Quem sou eu para apresentar-me ao faraó e tirar os israelitas do Egito?" É que ele achou que não seria capaz de libertar o povo sozinho! Mas o Senhor assegurou: "Eu estarei com você."

Moisés sabia que o povo que estava no Egito não acreditaria com tanta facilidade que ele era o libertador que Deus enviou e lhe fariam muitas perguntas. Então, ele perguntou ao Senhor: "Quando eu chegar diante dos israelitas e lhes disser que o Deus de seus antepassados me enviou, e eles me perguntarem: 'Qual é o nome dele?', o que lhes direi?" Deus respondeu: "Eu Sou o que Sou" (Êxodo 3.13-14). Deus é grandioso demais para ter um nome comum, como Roberto ou Henrique, por exemplo. No entanto, o nome "Eu Sou" é uma maneira maravilhosa para Deus se descrever, pois ele sempre existiu e sempre existirá.

Apesar de Deus ter garantido que estaria com ele, Moisés não acreditou nisso, de verdade. Tanto, que perguntou: "E se eles não acreditarem em mim nem quiserem me ouvir?" Então, o Senhor disse que Moisés jogasse a sua vara no chão. Quando Moisés fez isso, a vara se transformou em uma serpente! "Pegue-a pela cauda", ordenou o Senhor – e, quando Moisés obedeceu, a cobra se transformou em vara novamente. "Isso é para que eles acreditem que o Deus dos seus antepassados apareceu a você", disse Deus. No entanto, Moisés ainda estava com medo de fazer o que o Senhor mandou. Ele achava que não tinha facilidade para falar e disse: "Ah, Senhor! Peço-te que envies outra pessoa."

O Senhor, então, se irou com Moisés por não confiar nele; mas, apesar disso, enviou o seu irmão Arão para ajudá-lo a falar com o faraó.

Moisés e Arão partiram, portanto, de volta ao Egito. Eles reuniram os anciãos e as autoridades dos israelitas e contaram tudo o que Deus estava prestes a fazer. Eles acreditaram em Moisés e Arão e deram graças a Deus por ter ouvido o clamor do povo por socorro.

O livro de Hebreus nos conta que, quando Moisés deixou o Egito pela primeira vez, ele tinha ideia de que Deus tinha um plano para salvar o seu povo. Em vez de desfrutar dos prazeres do Egito, como filho adotivo do faraó, Moisés preferiu ser maltratado com o povo de Deus e confiar no Senhor (Hebreus 11.24-26). Ao salvar Israel, a promessa de Deus a Abraão foi preservada, para que um dia Jesus pudesse nascer para nos salvar também.

Vamos conversar sobre esta história!

O que está diferente na sarça da imagem?
Por que Moisés precisou tirar as suas sandálias?
O que Deus disse a Moisés, quando ele se aproximou da sarça?

HISTÓRIA 29

Moisés confronta faraó

ÊXODO 5.1—7.13

Quando chegou a hora de entregar a mensagem de Deus ao rei do Egito, Moisés e Arão foram até ele e disseram, corajosamente: "Assim diz o SENHOR, o Deus de Israel: 'Deixe o meu povo ir para celebrar-me uma festa no deserto'." O faraó, no entanto, respondeu com arrogância: "Não conheço o SENHOR, e não deixarei Israel sair".

Faraó ficou furioso. Ele deu ordem aos feitores e capatazes responsáveis pelos israelitas para que não oferecessem mais palha ao povo para fazer tijolos. Os hebreus seriam obrigados a ajuntar a própria palha e, além disso, deveriam produzir a mesma quantidade de tijolos de antes. Se a quantidade de tijolos diminuísse, eles seriam duramente castigados pelos capatazes!

Os israelitas reclamaram com Moisés, dizendo: "Você não nos ajudou em nada! A nossa situação piorou ainda mais por sua causa." Moisés ficou triste com isso. Ele clamou ao Senhor e perguntou por que ele estava permitindo que isso acontecesse. O Senhor, então, consolou Moisés e pediu que ele dissesse ao povo: "Eu sou o SENHOR. Eu os livrarei do trabalho imposto pelos egípcios. Eu os libertarei da escravidão e os resgatarei com braço forte e com poderosos atos de juízo. Eu os farei meu povo e serei o Deus de vocês. Então vocês saberão que eu sou o SENHOR, o Deus de vocês" (Êxodo 6.6-7).

Depois disso, Deus enviou Moisés de volta à presença de faraó para pedir, mais uma vez, que ele deixasse o seu povo ir. O Senhor já havia alertado Moisés de que o faraó não o ouviria e que, portanto, ele

mostraria todo o seu poder para resgatar Israel. Para provar a faraó que o poder de Deus estava ao lado do povo de Israel, o Senhor mandou Moisés dizer a Arão que atirasse sua vara ao chão na frente de faraó. Como tinha ocorrido antes, o cajado se transformaria em uma serpente. Então, eles foram até o faraó e fizeram exatamente aquilo que o Senhor havia ordenado, e, quando Arão jogou a vara diante dele, ela se transformou mesmo em uma serpente! O faraó, no entanto, logo mandou chamar seus magos e feiticeiros para ver se eles também eram capazes de fazer aquilo. Quando eles jogaram as suas varas no chão, elas também se transformaram em cobras, porém a serpente de Arão as engoliu e as devorou! Apesar de Deus ter revelado o seu poder, o faraó não queria obedecer-lhe. O Senhor endureceu o coração de faraó, ou seja, faraó decidiu não acreditar em Deus. Portanto, ele não permitiu que o povo de Deus deixasse o Egito.

Pode parecer que as coisas não estavam indo bem para Moisés. Porém, não podemos esquecer que o plano de Deus jamais pode ser impedido. Mesmo quando tudo parece não estar dando certo, o Senhor está no controle – e, embora possamos não ver, ele está sempre trabalhando para cumprir os seus propósitos. Lembre-se de Jesus. Quando ele foi preso, os discípulos também pensaram que tudo tinha dado errado. No entanto, Deus sabia exatamente o que estava fazendo. Mesmo quando parecia que os homens maus estavam ganhando, o plano do Senhor para nos salvar estava sendo cumprido exatamente segundo a sua vontade.

Vamos conversar sobre esta história!

Qual foi a mensagem que Moisés e Arão levaram a faraó?
Quem são os homens com os turbantes verdes na imagem?
O que está acontecendo com as serpentes?

HISTÓRIA 30
Deus envia pragas contra o Egito
ÊXODO 7.14 – 11.1

Deus endureceu o coração de faraó, o rei do Egito, e ele se recusou a deixar os israelitas partirem. Por causa disso, o Senhor mandou Moisés tocar as águas do rio Nilo com a sua vara, e elas se transformariam em sangue. Moisés obedeceu a Deus, e o grande rio Nilo – e toda a água do Egito – virou sangue. Não havia mais água para beber! Quando, porém, faraó descobriu que os seus magos podiam fazer a mesma coisa, ele se recusou a deixar o povo de Deus sair do Egito.

Sete dias depois, o Senhor enviou Moisés novamente a faraó. Moisés disse: "Assim diz o SENHOR: 'Deixe o meu povo ir. Se você não quiser deixá-lo ir, mandarei sobre todo o seu território uma praga de rãs'."

Mais uma vez, faraó se recusou. Então Moisés ordenou a Arão: "Estenda a mão com a vara sobre os rios, sobre os canais e sobre os açudes, e faça subir deles rãs sobre a terra do Egito." Arão obedeceu e, logo em seguida, surgiram rãs por toda parte! Faraó implorou a Moisés para que fizesse todas aqueles bichos desaparecerem da terra do Egito e prometeu que, se isso acontecesse, deixaria o povo ir. Porém, depois que as rãs desapareceram, o faraó mudou de ideia novamente. O Senhor, portanto, enviou mais uma praga sobre o Egito. Desta vez, ele transformou o pó da terra em piolhos, que se espalharam por toda a região. Os piolhos infestaram todos os egípcios, mas não tocaram no povo de Deus. Novamente, faraó tentou fazer um acordo com Moisés, dizendo que permitiria que os israelitas oferecessem sacrifícios ao seu Deus no Egito. No entanto, Moisés foi firme e disse que a ordem do Senhor era para que faraó deixasse o povo ir. Finalmente, o rei concordou, mas quando os piolhos sumiram, o seu coração se endureceu mais uma vez!

O Senhor, portanto, continuou enviando pragas sobre o Egito. Cada um desses castigos caía somente sobre os egípcios. Embora os israelitas também vivessem naquela nação, eles eram o povo de Deus! O Senhor deu continuidade aos seus juízos sobre o Egito. Ele enviou moscas. Fez todos os rebanhos de animais dos egípcios morrerem. Além disso, uma das pragas provocou o surgimento de feridas purulentas nos egípcios. Depois, vieram novas pragas, como uma tempestade de trovões e granizo, enxames de gafanhotos e, por fim, Deus fez com que densas trevas cobrissem toda a terra do Egito. Ao enviar uma praga após a outra, o Senhor estava criando uma história que, um dia, os israelitas pudessem contar aos seus filhos e netos. Quando toda essa história com faraó, o rei do Egito, acabasse, todos teriam conhecimento do grande poder de Deus e compartilhariam sobre a

vitória do seu povo.

No entanto, apesar de todas as pragas enviadas, faraó não deu ouvidos ao Senhor. Ele endureceu o seu coração, vez após outra. Tentou fazer acordos com Moisés, mas, como Moisés recusou todas as vezes, Faraó finalmente ordenou que ele e o povo partissem e nunca mais voltassem. Só faltava uma praga para ser enviada. Depois dela, Deus disse que faraó obedeceria.

Você sabia que as pragas foram criadas especialmente pelo Senhor para mostrar que ele era o único Deus verdadeiro sobre o Egito? Os egípcios prestavam culto a muitos deuses diferentes. Eles tinham um deus do Nilo, um deus do sol e, até mesmo, uma deusa chamada Heket, conhecida como a deusa rã! Quando Deus mostrou que era ele quem tinha o controle sobre o rio Nilo, sobre o sol e sobre as rãs, estava demonstrando que os deuses do Egito eram todos falsos. Nos dias de hoje, milhares de anos depois, quando lemos esta história, vemos como o Senhor salvou o seu povo de maneira poderosa para abrir caminho para a vinda de Jesus.

Vamos conversar sobre esta história!

Aponte, na imagem, a figura da primeira praga, quando Deus transformou a água em sangue.

Quantas pragas você consegue identificar na imagem?

Em sua opinião, qual foi a pior praga enviada por Deus sobre o Egito?

HISTÓRIA 31

A última praga e a primeira Páscoa

ÊXODO 11 – 13

A última e pior de todas as pragas ainda estava por vir. Moisés alertou faraó uma última vez, dizendo que ele deveria deixar o povo de Israel sair do Egito. Ele disse a faraó que, por volta da meia-noite daquele dia, o Senhor passaria por toda aquela nação e todos os primogênitos seriam atingidos e mortos, desde o filho mais velho do faraó, herdeiro do trono do Egito, até o filho mais velho das escravas egípcias. Se faraó não obedecesse a Deus, todo o seu povo sofreria as consequências. Os israelitas, porém, seriam poupados. Moisés disse, ainda, que todos os conselheiros do faraó se ajoelhariam diante dele quando isso acontecesse, implorando para que ele e o povo de Deus deixassem a terra do Egito. Moisés saiu da presença de faraó com grande ira, pois o rei, mais uma vez, não deu ouvidos às palavras do Senhor, mesmo com o alerta sobre a pior praga de todas.

O Senhor disse a Moisés e Arão: "Todo homem deverá separar um cordeiro para a sua família e sacrificá-lo no décimo quarto dia do mês. Depois, deverá passar um pouco do sangue nas laterais e nas vigas superiores das portas das casas nas quais vocês comerão o animal. Naquela mesma noite, passarei pelo Egito e matarei todos os primogênitos, tanto dos homens quanto dos animais. O sangue será um sinal para indicar as casas em que vocês estiverem. Quando eu vir o sangue, passarei adiante."

Moisés ouviu atentamente as instruções do Senhor e as repassou ao povo israelita. O líder hebreu disse que eles deveriam comer rápido, com as sandálias nos pés e cajado na mão. Deus deu àquela refeição o nome de "Páscoa do Senhor". O Senhor ordenou a Moisés que o seu povo celebrasse a Páscoa todos os anos, para que todas as gerações futuras se lembrassem do que o Senhor havia feito.

Moisés, portanto, disse todas essas coisas aos israelitas e eles obedeceram às ordens do Senhor. As pessoas prepararam a refeição e passaram o sangue nas vigas e laterais das portas. Então, à meia-noite, Deus enviou a última praga ao Egito e matou todos os primogênitos daquela terra, inclusive o filho do faraó. Naquela mesma noite, faraó mandou chamar Moisés e lhe disse: "Saiam imediatamente do meio do meu povo, vocês os israelitas! Vão prestar culto ao SENHOR, como vocês pediram" (Êxodo 12.31). O

ovo do Egito estava tão assustado que pressionou seu rei e implorou que os israelitas íssem de lá imediatamente.

Você sabia que os cordeiros sacrificados urante a Páscoa são uma representação e Jesus? No Novo Testamento, Jesus é hamado de Cordeiro de Deus que tira o ecado do mundo (João 1.29) e de Cordeiro ue foi morto (Apocalipse 5.6,12). Assim omo o sangue do animal nas vigas das ortas protegeu Israel do julgamento de eus, o sangue de Jesus nos livra, hoje, do lgamento do Senhor. O apóstolo Paulo té mesmo chamou Jesus de nosso Cordeiro ascal sacrificado (1Coríntios 5.7).

Vamos conversar sobre esta história!

O que foi passado nas vigas e laterais das portas?

O que aconteceu nas casas que não tinham o sangue nas portas?

Por que o sangue nas portas tem relação com o sangue que Jesus derramou na cruz?

HISTÓRIA 32

Deus abre o mar Vermelho

ÊXODO 14

Por toda a terra do Egito, o povo de Deus se apressou para sair de suas casas, seguindo a direção do Senhor. Eles saíram e seguiram para o deserto, em direção ao mar Vermelho. Quando todo o povo de Israel estava reunido, uma grande coluna de nuvem se formou sobre eles. O Senhor estava na nuvem e ia adiante deles, para guiá-los no caminho em que deveriam seguir. Durante a noite, o Senhor os conduzia por meio de uma coluna de fogo, que brilhava intensamente, iluminando o caminho para que pudessem continuar andando. Dessa forma, o povo de Deus podia seguir viagem de dia e de noite. Mais de um milhão de israelitas deixaram o Egito, junto com suas ovelhas e seu gado. Era um grupo muito grande de pessoas!

Quando chegaram ao litoral do mar Vermelho, o Senhor mandou que montassem acampamento ali. Deus disse a Moisés: "O faraó pensará que os israelitas estão vagando confusos, cercados pelo deserto. Então, endurecerei o coração do faraó, e ele os perseguirá. Todavia, eu serei glorificado por meio do faraó e de todo o seu exército; e os egípcios saberão que eu sou o SENHOR."

Aconteceu exatamente como Deus disse que aconteceria. Quando faraó soube que os israelitas haviam partido, ele se arrependeu mais uma vez e mandou chamar todo o seu exército. Eles levaram seiscentos carros de guerra para irem atrás dos israelitas. Quando o povo de Israel viu os egípcios se aproximando, ficou aterrorizado. Moisés, porém, lhes disse: "Não tenham medo. Fiquem firmes e vejam o livramento que o SENHOR lhes trará hoje" (Êxodo 14.13). Deus, então, moveu a coluna de nuvem que estava na frente dos israelitas e a colocou atrás deles, deixando-a, dessa forma, entre eles e os egípcios. Em seguida, Moisés estendeu a mão sobre o mar, e o Senhor dividiu as águas, abrindo um leito de terra seca com um forte vento oriental que soprou toda aquela noite. O fundo do mar virou uma passagem e os israelitas atravessaram pelo seu meio em terra seca, tendo uma parede de água à sua direita e outra à sua esquerda.

Quando o exército egípcio viu o que estava acontecendo, tentou ir atrás dos israelitas. No entanto, o Senhor fez com que as rodas dos seus carros começassem a se soltar, para impedi-los de continuar. Os egípcios tiveram medo, pois sabiam que Deus estava lutando contra eles. Quando o povo de Israel chegou em segurança do outro lado do mar, o Senhor mandou Moisés estender a mão sobre o mar mais uma vez. Quando ele fez isso, as águas voltaram para o seu lugar e encobriram todos os egípcios, que se afogaram nelas. Foi assim que o Senhor salvou Israel das mãos dos soldados de faraó naquele dia, exatamente como havia prometido que faria. Quando os israelitas viram o grande poder do Senhor e os egípcios mortos na praia, maravilharam-se e temeram a Deus. Eles celebraram aquele livramento com louvor e adoração, sãos e salvos, do outro lado do mar.

Antes de Deus abrir o mar Vermelho, os israelitas estavam presos. Eles não podiam se salvar das mãos dos egípcios. No entanto, o Senhor abriu um caminho no meio do mar e o seu povo o atravessou pela fé. Nós também estamos presos – estamos mortos em nosso pecado e não podemos nos salvar sozinhos. Deus, então, abriu um caminho para nós por meio de Jesus. A Bíblia nos diz que, se confiarmos no Salvador e no seu sacrifício na cruz pelo nosso pecado, seremos salvos – para sempre!

Vamos conversar sobre esta história!

Por que Deus abriu o mar Vermelho?

O que reteve os egípcios até que os israelitas terminassem sua travessia?

Como você se sentiria caminhando no meio do mar entre duas paredes de água?

Vamos conversar sobre esta história!

O que Moisés está fazendo na imagem?

De onde veio a água?

Por que Deus deu água ao povo, em vez de castigá-lo pela sua murmuração?

HISTÓRIA 33

Deus provê comida e água para Israel

ÊXODO 16.1 – 17.7

Apesar de Deus ter realizado muitos milagres e maravilhas para resgatar o seu povo do Egito, os israelitas esqueceram rapidamente tudo o que o Senhor havia feito por eles – e não apenas esqueceram como, também, começaram a murmurar assim que surgia algum problema. Quando sentiram sede, os israelitas reclamaram, em vez de pedir água ao Senhor. Quando a fome apertou, eles disseram coisas horríveis a Moisés, como: "Vocês nos trouxeram a este deserto para fazer morrer de fome toda esta multidão!" (Êxodo 16.3). No entanto, apesar de toda essa murmuração, o Senhor foi bom com eles e lhes deu água para beber. Ele até mesmo fez chover pão do céu para aquele povo – um pão especial, chamado maná, que caía na porção necessária para cada dia. O povo deveria, a cada manhã, sair e recolher a quantidade necessária para aquele dia. (Qualquer sobra de pão apodreceria). Mas, no sexto dia, Deus ordenou-lhes que recolhessem o dobro da quantidade para que pudessem descansar no dia de sábado. O Senhor não permitia que o maná do sábado estragasse e apodrecesse.

Moisés advertiu o povo de que, quando reclamavam, eles não protestavam contra ele, mas sim contra o próprio Deus. Os israelitas, no entanto, não deram ouvidos. Eles se esqueceram do alerta de Moisés. Depois de partirem para um lugar diferente daquele em que receberam o maná do Senhor pela primeira vez, o povo sentiu sede novamente. Imediatamente, começaram a murmurar e reclamar, voltando a dizer coisas ruins sobre Moisés, perguntando: "Por que você nos tirou do Egito? Foi para matar de sede a nós, aos nossos filhos e aos nossos rebanhos?" (Êxodo 17.3). Moisés, então, clamou ao Senhor: "Que farei com este povo? Estão a ponto de apedrejar-me!"

O Senhor disse a Moisés que levasse algumas autoridades de Israel até o alto da rocha, em Horebe. Você talvez se lembre de que foi naquele lugar que Deus falou com Moisés pela primeira vez, de dentro da sarça ardente. Dessa vez, o Senhor disse: "Eu estarei à sua espera no alto da rocha que está em Horebe. Bata na rocha, e dela sairá água para o povo beber" (Êxodo 17.6). Moisés fez exatamente conforme o Senhor havia ordenado, e, como era de se esperar, ao bater na rocha, jorrou água em abundância, suficiente para todo o povo de Deus e os seus animais.

O Senhor poderia ter punido o povo por causa de sua murmuração, pois eles estavam errados em fazer isso. Mas, ao contrário, ele disse a Moisés que batesse com a sua vara exatamente na rocha em que o próprio Deus esteve. Em vez de julgamento, o povo recebeu a bênção da água para matar a sede. No Novo Testamento, o apóstolo Paulo nos diz que a rocha em que Moisés bateu deve nos lembrar de Jesus (1Coríntios 10.4). Em vez de castigar Israel pelo seu pecado, Deus castigou a rocha, que representava Jesus Cristo, ao bater nela.

Mesmo lá atrás, nos tempos de Moisés, o Senhor já sabia que a sua salvação viria por meio do sacrifício do seu Filho Jesus. Por intermédio dessa história, Deus ofereceu a Israel uma indicação de como ele salvaria todo o seu povo. Em vez de nos castigar pelos nossos pecados, o Senhor colocou a vara do seu julgamento sobre Jesus na cruz. Quando Deus salvou Israel e deu-lhes água para matar a sede, ele já estava olhando para o futuro, quando o seu Filho seria sacrificado por nós. Quando o Senhor nos salva, ele se lembra de Jesus Cristo naquela cruz.

HISTÓRIA 34
Deus dá os Dez Mandamentos a Moisés
ÊXODO 20.1-24

Depois de três meses caminhando pelo deserto, o povo de Israel chegou ao monte Sinai. Eles montaram acampamento aos pés daquela montanha, enquanto Moisés subiu para encontrar-se com Deus. O Senhor ordenou a Moisés que estabelecesse limites em torno do monte e que dissesse ao povo que não o ultrapassasse. No terceiro dia, o Senhor desceria sobre o Sinai, a fim de que todo o povo o visse. Se qualquer pessoa sequer tocasse na base do monte, morreria, pois a presença de Deus era santa e o povo, pecador.

Então, no terceiro dia, o monte estremeceu; trovões e raios cobriram o céu. De repente, o povo ouviu um alto som de trombeta e uma nuvem densa cobriu o monte, enchendo-o de fumaça. Nenhum deles jamais tinha visto algo parecido antes! Corajosamente, Moisés subiu para encontrar-se com o Senhor. Deus falou com ele no trovão. Ele entregou a Moisés os Dez Mandamentos e Moisés desceu para levá-los até o povo. São estes os Dez Mandamentos do Senhor:

- *Eu sou o Senhor, o teu Deus, não terás outros deuses além de mim.*
- *Não farás para ti nenhum ídolo, nenhuma imagem de qualquer coisa.*
- *Não tomarás em vão o nome do Senhor teu Deus.*
- *Lembra-te do dia de sábado, para santificá-lo.*
- *Honra teu pai e tua mãe, a fim de que tenhas vida longa na terra.*
- *Não matarás.*
- *Não adulterarás.*
- *Não furtarás.*
- *Não darás falso testemunho contra o teu próximo.*
- *Não cobiçarás a casa do teu próximo. Não cobiçarás a mulher do teu próximo, nem coisa alguma que lhe pertença.*

O povo tremeu de medo quando viu os trovões e os relâmpagos e ouviu o alto som da trombeta! Eles disseram que estavam com medo de falar com Deus. Moisés, então, disse ao povo: "Não tenham medo! Deus veio prová-los, para que o temor de Deus esteja em vocês e os livre de pecar." Depois de dizer essas palavras, Moisés se aproximou da nuvem em que Deus estava e recebeu esta ordem do Senhor: "Diga o seguinte aos israelitas: Vocês viram por si mesmos que, do céu, lhes falei: não façam ídolos de prata nem de ouro para me representarem." Quando Moisés passou essa mensagem aos israelitas, eles prometeram obedecer a tudo o que o Senhor tinha dito, e Moisés, portanto, escreveu as palavras que havia recebido de Deus.

Você sabe por que Deus deu ao povo de Israel (e a nós) os Dez Mandamentos? O apóstolo Paulo disse que os mandamentos de

Deus, que nós chamamos de Lei, ensinaram ao homem o que é o pecado. Ele afirmou que, se o Senhor não tivesse nos dado a Lei, não saberíamos o que é o pecado (Romanos 7.7). Paulo também disse que a Lei foi o nosso mestre, para nos ensinar a respeito de Cristo (Gálatas 3.24). Veja bem, quando conhecemos a Lei de Deus e percebemos quantas vezes nós a desobedecemos, nos damos conta de que somos pecadores que necessitam de um Salvador. E é aí que entra Jesus. E quanto a você? Alguma vez já violou a Lei de Deus? Nenhum de nós é capaz de obedecer ao Senhor perfeitamente – nenhum, exceto Jesus! Quando depositamos a nossa fé no Filho de Deus, ele tira todo o nosso pecado e nos oferece uma ficha completamente limpa, como se nunca tivéssemos desobedecido. E é dessa forma que somos salvos do julgamento de Deus por desobedecermos aos seus mandamentos.

Vamos conversar sobre esta história!

O que Moisés está segurando na imagem?
Quem deu isso a ele?
O que está acontecendo com o monte na imagem?

HISTÓRIA 35

O Tabernáculo

ÊXODO 25 – 26

Depois de dar os Dez Mandamentos a Moisés, o Senhor ordenou que fosse construída uma tenda para ele. Não seria uma tenda comum, pois o próprio Deus habitaria nela! Assim, haveria um lugar onde a presença do Senhor pudesse habitar no meio do acampamento do povo de Israel, para que ele pudesse viajar com eles até a entrada de sua nova casa, na terra de Canaã. Deus disse que essa tenda seria chamada "Tabernáculo". Dentro dela haveria peças especiais, e o Senhor disse a Moisés exatamente como tudo deveria ser feito. Como aquela seria a casa de Deus, tudo deveria ser perfeito! O Senhor disse a Moisés: "Diga aos israelitas que me tragam uma oferta com todas as coisas necessárias para construir o Tabernáculo. Receba-a de todo aquele cujo coração o compelir a dar. Quero que todos participem da construção deste lugar em que a minha presença habitará. Estas são as ofertas que deverá receber deles: ouro, prata e bronze, linho fino, pelos de cabra, peles de carneiro, couro e muitas outras coisas." Você sabe como os israelitas haviam conseguido tantas coisas valiosas assim? Elas eram alguns dos presentes dados pelos egípcios quando eles saíram daquela terra.

Algumas pessoas foram escolhidas para construir o Tabernáculo e todas as coisas que deveriam ser colocadas dentro dele. A tenda era grande e dividida em duas partes por uma cortina especial chamada "véu". A seção maior era chamada de "Lugar Santo" e a menor, de "Lugar Santíssimo", pois era ali que habitava a presença de Deus. O véu que separava o Lugar Santíssimo do resto do Tabernáculo ajudava a fazer com que os israelitas entendessem que Deus era santo

– por isso, ele não podia habitar no meio de um povo pecador. As paredes externas do Tabernáculo não eram como as de nossas casas, pois ele era uma tenda. As paredes, portanto, eram feitas de cortinas grossas e pesadas, fixadas em colunas de madeira. O teto da tenda era feito por uma cobertura de camadas de couro e de peles de animais, para impedir a entrada da chuva. Sempre que o Senhor ordenava que o povo seguisse viagem e mudasse o acampamento de lugar, o Tabernáculo podia ser desmontado para acompanhá-los. Os homens da tribo de Levi eram os responsáveis por arrumar a tenda principal, a cerca do pátio e tudo o que havia ali dentro, montando-a novamente onde quer que Deus ordenasse.

Dentro do Lugar Santíssimo, onde habitava a presença de Deus, havia uma peça especial, que era chamada de "Arca". A Arca era uma lembrança da presença do Senhor. Ela era uma espécie de baú feito de madeira de acácia, coberto por uma camada de ouro puro. Em cada lado, havia duas argolas de ouro e duas varas de madeira cobertas de ouro que ficavam traspassadas entre as argolas, para que a Arca pudesse ser carregada. Essas varas eram necessárias para que ninguém precisasse tocar na Arca para carregá-la, já que era ali que habitava a presença do Senhor. A tampa que cobria a Arca era chamada de "propiciatório" e era feita de ouro maciço! Havia dois querubins de ouro nas extremidades da tampa. Os querubins ficavam de frente um para o outro e tinham suas asas estendidas para cima, cobrindo com elas a tampa. Deus disse a Moisés: "Coloque a tampa sobre a arca, e dentro dela as tábuas da aliança que darei a você. Ali, sobre a tampa, no meio dos

ois querubins que se encontram sobre a rca da aliança, eu me encontrarei com você lhe darei todos os meus mandamentos estinados aos israelitas."

Você sabia que, no evangelho de João, Deus usa a palavra "tabernáculo" para descrever a forma como Jesus veio à terra? Ele nos diz que Jesus desceu do céu para viver, ou "habitar" entre nós (João 1.14). Quando mandou Moisés construir um tabernáculo como um lugar para o Senhor habitar, Deus estava fazendo uma referência futura ao dia em que Jesus viria para viver entre nós. Por isso, um dos nomes de Jesus é Emanuel, que significa "Deus conosco".

Vamos conversar sobre esta história!

O que a Arca representa?
Que área do Tabernáculo foi feita especialmente para a Arca?
O que Deus mandou colocar dentro da Arca?

HISTÓRIA 36
O bezerro de ouro

ÊXODO 32

Deus dedicou muito tempo para explicar a Moisés como o Tabernáculo deveria ser feito e sobre todos os objetos que deveriam estar dentro dele. O Tabernáculo ajudaria os israelitas a entenderem melhor o Senhor e os ensinaria como deveriam adorá-lo e servi-lo. Portanto, Deus orientou Moisés sobre como cada coisa deveria ser feita detalhadamente – os candelabros de ouro, as vestes dos sacerdotes e muitos outros itens. O Senhor disse a Moisés até mesmo os nomes das pessoas que deveriam fazer cada uma delas. Depois, ele escreveu as leis que deu a Moisés em tábuas de pedra.

No entanto, enquanto tudo isso acontecia, o povo, que permanecia no acampamento, se cansou de esperar que Moisés descesse do monte. Eles, então, foram até Arão e disseram: "Não sabemos o que aconteceu com Moisés! Ele nos tirou do Egito, mas subiu ao monte e não voltou mais. Faça para nós novos deuses que nos conduzam pelo caminho que devemos seguir." Imagine só isso! Deus estava ocupado, planejando junto com Moisés uma maneira de poder conviver com os israelitas, e eles já estavam se esquecendo do Senhor!

Arão fez o que o povo pediu. Ele recolheu os brincos dos israelitas, derreteu o ouro e construiu um ídolo em forma de bezerro. Então, Arão disse ao povo: "Eis aí os seus deuses, ó Israel, que tiraram vocês do Egito! Amanhã haverá uma festa especial para que possam adorá-lo." Você imaginava que Arão seria capaz de se esquecer tão rapidamente de Deus, depois de tudo o que o Senhor havia feito pelo povo de Israel? Pois imagine como Deus se sentiu! Ele já sabia de tudo o que estava acontecendo lá embaixo no acampamento enquanto falava com Moisés no alto do monte.

O Senhor disse a Moisés que o povo havia feito um bezerro de ouro e estava se curvando diante dele, oferecendo sacrifícios. Isso deixou o Senhor muito irritado. Ele disse que ia destruir as pessoas que tinham dado as costas a ele e que faria uma

grande nação a partir da família de Moisés, apenas. Moisés, porém, lembrou o Senhor de que ele, o Senhor, tinha colocado os israelitas sob a sua responsabilidade, para cuidar deles, representá-los e agir como seu porta-voz quando eles estivessem com problemas, como estava acontecendo naquele momento. Moisés, então, prosseguiu, lembrando a Deus da promessa que ele fez aos seus servos Abraão, Isaque e Jacó. Ele pediu ao Senhor que não destruísse o povo, pois eles eram descendentes de Abraão, aqueles que seriam, segundo a promessa, tão numerosos quanto as estrelas do céu. O Senhor ouviu as súplicas de Moisés em favor dos israelitas e decidiu não destruí-los. Depois, Moisés desceu do monte para encontrar o povo, levando com ele as tábuas de pedra onde estavam escritas as leis do Senhor.

Quando Moisés viu o bezerro de ouro, irou-se tanto que jogou as tábuas no chão, ao pé do monte, quebrando-as em vários pedaços. Ele lançou o bezerro de ouro no fogo para destruí-lo e o moeu até virar pó. Depois, espalhou esses resíduos na água e fez com que os israelitas a bebessem, como castigo pelo que haviam feito.

Deus usou Moisés como mediador entre o Senhor e o povo de Israel. Isso significa que Moisés ficava no meio, entre eles, com Deus de um lado e o povo do outro. O Senhor falava com Moisés, e este passava para o povo tudo o que o Senhor havia dito. Moisés também ficava entre eles quando tinha algum problema ou alguma dificuldade. Quando os israelitas pecaram, Moisés pediu a Deus que os perdoasse. Moisés também era pecador, mas o Senhor o ouvia, pois ele era o líder e mediador daquele povo. No futuro, Jesus se tornou o mediador perfeito, sem pecados, colocando-se entre os pecadores e um Deus santo. Embora Moisés tenha ficado entre os israelitas e Deus, ele não podia tirar o seu pecado; muito menos receber, no lugar deles, o castigo que eles mereciam. Somente Jesus poderia fazer isso, e ele de fato o fez, levando o pecado de todos aqueles que confiam nele. Ainda hoje, Jesus continua sendo o nosso mediador, pois ele ora e intercede em nosso favor, ao lado do Pai no céu.

Vamos conversar sobre esta história!

Qual foi o erro que o povo de Israel cometeu enquanto Moisés falava com Deus no monte?

Por que fazer o bezerro de ouro foi algo tão terrível?

O que Moisés fez com o bezerro de ouro quando desceu do monte?

HISTÓRIA 37
Deus tem piedade de Israel

ÊXODO 33 – 34

Depois de destruir o bezerro de ouro, Moisés disse aos israelitas: "Vocês cometeram um grande pecado. Mas, agora, subirei ao Senhor, e talvez possa oferecer propiciação pelo pecado de vocês." Moisés, portanto, subiu novamente o monte para se colocar na presença de Deus. Ele pediu ao Senhor que perdoasse o povo de Israel por ter feito o bezerro de ouro. Ele chegou a dizer: "Senhor, eu te rogo, perdoa-lhes o pecado; se não, castiga-me no lugar deles e risca-me do teu livro que escreveste." O Senhor ouviu a súplica de Moisés e não destruiu o povo, mesmo Moisés não podendo receber o castigo no lugar dos israelitas pelo seu pecado.

No entanto, nem tudo estava resolvido. O Senhor disse a Moisés que não queria mais guiar o povo de Israel. Deus disse: "O povo é tão teimoso e rebelde que eu poderia destruí-los no caminho se seguisse viagem com eles." Quando Moisés contou ao povo essa terrível notícia, eles ficaram muito tristes. Para mostrar ao Senhor que estavam arrependidos, eles tiraram todos os enfeites e roupas sofisticadas que estavam usando para a festa de celebração ao bezerro de ouro.

Moisés voltou à presença do Senhor e o lembrou de que os israelitas eram o seu povo especial, aqueles que ele tinha prometido abençoar. Moisés disse: "Não queremos ir a lugar algum se tu não fores conosco. Queremos que todos saibam que somos o teu povo escolhido." Moisés sabia que era a presença de Deus que fazia o povo de Israel especial e diferente de todas as outras nações. Ali, ele estava sendo um mediador de novo, exatamente como o Senhor desejava.

Deus ouviu o pedido de Moisés e disse que daria mais uma chance aos israelitas seguindo viagem com eles. Moisés, então, fez um pedido surpreendente: perguntou se podia ver Deus. O Senhor, no entanto, não podia permitir isso, pois Moisés era pecador e ele, santo. Nenhum pecador pode ver a face de Deus e continuar vivo. Portanto, o Senhor disse a Moisés que pegasse duas tábuas de pedra novas e ficasse em cima do monte. Ele permitiu que Moisés ficasse na fenda da rocha para que pudesse vê-lo passar de costas; porém, ao passar por ali, o Senhor cobriu a fenda da rocha com sua mão. Depois de passar, Deus retirou sua mão para que Moisés pudesse ver as suas costas e ter um vislumbre da glória divina.

Moisés ficou naquele lugar com Deus durante quarenta dias e quarenta noites. O Senhor escreveu os Dez Mandamentos nas novas tábuas de pedra e as entregou ao líder hebreu. Quando desceu do monte, Moisés não sabia que seu rosto resplandecia com a glória de Deus, porque havia ficado na presença do Senhor durante todo aquele tempo.

Você sabe qual foi a maior demonstração da glória de Deus? Foi quando Jesus morreu na cruz pelos nossos pecados e ressuscitou dos mortos! Ao morrer na cruz, Jesus revelou a misericórdia e a graça de Deus a todos os homens. Isso glorificou grandemente o Senhor! Moisés tentou tomar sobre si o castigo que o povo de Israel merecia, mas ele não podia fazer isso, pois também era pecador. No entanto, Jesus fez aquilo que Moisés jamais poderia fazer. Ele viveu uma vida sem pecados e a entregou por nós. Isso sim é algo glorioso!

Vamos conversar sobre esta história!

Por que o rosto de Moisés está brilhando?

Como você acha que Moisés se sentiu depois de ter um vislumbre da glória de Deus?

Qual foi a maior demonstração da glória de Deus em toda a História?

HISTÓRIA 38

O povo de Israel reclama

NÚMEROS 11

Quando o Tabernáculo ficou pronto, a coluna de nuvem que estava guiando o povo, durante o dia, moveu-se e passou a ficar acima do Tabernáculo. À noite, a nuvem brilhava com fogo. A coluna de nuvem permanecia sobre o Tabernáculo até Deus dizer que havia chegado a hora de seguir viagem. Então, a nuvem saía de cima da tenda e passava a mover-se na direção que o Senhor desejava que o povo seguisse. Os levitas desmontavam a tenda do Tabernáculo e todo o povo de Israel seguia a coluna de nuvem até ela parar. Onde quer que ela parasse, os levitas montavam novamente o Tabernáculo, para que a presença de Deus pudesse sempre habitar entre o seu povo.

Mesmo assim, nem sempre era fácil viajar pelo deserto. Algumas pessoas começaram a reclamar, e o Senhor ouviu. Deus estava suprindo todas as necessidades dos israelitas durante todo aquele tempo, portanto não era certo que eles se queixassem contra o Senhor. Deus, então, irou-se e enviou fogo do céu, que queimou algumas áreas externas do acampamento. Quando viram o fogo, os israelitas clamaram a Moisés por socorro. Moisés orou ao Senhor e o fogo extinguiu-se; mas, ainda assim, o povo não aprendeu com os seus erros.

Você deve se lembrar de que, todos os dias, o maná descia do céu após o orvalho evaporar, para que o povo comesse. Os israelitas recolhiam o maná, moíam-no para transformá-lo em farinha, cozinhavam-na em panelas e faziam bolos para suas refeições. No entanto, algumas pessoas estavam cansadas de comer o maná e queriam carne, e por isso começaram a reclamar, mesmo depois de Deus ter acabado de castigar o povo por sua murmuração, enviando fogo ao acampamento! Eles diziam: "Ah, se tivéssemos carne para comer! Nós nos lembramos dos peixes que comíamos de graça no Egito, e também dos pepinos, das melancias, das cebolas e dos alhos. Mas agora, perdemos o apetite. Nunca vemos nada, a não ser este maná!"

Quando ouviu o povo reclamando novamente, Moisés disse ao Senhor: "Não posso levar todo esse povo sozinho. Essa responsabilidade é grande demais para mim!" Deus, então, ordenou que Moisés escolhesse setenta autoridades de Israel – líderes – para ajudá-lo. O Senhor colocou o seu Espírito sobre aqueles homens e eles começaram a profetizar. Quando Arão ouviu dois daqueles homens profetizando, não soube o que pensar. Ele ficou preocupado, pois pensou que o povo poderia não respeitar mais Moisés como seu líder. Moisés, porém, repreendeu Arão, dizendo que desejava que Deus derramasse o seu Espírito sobre todo o povo! Moisés, agora, tinha recebido ajuda para liderar o povo de Israel.

O que você acha que aconteceu com as pessoas que reclamaram porque não tinham carne para comer? O Senhor ouviu as suas queixas e enviou codornas para elas comerem. Ele não enviou apenas algumas codornas, mas dezenas de milhares delas. E não as enviou por apenas um ou dois dias, mas todos os dias durante um mês inteiro. Havia tantas codornas, que ninguém recolheu menos de dez barris. No entanto, as pessoas que reclamaram e causaram todo aquele tumulto foram atingidas por uma praga enviada pelo Senhor antes mesmo de terem terminado de comer.

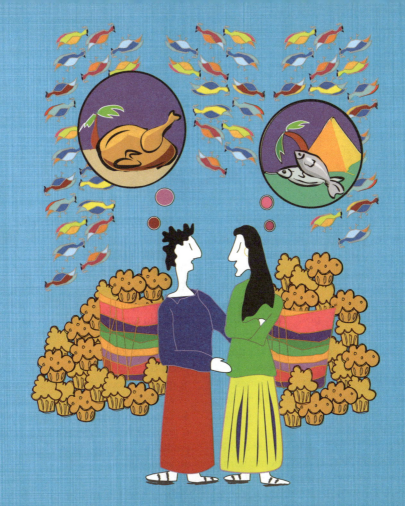

Muitos anos depois disso, o profeta Joel disse que chegaria o dia em que Deus derramaria o seu Espírito sobre todos os povos, exatamente como Moisés desejava que acontecesse (Joel 2.28). Esse dia chegou em Pentecostes, depois que Jesus retornou ao céu. O desejo de Moisés e a profecia de Joel se cumpriram. Agora, quando Deus perdoa as pessoas pelos seus pecados, ele envia o seu Espírito para habitar dentro delas. Em vez de o Espírito de Deus repousar apenas sobre alguns homens, como era no passado, ele habita dentro de todos aqueles que creem.

Vamos conversar sobre esta história!

Que tipo de ave Deus enviou como alimento para o povo de Israel no deserto?

O que mais o povo comia no deserto?

As pessoas na imagem estão pensando em quê?

HISTÓRIA 39
Miriã

NÚMEROS 12

Arão e Miriã, irmãos de Moisés, cometeram o mesmo pecado de murmuração do restante do povo de Israel. Eles ficaram com ciúmes de Moisés e começaram a criticá-lo, dizendo: "Será que o Senhor tem falado apenas por meio de Moisés? Também não tem ele falado por meio de nós?" Arão e Miriã não tinham motivo algum para reclamar de Moisés, pois, apesar de ser o líder do povo, ele jamais se gabou por ocupar esse cargo. Na verdade, a Bíblia afirma que Moisés era o homem mais humilde que existia na face da terra.

Mesmo assim, os irmãos de Moisés começaram a reclamar dele, e, exatamente como havia acontecido com o resto do povo antes, o Senhor ouviu tudo. Imediatamente, o Senhor falou e ordenou que Arão, Miriã e Moisés se dirigissem à Tenda do Encontro. Então, o Senhor desceu em uma coluna de nuvem à entrada da Tenda e permaneceu ali. Deus chamou Arão e Miriã até a frente e os repreendeu. Ele disse que Moisés não era um profeta comum, pois Deus falava com profetas comuns por meio de sonhos e visões – porém, com o seu servo Moisés, ele falava face a face. O Senhor os repreendeu por falarem mal de Moisés, como estavam fazendo, porque isso mostrava que eles não honravam a escolha de Deus sobre quem seria o líder do povo. Quando a nuvem da presença de Deus se afastou da Tenda, a aparência de Miriã ficou branca como a neve, pois ela estava com uma doença muito grave e perigosa, chamada na época de lepra, hoje hanseníase.

Arão virou-se para Moisés e se arrependeu por tudo o que havia dito e feito. Ele suplicou a Moisés que não permitisse que a sua irmã sofresse com aquela enfermidade tão cruel. Moisés, então, clamou ao Senhor, implorando pela cura de sua irmã. Normalmente, era proibido que uma pessoa com lepra convivesse com outras pessoas, pois tratava-se de uma doença contagiosa. No entanto, o Senhor permitiu que Miriã ficasse isolada, fora do acampamento, por apenas sete dias. Passado esse tempo, ela seria curada e poderia voltar ao convívio do povo. Portanto, Moisés e todo o povo de Israel esperaram durante sete dias para seguir viagem. Quando Miriã retornou ao acampamento, eles partiram novamente.

Deus falava com o seu povo de muitas maneiras no Antigo Testamento. Ele usava a coluna de nuvem para dizer a eles quando deviam seguir viagem e quando deviam parar em algum lugar; falava com os israelitas por meio de profetas e por meio de Moisés. Mas o autor do livro de Hebreus nos diz que, hoje, Deus fala conosco por meio do seu Filho Jesus (Hebreus 1.1-3). Jesus é o Verbo de Deus que desceu para viver em nosso meio. As suas palavras estão preservadas no Novo Testamento, para que possamos lê-las quantas vezes desejarmos. As palavras de Jesus são "vivas". Isso significa que elas ainda têm efeitos sobre quem as lê hoje. Ao contrário de outros livros de história, as palavras escritas na Bíblia podem, de fato, mudar a nossa vida, porque contêm, em si, o poder de Deus. O Evangelho, segundo a Bíblia nos diz, é "o poder de Deus para a salvação de todo aquele que crê" (Romanos 1.16).

Vamos conversar sobre esta história!

Por que Miriã está sentada sozinha, longe do acampamento?
Por que ela está tão triste?
Quem orou a Deus em favor de Miriã?

HISTÓRIA 40

Os israelitas espiam a terra

NÚMEROS 13 – 14

Por fim, o povo de Israel chegou à terra de Canaã. O Senhor disse a Moisés: "Envie alguns homens em missão de reconhecimento a Canaã, terra que dou aos israelitas. Envie um líder de cada tribo dos seus antepassados." Moisés, então, escolheu doze homens, um de cada tribo, para espiar e reconhecer a terra. Ele lhes disse: "Vejam como é a terra e se o povo que vive lá é forte ou fraco, se são muitos ou poucos; se a terra em que habitam é boa ou ruim; se as cidades em que vivem são cidades sem muros ou fortificadas; se o solo é fértil ou pobre; se existe ali floresta ou não. Sejam corajosos! Tragam alguns frutos da terra." Os espias, portanto, deixaram o acampamento e partiram para observar a terra de Canaã durante quarenta dias.

Quando voltaram, os espias trouxeram um cacho de uvas tão grande que dois homens precisaram carregá-lo! Eles, então, deram o relatório da terra a Moisés, a Arão e a toda a comunidade de Israel, mas não era o que Moisés estava esperando. Dez dos espias disseram: "A terra é rica e linda, mas o povo que lá vive é poderoso, e as cidades são fortificadas e muito grandes. Não somos fortes o suficiente para lutar contra eles!" Aqueles dez homens sentiram medo e não acreditaram que Deus lhes daria o que havia prometido. Porém, dois dos espias, Josué e Calebe, confiavam no Senhor. Calebe disse: "Não deem ouvidos a esses homens! Devemos subir e tomar posse dessa terra, exatamente como o Senhor deseja. Certamente conseguiremos fazer isso!" Porém, os outros espias, que estavam com medo, discordaram de Calebe e Josué e exclamaram: "Não podemos atacar aquele povo! Eles são mais fortes do que nós! Eles são tão grandes,

que nos fazem parecer pequenos gafanhoto comparados a eles. Isso não dará certo d jeito nenhum!"

Em quem você acha que o povo israelit acreditou? Eles deram crédito aos dez espia medrosos! Por isso, começaram a se queixa com Moisés e até falaram: "Se é isso qu nos aguarda na terra prometida, talvez sej melhor voltarmos para o Egito! Deveríamo escolher um líder para nos levar de volt para lá!" Josué e Calebe, no entanto, insis tiram: "A terra que percorremos em missã de reconhecimento é excelente. Se o Senho se agradar de nós, ele nos fará entrar nessa terra, onde manam leite e mel, e a dará nós. Somente não sejam rebeldes contra Senhor! E não tenham medo do povo d terra, porque nós os devoraremos como s fossem pão. A proteção deles se foi, mas Senhor está conosco. Não tenham med deles!" O povo, porém, se recusou a ouvi -los e chegou até a planejar apedrejá-los Então, de repente, tudo se acalmou, pois glória do Senhor apareceu a todos os israe litas na Tenda do Encontro. Deus també tinha algo a dizer ao povo!

O Senhor disse: "Até quando este pov me tratará com pouco caso? Até quando se recusará a crer em mim, apesar de to dos os sinais que realizei entre eles?" (Nú meros 14.11). Deus sabia que os israelita estavam com medo porque não confiava nem acreditavam no Senhor. Mais um vez, Deus ameaçou destruir todo o pov de Israel e começar tudo de novo, apena por meio de Moisés. Porém, novamen te Moisés foi o mediador entre Deus e povo e o lembrou de que ele era um Deu paciente e perdoador.

Dez dos espias enviados para reconhecer a terra deram um relatório negativo ao restante do povo porque se esqueceram do Senhor. Mas Josué e Calebe não se esqueceram de que Deus estava com eles. Eles tinham fé no poder do Senhor para salvá-los! Você sabia que quando confiamos no Senhor ele se agrada de nós? Da mesma maneira que Josué e Calebe depositaram a sua fé e a sua confiança no poder de Deus para livrá-los de seus inimigos e lhes entregar a Terra Prometida, nós também somos chamados a depositar nossa fé em Jesus, que nos salva dos nossos maiores inimigos: o pecado e a morte.

Vamos conversar sobre esta história!

Qual foi o relatório levado pelos dez espias medrosos ao povo de Israel?

Qual é o nome dos dois espias que disseram que o povo podia confiar no Senhor?

Para quem você acha que Josué e Calebe estão apontando na imagem?

HISTÓRIA 41

Moisés desobedece a Deus

NÚMEROS 20.2-13

O povo de Israel não acreditou que Deus os ajudaria a tomar posse da terra que havia prometido lhes dar. O que aconteceu, portanto, foi bastante diferente do que poderia ter sido, se eles não fossem tão rebeldes. O Senhor proibiu que os israelitas entrassem na Terra Prometida. Ele fez com que todos voltassem para o deserto e vagassem ali durante quarenta anos, até que a próxima geração, a dos seus filhos, pudesse receber a bênção de viver na terra que Deus havia prometido a eles. Ou seja, por causa da sua falta de fé, os israelitas tiveram que viver em uma terra seca e infértil, em vez de usufruir do leite e do mel da Terra Prometida.

A vida no deserto era muito difícil. Depois de um mês de viagem, Miriã, irmã de Moisés, morreu e foi sepultada. E, mais uma vez, depois de tudo o que já havia acontecido, em vez de confiarem no Senhor e aceitarem as consequências do seu pecado, os israelitas voltaram a se queixar e discutir com Moisés e Arão. Eles disseram: "Por que vocês nos tiraram do Egito e nos trouxeram para este lugar terrível? Aqui não há cereal, nem figos, nem uvas, nem romãs, nem água para beber!"

Ao ouvirem essas coisas, Moisés e Arão foram até a entrada da Tenda do Encontro e se prostraram, rosto em terra, para orar. A glória do Senhor apareceu a eles e o Senhor disse a Moisés: "Pegue a vara, e com o seu irmão Arão, reúna a comunidade, e diante dela fale àquela rocha, e ela verterá água. Vocês tirarão água da rocha para a comunidade e os rebanhos beberem." Moisés não disse uma palavra. Ele apenas tomou a sua vara e reuniu o povo. Mas havia um problema: Moisés estava bravo! E, por causa disso, ele não obedeceu ao Senhor, que havia ordenado que ele apenas falasse à rocha. Em vez disso, ele bateu na rocha duas vezes com a vara. Além disso, em vez de dizerem ao povo que o Senhor havia enviado água para eles, Moisés e Arão reclamaram e disseram que foram eles que tiveram que lhes dar aquela água da rocha! Apesar dessa desobediência, o Senhor teve piedade deles e permitiu que a rocha jorrasse água para que o povo e seus animais pudessem beber.

No entanto, por eles terem desobedecido, o Senhor precisou dizer algo a Moisés e Arão que não deve ter sido fácil para eles ouvirem. "Como vocês não confiaram em mim para honrar minha santidade à vista dos israelitas, vocês não conduzirão este povo até a Terra Prometida quando chegar a hora. Vocês não entrarão nela."

Moisés foi um mediador maravilhoso para o povo de Israel, mas ele também era pecador, assim como nós. Por causa disso ele não teve permissão para entrar com o povo na Terra Prometida. Um dia, muito tempo depois da morte de Moisés, Deus enviou outro mediador. Este nunca pecou — nem uma vez sequer! Ele obedeceu perfeitamente à Palavra de Deus. O seu nome é Jesus. O apóstolo João nos diz que Jesus só fazia aquilo que via o seu Pai fazer. Foi por isso que ele pôde levar sobre si o castigo pelos nossos pecados. Como Jesus nunca fez nada errado, ele foi capaz de assumir o nosso lugar e receber a ira de Deus pelos nossos pecados, para que não precisássemos passar por isso!

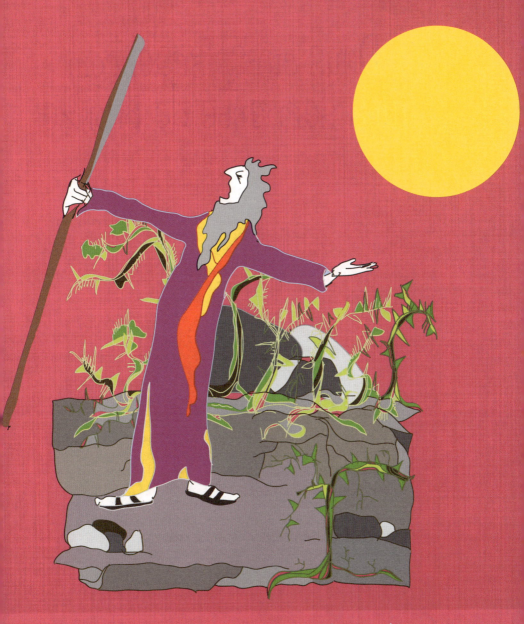

Vamos conversar sobre esta história!

Por que Deus mandou os israelitas de volta para o deserto, em vez de permitir que eles entrassem na exuberante Terra Prometida?

Como você acha que era a vida no deserto?

Por que Moisés ficou bravo?

HISTÓRIA 42

Deus cura Israel com uma serpente de bronze

NÚMEROS 21.4-9

Enquanto o povo continuava a vagar pelo deserto, o Senhor os guiou até o monte Hor. Ali, Deus disse a Moisés que Arão logo morreria. Ele não poderia entrar na Terra Prometida por causa da sua desobediência ao Senhor. Arão e Moisés não fizeram conforme Deus havia ordenado. Eles deveriam ter falado à rocha para que ela jorrasse água para o povo, mas, em vez disso, bateram nela. Deus, então, guiou Arão e seu filho Eleazar até o alto do monte Hor junto com Moisés. Quando chegaram lá em cima, o Senhor mandou Moisés tirar as vestes de Arão e colocá-las em seu filho Eleazar. Depois disso, Arão morreu ali, no alto do monte, e todo o povo de Israel chorou por ele durante um mês inteiro.

Quando os israelitas seguiram viagem, foram atacados por Arade, rei cananeu. Desta vez, em vez de reclamarem, os israelitas clamaram a Deus e prometeram destruir Arade e todas as suas cidades, se o Senhor lhes desse a vitória sobre os cananeus. O Senhor ouviu a oração de Israel e lhes deu a vitória sobre aquele rei e seu povo e ainda destruiu as suas cidades. Eles, então, partiram do monte Hor de volta ao mar Vermelho, para contornarem a terra de Edom. Eles precisaram fazer isso porque o povo de Edom era muito forte e não permitiu que os israelitas atravessassem o seu território.

Mais uma vez, o povo de Israel voltou a reclamar contra o Senhor e contra Moisés. Desta vez, eles disseram: "Por que vocês nos tiraram do Egito para morrermos no deserto? Não há pão! Não há água! E nós detestamos esta comida miserável!" (Números 21.5). Por causa de suas queixas, o Senhor enviou serpentes venenosas para meio do povo. As cobras os morderam, muitos deles morreram. Quando os israelitas se deram conta de que haviam pecado contra o Senhor ao reclamarem novamente, foram até Moisés, pois ele era o seu mediador, e imploraram que ele pedisse a Deus que tirasse as serpentes de seu meio. Moisés, então, orou em favor do povo, o Senhor teve misericórdia e respondeu à sua oração.

No entanto, em vez de tirar as serpentes do meio dos israelitas, Deus disse a Moisés: "Faça uma serpente e coloque-a no alto de um poste. Quem for mordido e olhar para ela, viverá." Moisés fez exatamente o que o Senhor ordenou. Ele fez uma serpente de bronze e a colocou num poste bem alto para que todos pudessem vê-la. Quando alguém era mordido por uma cobra e olhava para a serpente de bronze, era curado e permanecia vivo.

Jesus, certa vez, se comparou com aquela serpente levantada no poste. Quando falou com Nicodemos, ele disse: "Da mesma forma como Moisés levantou a serpente no deserto, assim também é necessário que o Filho do homem seja levantado, para que todo o que nele crer tenha a vida eterna" (João 3.14-15). Assim como os israelitas no deserto, nós também fomos feridos pelo nosso pecado. A consequência da mordida e do veneno do nosso pecado é a morte

eterna, e não podemos salvar a nós mesmos desse destino. Só podemos ser perdoados se olharmos para Jesus na cruz e crermos que Deus nos salvará por meio da sua morte. Da mesma forma que o povo de Israel olhou para a serpente de bronze a fim de obter perdão, nós olhamos para Jesus na cruz para receber o nosso.

Vamos conversar sobre esta história!

Quando o povo reclamou novamente, o que Deus enviou para castigá-lo?
O que os israelitas precisaram fazer para serem salvos das serpentes?
Por que podemos comparar Jesus com a serpente de bronze no poste?

HISTÓRIA 43

A ajuda de Raabe

JOSUÉ 1 – 2

Moisés era um servo muito especial do Senhor. A Bíblia diz que não havia ninguém como ele. Moisés até falava com Deus face a face; mas, mesmo assim, ele não recebeu permissão para guiar o povo de Israel até a Terra Prometida por causa do seu pecado. Quando ele completou 120 anos de idade, o Senhor o levou até o alto do monte Nebo, para que ele pudesse ver a Terra Prometida de longe. Apesar de não permitir que ele entrasse na terra, Deus deixou que visse que a promessa estava prestes a ser cumprida. Moisés morreu ali mesmo, e o Senhor o sepultou. Logo depois, Deus escolheu Josué para assumir a posição de Moisés. Ele era um dos espias que acreditaram na promessa do Senhor, quarenta anos antes. Depois que o povo de Israel terminou de lamentar a morte de Moisés, o Senhor mandou Josué atravessar o rio Jordão para tomar posse da terra. "Todo lugar onde puserem os pés eu darei a vocês, exatamente como prometi", disse Deus. "Assim como estive com Moisés, estarei com você; nunca o deixarei, nunca o abandonarei."

Assim como Moisés havia feito antes, Josué enviou espias para observarem a terra. Mas, dessa vez, apenas dois homens foram enviados. Josué ordenou que eles espiassem a terra de Jericó. Os homens entraram na cidade e passaram a noite na casa de uma mulher chamada Raabe. No entanto, o rei de Jericó também possuía seus próprios informantes, que descobriram que os homens enviados por Josué estavam em sua casa. Ao perceber que os israelitas estavam em perigo, Raabe os levou para o terraço e os escondeu debaixo dos talos de linho que havia arrumado ali. Quando os homens do rei

chegaram para capturar os israelitas, ela lhe disse: "Eles já partiram, e não sei para ond foram. Mas, se correrem, talvez consiga alcançá-los." Logo, os homens que estava a serviço do rei se apressaram e saíram par procurar os espias de Israel por todo o cami nho que levava ao rio Jordão. Eles, porém ao saírem da cidade de Jericó, trancaram porta atrás de si, deixando os israelitas pre sos lá dentro.

Raabe subiu no terraço e contou aos es pias o que havia acontecido. Ela disse qu todos os habitantes daquela cidade tinha ouvido falar sobre o poderoso Deus dos is raelitas, que havia aberto as águas do ma Vermelho e vencido os egípcios. O pov de Jericó ficou tão assustado que o coraçã deles tremia de pavor diante do Senhor. Ra abe, porém, não se sentia assim. Ela disse eles: "Eu sei que o Senhor deu esta terra vocês. O seu Deus é o Deus verdadeiro, no céus e na terra. Por favor, sejam bondoso comigo e com a minha família, assim com eu fui bondosa com vocês. Por favor, pou pem a nossa vida quando o seu povo inva dir a cidade de Jericó." Os espiões israelita prometeram a Raabe que ela e a sua famíli estariam a salvo, caso os ajudasse a fugir.

Ela concordou e assim fez. A casa er que Raabe morava fazia parte do muro d cidade, e, portanto, a sua janela abria para lado de fora de Jericó. Era a situação perfei ta para que os israelitas pudessem escapar! A mulher os ajudou a descer com uma corda, eles saíram, em segurança, do lado de fora d cidade. Eles pediram a Raabe que amarrass um cordão vermelho do lado de fora da jane la de sua casa. Assim, quando Israel voltass

para tomar posse de Jericó, ela e a sua família deveriam ficar dentro de casa, para que permanecessem em segurança. Depois de se esconderem nas montanhas durante três dias, os espias voltaram para falar com Josué. Eles lhe contaram: "Sem dúvida o Senhor entregou a terra toda em nossas mãos. Todos estão apavorados por nossa causa!" Enquanto isso, em Jericó, Raabe amarrou o cordão vermelho do lado de fora de sua janela, conforme o combinado.

Você sabia que Deus tinha planos especiais para Raabe? O rei Davi foi seu descendente distante. Isso significa que Jesus também foi um de seus descendentes distantes! Assim como o sangue que foi passado nos umbrais das portas para proteger os israelitas durante a Páscoa, o cordão vermelho na janela de Raabe foi usado para proteger tanto ela mesma quanto a sua família do castigo que o Senhor enviou sobre a cidade de Jericó. Um dia, muito tempo depois disso, o seu descendente distante, Jesus, morreria na cruz. O seu sangue vermelho cobre os nossos pecados para que, assim como eles, nós também possamos ser salvos do castigo de Deus.

Vamos conversar sobre esta história!

Como Raabe ajudou os espias de Israel?
O que ela pendurou do lado de fora de sua janela?
Por que ela o pendurou ali?

HISTÓRIA 44
A destruição de Jericó

JOSUÉ 3 – 6

No dia seguinte ao retorno dos espias, Josué e todos os israelitas partiram em direção a Jericó. Quando chegaram ao rio Jordão, eles acamparam ali por três dias, porque as águas do rio estavam muito altas, impedindo-os de atravessar. O Senhor mandou Josué atravessar primeiro a Arca da Aliança pelo rio. Os sacerdotes responsáveis por carregá-la deveriam levantá-la, e, assim que colocassem os pés no Jordão, Deus faria com que a correnteza que descia parasse. Eles assim o fizeram, e, exatamente como o Senhor havia falado, aquele grande rio secou e o povo de Israel o atravessou em terra seca. Quando os reis dos amorreus e cananeus souberam que Deus tinha parado a correnteza e secado as águas do Jordão para que os israelitas atravessassem, eles ficaram apavorados de tanto medo.

Israel estava, pela primeira vez, na terra que o Senhor havia prometido dar aos descendentes de Abraão, centenas de anos antes. Aquele era um dia muito especial! Por isso, o povo celebrou, marcando aquele lugar, por onde eles haviam atravessado, com uma coluna de pedras. Além disso, os israelitas também circuncidaram a nova geração e celebraram a Páscoa, porque essas coisas sinalizavam que eles eram o povo escolhido de Deus, com quem ele tinha uma aliança. Chegou, enfim, a hora dos israelitas tomarem posse de Jericó. Quando Josué se aproximou da cidade, o Senhor apareceu a ele por meio de um homem, que surgiu diante dele, em pé, empunhando uma espada. O homem se anunciou a Josué: "Eu sou comandante do exército do Senhor." Ao ouvir isso, Josué prostrou-se, rosto em terra, em sinal de respeito e adorou a Deus. O comandante do exército do Senhor disse a Josué: "Tire as sandálias dos pés, pois o lugar em que você está é santo" (Josué 5.14-15). Josué obedeceu-lhe imediatamente. Então, o Senhor disse a Josué: "Eu entreguei a cidade de Jericó em suas mãos." Ele

mandou Josué e todos os israelitas marcharem em volta da cidade durante seis dias. Depois, no sétimo dia, eles deveriam marchar em volta dela sete vezes. Então, os sacerdotes tocariam suas trombetas e os israelitas dariam um forte grito. Tendo feito isso, os muros de Jericó cairiam.

Josué obedeceu ao Senhor. Durante seis dias, o povo de Israel marchou em volta dos muros da cidade uma vez em cada dia. Os soldados armados lideraram o caminho com a Arca da Aliança. Sete sacerdotes tocavam as trombetas, porém o povo permaneceu em silêncio. Quando completaram os seis dias, os israelitas retornaram ao acampamento. No sétimo dia, eles marcharam em volta da cidade sete vezes. Então, sob o comando de Josué, todo o povo de Israel deu um forte grito e os muros de Jericó caíram, de uma só vez! Josué ordenou ao povo que invadisse a cidade e destruísse tudo o que encontrasse, menos a prata, o ouro e os utensílios de bronze e de ferro – eles eram sagrados e pertenciam ao Senhor. E quanto a Raabe e sua família? O que aconteceu com elas? Josué enviou os dois espias para resgatá-los, exatamente como haviam prometido fazer. Os homens de Israel, então, destruíram toda a cidade e a incendiaram; porém Raabe e todos de sua família foram salvos e se tornaram parte do povo de Israel.

O plano de ataque de Deus – marchar em volta dos muros da cidade e gritar – mostrou a todos que foi a força e o poder do Senhor que derrubaram os muros resistentes de Jericó. Deus queria que o povo de Israel soubesse que a vitória não veio de seus próprios esforços: toda a glória pertencia ao Senhor. O plano de ataque de Deus contra a maldição do pecado e da morte funciona da mesma maneira. Nenhum de nós pode salvar a si mesmo do pecado e da morte. É somente por meio do sacrifício de Jesus na cruz que podemos ter a vitória sobre os nossos inimigos. Assim como aconteceu com o povo de Israel, a nossa salvação não vem por meio de nossos esforços, ou de nossas boas obras. Simplesmente, não a merecemos, tampouco podemos fazer algo para merecê-la. As nossas boas obras não são capazes de conquistá-la. A salvação para Israel e para nós é totalmente imerecida. Ela nos é dada exclusivamente por meio da graça de Deus, pelo seu poder e para a sua glória.

Vamos conversar sobre esta história!

Na imagem, o que está acontecendo com os muros de Jericó?

São os toques das trombetas e os gritos dos israelitas que estão derrubando os muros?

Quem será louvado por esta grande vitória?

HISTÓRIA 45

Israel e Ai

JOSUÉ 7 – 8

Quando os muros de Jericó caíram, os israelitas deveriam consagrar toda prata, ouro, bronze e ferro ao Senhor e destruir tudo o que sobrasse. Todos obedeceram, menos um homem chamado Acã. Ao ver duzentos siclos de prata, uma grande barra de ouro e uma linda capa, ele desobedeceu ao Senhor e se apossou deles. Acã cavou um buraco no chão de sua tenda e escondeu tudo o que havia roubado, pensando que ninguém descobriria.

No entanto, o Senhor sabia o que Acã havia feito. Então, a sua ira santa se acendeu sobre todo o povo de Israel, e não apenas sobre Acã. Quando os israelitas saíram para atacar a próxima cidade, chamada Ai, eles perderam a batalha! Embora Ai fosse muito mais fraca do que Jericó, os israelitas foram derrotados, porque o Senhor não estava ao seu lado, ajudando-os. Quando Josué soube que os israelitas haviam perdido a batalha e que trinta e seis deles haviam sido mortos pelos seus inimigos, todo o povo ficou desanimado e cheio de medo. O que tinha dado errado? Por que o Senhor não os abençoou com a vitória? Josué prostrou-se diante de Deus e perguntou por que os israelitas haviam sido derrotados. O Senhor respondeu: "Israel pecou. Violaram a aliança que eu lhes ordenei. Eles se apossaram de coisas consagradas, roubaram-nas, esconderam-nas e as colocaram junto de seus bens. Isso precisa ser corrigido." O Senhor ordenou que Josué reunisse todo o povo no dia seguinte. Pouco a pouco o Senhor revelaria quem era o culpado por roubar as coisas consagradas. Ele escolheria uma tribo de cada vez – a tribo escolhida viria à frente, um clã de cada vez; o clã que o Senhor indicasse viria à frente, uma família de cada vez; e a família que o Senhor apontasse viria à frente, um homem de cada vez.

Portanto, na manhã seguinte, Josué reuniu todo o povo de Israel. Todos os israelitas vieram à frente segundo as suas tribos. A tribo de Judá foi escolhida pelo Senhor para começar. Então, os clãs de Judá vieram à frente, e ele escolheu os zeraítas. Josué fez o clã dos zeraítas vir à frente, família por família, e o indicado foi Zinri. Quando a família de Zinri veio à frente, homem por homem, Acã foi apontado como culpado. Josué ordenou que Acã confessasse o que havia feito, e ele disse: "É verdade que pequei contra o Senhor, contra o Deus de Israel. Quando vi entre os despojos uma bela capa, a prata e o ouro, eu os cobicei e me apossei deles. Estão escondidos no chão da minha tenda, com a prata por baixo." Josué enviou alguns homens que correram à tenda de Acã e trouxeram as coisas consagradas de volta. Depois disso, todo o Israel apedrejou Acã e toda a sua família até a morte. Eles queimaram todos os seus pertences e ergueram um grande monte de pedras sobre aquele lugar.

Depois que Acã foi morto, o Senhor ordenou que Israel atacasse a cidade de Ai novamente. Dessa vez, porém, Israel a derrotou porque o Senhor estava com eles e os ajudou a vencer a batalha. Depois de saírem vitoriosos, Josué construiu um altar a Deus e ofereceu sobre ele holocaustos e sacrifícios de comunhão ao Senhor. Depois disso, leu as leis de Moisés na presença de todos os israelitas para lembrá-los de seu compromisso com Deus.

Você sabia que Deus vê tudo o que fazemos, tanto as coisas boas quanto as ruins? Assim como Acã, todos nós merecemos ser punidos pelos nossos pecados, e o castigo que merecemos é a morte. No entanto, em vez de nos castigar, o Senhor ofereceu uma maneira para que pudéssemos ser perdoados ao enviar o seu Filho, Jesus, para morrer na cruz em nosso lugar. Há uma maravilhosa misericórdia escondida por trás da história de Acã. Deus poderia ter destruído todo o povo de Israel, ou, pelo menos, toda a tribo de Acã, mas ele não fez isso. O Senhor tinha um plano especial para a tribo de Acã. Deus havia planejado que um dia, daquela gente, que era a tribo de Judá, viria a nossa salvação. Jesus foi descendente dessa mesma tribo! O castigo sofrido por Acã ajudou a preservar a santidade do povo de Deus para que, um dia, Jesus, o Leão da tribo de Judá, pudesse nascer neste mundo.

Vamos conversar sobre esta história!

Onde Acã havia escondido os tesouros roubados?
De quem ele havia roubado aquelas coisas?
Por que não podemos esconder os nossos pecados de Deus?

HISTÓRIA 46

Deus chama Gideão

JUÍZES 6.1-35

Após a sua vitória sobre a cidade de Ai, Josué liderou o povo de Israel em muitas vitórias contra os seus inimigos. Porém, depois que Josué morreu, os israelitas voltaram a desobedecer ao Senhor. Em vez de expulsar os cananeus de sua terra, eles passaram a viver em comunhão com aqueles adoradores de ídolos. Deus, então, disse ao povo de Israel: "Por que vocês não me obedeceram? Portanto, agora lhes digo que não os expulsarei da presença de vocês; eles serão seus adversários, e os deuses deles serão uma armadilha para vocês" (Juízes 2.2-3).

Como Israel não havia expulsado os seus inimigos, Deus permitiu que estes os derrotassem. No entanto, quando os israelitas clamaram ao Senhor por ajuda, ele os libertou. Mesmo assim, infelizmente, eles não aprenderam a lição: o povo de Israel continuava a dar as costas ao Senhor para servir a falsos deuses. Chegou, então, um dia em que o Senhor permitiu que os midianitas conquistassem Israel por causa do seu pecado. Os midianitas dominaram sobre Israel durante sete anos. Os hebreus tinham tanto medo deles que precisaram construir esconderijos nas montanhas para viver. Todo ano, quando o povo de Israel estava prestes a colher as suas plantações, os midianitas os atacavam. Eles invadiam a terra, roubavam as colheitas e destruíam tudo, deixando poucos alimentos para os israelitas. E o povo, mais uma vez, clamou ao Senhor por ajuda.

Deus ouviu, novamente, o clamor do povo e apareceu a um homem chamado Gideão. Ele também estava se escondendo dos midianitas, pois estava com medo. O Senhor o chamou e disse que ele era o

escolhido para salvar Israel de seus inimigos. Gideão achou que seria melhor o Senhor escolher outra pessoa para fazer isso. "Ah, Senhor, como posso libertar Israel?" ele perguntou. "O meu clã é o menos importante de todos, e eu sou o menor da minha família." O Senhor, porém, respondeu a Gideão: "Eu estarei com você, e você derrotará todos os midianitas." Gideão não conseguia acreditar nisso. Então, ele pediu que o Senhor desse um sinal para ajudá-lo a acreditar que era Deus mesmo quem estava falando. O Senhor concordou com isso, e Gideão foi preparar uma refeição para oferecer a ele. Quando voltou, Deus ordenou que ele colocasse a comida sobre uma rocha e derramasse o caldo sobre ela. Gideão obedeceu, e, logo depois de fazer isso, subiu fogo da rocha, consumindo a carne e os pães e o Senhor desapareceu. Gideão soube, naquele momento, que havia visto o Senhor face a face!

O Senhor ordenou que Gideão destruísse os ídolos que o seu pai guardava em sua casa. Ele obedeceu e destruiu o altar que seu próprio pai havia construído para Baal, cortando também o poste sagrado que ficava ao lado dele. No entanto, como Gideão estava com medo da sua família e dos homens da cidade, ele esperou até o cair da noite para fazer o que o Senhor tinha ordenado. Depois disso, construiu um altar para o Senhor em cima dos ídolos destruídos. Gideão ofereceu um novilho como sacrifício ao Senhor e o queimou com a madeira do poste sagrado. Na manhã seguinte, quando os homens da cidade acordaram e viram o que Gideão havia feito, eles quiseram matá-lo. O seu pai, no entanto, os impediu e disse: "Se Baal for

um deus de verdade, então deixe que ele mesmo o castigue!" Mas, como Baal era um deus falso, nada aconteceu com Gideão.

Apesar de todos os pecados cometidos pelo povo de Israel, Deus chamou Gideão para salvá-los dos seus inimigos. Israel não merecia ser salvo; no entanto, o Senhor fez isso porque amava o seu povo. E é por esse mesmo motivo que ele enviou Jesus para nos salvar, apesar de sermos pecadores que desobedecem ao Senhor, exatamente como o povo de Israel fazia.

Vamos conversar sobre esta história!

O que o Senhor mandou Gideão fazer com os ídolos de seu pai e com o poste sagrado?

Por que Gideão esperou para fazer à noite o que o Senhor ordenou?

O que aconteceu na manhã seguinte quando o povo viu o que ele havia feito?

HISTÓRIA 47

A vitória de Gideão

JUÍZES 6.36 – 7.25

Depois que Gideão destruiu os ídolos de seu pai, os midianitas atravessaram o rio Jordão, mais uma vez, para atacar Israel. O Espírito do Senhor apoderou-se de Gideão, e ele, com toque de trombeta, convocou o povo de Deus para se reunir. Gideão, porém, ainda não tinha certeza se Deus os ajudaria a derrotar os midianitas. Ele, então, colocou uma porção de lã na eira e disse ao Senhor: "Se é verdade que o Senhor me usará para libertar Israel, por favor, me mostre por meio desta lã. Se o orvalho molhar apenas a lã e todo o chão estiver seco, então eu saberei que o Senhor realmente me usará para libertar Israel, como disse." Na manhã seguinte, a lã estava molhada e o chão estava seco, exatamente como ele havia pedido. Gideão, no entanto, ainda não estava convencido e, portanto, fez mais um pedido. Dessa vez, ele pediu que a lã estivesse seca e o chão molhado. Na manhã seguinte, foi exatamente isso que encontrou: a lã seca e o chão molhado. Dessa forma, Gideão soube que Deus realmente estava com ele e reuniu trinta e dois mil israelitas para lutar contra os midianitas.

Deus, no entanto, não precisava disso e não queria tantos homens para lutar junto com Gideão. O Senhor não queria que Israel pensasse que a sua própria força os havia libertado, mas sim que todos vissem que somente o poder de Deus podia salvá-los. Assim, o Senhor ordenou que todos os homens que estivessem com medo voltassem para casa. Então, vinte e dois mil voltaram. Ficaram apenas dez mil homens! Porém, o Senhor ainda achava que havia gente demais. Por isso, quando os homens foram até o rio para beber água, o Senhor disse a Gideão que levasse com ele apenas os homens que bebessem a água lambendo-a, como

fazem os cachorros. Apenas trezentos homens fizeram isso! Portanto, quando Deus derrotasse todo o exército midianita com apenas trezentos homens, todos veriam o seu poder e ele seria glorificado. Dessa forma, Gideão e todo o Israel saberiam que somente pelo poder do Senhor eles seriam salvos de seus inimigos.

Deus, no entanto, sabia que Gideão estava com medo de lutar com tão poucos combatentes. Ele, então, mandou Gideão descer até o acampamento dos midianitas, para ouvir o que eles estavam dizendo. Ele assim fez e ouviu dois soldados inimigos conversando. Um deles estava contando sobre um sonho que havia tido e o outro o interpretou. O soldado que interpretou o sonho disse que ele significava que o Deus de Israel daria a vitória sobre os midianitas a um homem chamado Gideão! Ao ouvir isso, a confiança e a fé de Gideão no plano do Senhor cresceram. Ele voltou ao acampamento dos israelitas e preparou seus trezentos homens para o ataque.

Gideão dividiu os homens em três grupos, dando a cada um trombetas e jarros vazios, com tochas dentro. Então, os homens de Gideão cercaram os midianitas. Ao sinal de Gideão, todos tocaram as suas trombetas e quebraram os seus jarros. Eles seguravam as tochas no alto e gritavam: "À espada, pelo SENHOR e por Gideão!" (Juízes 7.20). O Senhor fez com que os midianitas se confundissem tanto, que começaram a se voltar uns contra os outros e se mataram. Os sobreviventes fugiram correndo. Gideão, então, enviou mensageiros, ordenando que os israelitas que haviam ficado no acampamento seguissem e atacassem os midianitas que tinham fugido.

Você sabia que nós somos salvos, hoje, pela graça de Deus, exatamente como o povo de Israel nos dias de Gideão? O Senhor salvou Israel com apenas trezentos homens para que eles pudessem ver que a vitória veio pela graça de Deus, e não por suas obras. Dessa forma, eles não poderiam se vangloriar de seus próprios esforços. De modo semelhante, nós recebemos a nossa salvação quando, assim como Gideão, cremos no plano do Senhor para nos salvar. Também não podemos nos salvar por meio de nossos próprios esforços. Nenhuma pessoa pode estufar o peito e afirmar: "Eu mesma me salvei!" O apóstolo Paulo escreveu: "Pois vocês são salvos pela graça, por meio da fé, e isto não vem de vocês, é dom de Deus; não por obras, para que ninguém se glorie" (Efésios 2.8-9). Com cada um de nós acontece da mesma maneira: o crédito pela salvação é todo do Senhor.

Vamos conversar sobre esta história!

O que os soldados dos inimigos estão fazendo uns contra os outros?
O que Gideão e seus homens usaram para lutar?
Quem, realmente, venceu a batalha por Gideão naquele dia?

HISTÓRIA 48
Deus dá força a Sansão
JUÍZES 13 – 14

Depois que Gideão morreu, o povo de Israel voltou a fazer o que o Senhor reprovava. Deus escolheu outros homens como ele para salvar Israel e guiá-los, porém o povo insistia em se desviar do caminho. Por isso, o Senhor permitiu que os filisteus os derrotassem e governassem sobre eles durante quarenta anos.

Certo dia, o anjo do Senhor apareceu a uma mulher israelita que era casada com um homem chamado Manoá. Ele disse: "Você deseja ter um filho há muito tempo; porém, agora chegou o momento certo e você dará à luz um menino. Ele será especial desde o momento do seu nascimento. Eu o usarei para libertar Israel das mãos dos filisteus." O Senhor ordenou a ela que jamais cortasse o cabelo do menino, pois esse seria o sinal de que ele era separado para servir a Deus. O tempo passou e a mulher deu à luz um menino, deu-lhe o nome de Sansão e deixou o seu cabelo crescer. Quando Sansão cresceu, o Espírito do Senhor começou a agir nele. Certo dia, quando estava caminhando, um leão forte veio rugindo em sua direção, mas o Espírito do Senhor apossou-se de Sansão, e ele matou a fera com suas próprias mãos.

Porém, em vez de viver para a glória de Deus, Sansão tornou-se orgulhoso. Ele foi desrespeitoso com seus pais, quando teimou com eles porque queria casar-se com uma mulher do povo filisteu, em vez de uma do povo de Deus. Quando tentaram corrigi-lo, Sansão não deu ouvidos a eles. Contudo, apesar de Sansão ser pecador, o Senhor o usou para julgar os filisteus, que dominavam sobre Israel.

Certa vez, Sansão capturou trezentas raposas e as amarrou aos seus pares pela cauda. Depois prendeu uma tocha em cada par de caudas, acendeu-as e soltou as raposas no meio das plantações dos filisteus, incendiando-as completamente. Quando descobriram o que Sansão havia feito, eles partiram para atacar o povo de Judá. Os filisteus exigiram que Sansão fosse amarrado e entregue a eles. Sansão fingiu concordar em ser entregue aos inimigos e foi amarrado com duas cordas novas e fortes. Depois que amarraram as suas mãos, os israelitas o levaram até os filisteus. Então, o Espírito do Senhor apossou-se dele novamente. Sansão soltou-se das cordas

com muita facilidade e encontrou o osso da queixada de um jumento no chão. Usando-a como arma, matou mil homens dentre os inimigos de Israel!

Muito tempo depois dos dias de Sansão, um anjo apareceu a outro casal. Ele anunciou que o Filho deles governaria sobre o povo de Deus e o libertaria de outro inimigo. Esse casal foi Maria e José, e o seu Filho, Jesus, que libertou o povo de Deus – e a nós – do pecado. Assim como aconteceu com Sansão, o Espírito de Deus apossou-se de Jesus. No entanto, em vez de lutar uma batalha terrena, Jesus travou uma luta espiritual. E, ao contrário de Sansão, que era orgulhoso e fazia muitas vezes aquilo que queria, Jesus foi perfeitamente obediente a Deus, até mesmo quando precisou morrer na cruz pelos nossos pecados. Assim, por meio de sua crucificação, Jesus venceu a própria morte para todo aquele que crê.

Vamos conversar sobre esta história!

O que Sansão está segurando na imagem?
O que ele fez com isso?
Como um único homem foi capaz de derrotar tantos outros sem se machucar?

HISTÓRIA 49
Sansão perde a sua força

JUÍZES 16

Sansão fez muitos inimigos enquanto governou sobre Israel, especialmente entre o povo filisteu. Ele, no entanto, era forte demais, e os filisteus não podiam lutar contra ele. Por isso, começaram a preparar ciladas para tentar dominá-lo. Mas, mesmo assim, Sansão conseguia escapar. Então, finalmente, os filisteus bolaram um plano para derrotá-lo. Sansão estava apaixonado por uma mulher filisteia, chamada Dalila. Os filisteus prometeram a ela treze quilos de prata se conseguisse descobrir o segredo da sua grande força. Dalila aceitou, e eles prepararam a armadilha.

Quando Sansão voltou para visitar Dalila, ela perguntou: "Conte-me, por favor, de onde vem a sua grande força e como você poderia ser amarrado sem conseguir escapar?" Sansão mentiu e respondeu: "Se alguém me amarrar com sete tiras de couro ainda úmidas, ficarei tão fraco quanto qualquer outro homem." Assim, enquanto Sansão dormia, Dalila o amarrou com as sete tiras, exatamente como ele havia falado. Depois disso, ela gritou: "Sansão, os filisteus estão aqui para atacá-lo!" Sansão acordou e arrebentou as tiras de couro, como se elas fossem uma frágil linha de costura. Dalila reclamou, dizendo: "Você mentiu para mim! Agora, por favor, conte-me a verdade. Qual é o segredo da sua força?" Sansão mentiu novamente, dessa vez dizendo: "Se me amarrarem firmemente com cordas que nunca tenham sido usadas, ficarei tão fraco quanto qualquer outro homem." Mas, quando ela o amarrou com cordas novas e chamou os filisteus, Sansão novamente se libertou com muita facilidade.

Dalila perguntou a Sansão, pela terceira vez, qual era o segredo da sua grande força. Sansão, também pela terceira vez, mentiu, e quando os filisteus tentaram atacá-lo, ele conseguiu escapar. Dalila passou a importuná-lo dia após dia para que ele contasse a verdade: "Como você pode dizer que me ama, se não me conta o seu segredo?" Finalmente, Sansão já estava tão cansado de ser perturbado por ela que contou sobre o seu voto a Deus de jamais cortar o cabelo. Sansão não deveria ter feito isso; porém, por causa de seu orgulho, ele pensou que nunca perderia a sua grande força. Dessa vez, enquanto dormia, Dalila chamou um homem para cortar o cabelo de Sansão. Quando os filisteus chegaram, conseguiram dominá-lo com facilidade, pois o Senhor havia deixado Sansão, e ele estava lutando com suas próprias forças. Os filisteus, então, arrancaram os seus olhos e o lançaram na prisão.

Depois de deixá-lo preso por algum tempo, os filisteus levaram Sansão até o templo do deus deles, onde o estavam louvando por sua vitória. A ideia era humilhar o seu antigo inimigo, agora subjugado. Os filisteus estavam certos de que aquele seria um grande dia, mas se esqueceram de uma coisa. Enquanto estava na prisão, o cabelo de Sansão havia crescido novamente, segundo a vontade de Deus. Quando entrou no templo, Sansão pediu ao jovem que o guiava pela mão que o colocasse em um lugar onde pudesse apalpar as colunas que sustentavam o templo para que ele se apoiasse nelas. Feito isso, ele orou ao Senhor: "Ó Deus, lembra-te de mim! Ó Deus, eu te suplico, dá-me forças, só mais uma vez!" O Senhor ouviu a sua

oração, e, quando Sansão forçou e empurrou as duas colunas centrais do templo, a sua grande força voltou. O teto da construção desabou sobre Sansão, sobre os líderes dos filisteus e sobre todo o povo que estava ali. Todos morreram.

Embora o Senhor tenha usado Sansão para salvar Israel de seus inimigos, ele caiu no pecado do orgulho, ao pensar que poderia ser forte por conta própria, sem a ajuda de Deus. Ele se distraiu com os prazeres do mundo. Essa história nos ensina que nenhum homem comum jamais será capaz de trazer salvação duradoura para o povo de Deus, pois todos nós somos pecadores. No entanto, um dia Deus enviou um libertador, chamado Jesus, que era muito diferente de quaisquer homens. Ao contrário de Sansão, Jesus, o Filho de Deus, nunca pecou. Apesar de ser Deus, ele se humilhou e veio a este mundo em forma humana para viver uma vida perfeita e morrer na cruz em nosso lugar, a fim de conceder uma salvação que dura para sempre!

Vamos conversar sobre esta história!

O que Deus havia proibido Sansão de fazer?

O que aconteceu com Sansão quando ele acordou e viu que o seu cabelo tinha sido cortado?

Você consegue se lembrar de alguma vez que foi desobediente?

Vamos conversar sobre esta história!

Quem são as três pessoas na imagem?
O que Boaz fez para ajudar Rute e Noemi?
Quem é o bisneto especial de Rute e Boaz?

HISTÓRIA 50

RUTE 1 – 4

Nos dias em que juízes como Sansão e Gideão lideravam a terra de Israel, houve um período de fome. Como não havia comida naquela terra, Elimeleque, um homem do povo de Deus, da tribo de Judá, foi viver por algum tempo nas terras pagãs de Moabe. Ele levou a sua mulher, Noemi, e seus dois filhos. Com o passar do tempo, Elimeleque morreu e os seus filhos casaram-se com mulheres daquela terra. Porém, em pouco tempo, os seus filhos morreram também. Noemi ficou sozinha, sem os dois filhos e o marido. Ela tinha apenas a companhia de suas noras, Rute e Orfa. Não havia mais homem algum para cuidar delas.

Depois de um tempo, Noemi soube que tinha acabado a fome em Israel. Havia, novamente, condições de viver nas terras de Judá. Assim, Noemi decidiu partir de volta para a terra do seu povo. Ela insistiu que suas noras, Rute e Orfa, voltassem para as suas famílias e seus deuses. Orfa fez isso, mas Rute se recusou, dizendo: "Aonde você for eu irei, e onde você ficar, ficarei. O seu povo será o meu povo e o seu Deus será o meu Deus." Portanto, Noemi e Rute retornaram juntas para Belém. Como elas não tinham comida nem dinheiro, Rute foi até o campo recolher as sobras das colheitas. Só que Deus a guiou até o campo de Boaz, um parente de Noemi, no exato momento em que ele chegava para visitar seus agricultores. Quando viu Rute em seu campo, deu-lhe as boas-vindas e a convidou para comer com ele. Boaz deu, ainda, ordens aos seus servos para que deixassem muitas espigas para ela recolher.

Quando Rute contou a Noemi sobre como Boaz havia sido gentil com ela, a sua sogra contou que ele era um parente próximo. Isso significava que ele era um de seus "resgatadores", isto é, um homem que poderia se casar com Rute e cuidar dela, já que seu marido tinha morrido. Naqueles dias, havia regras especiais sobre esse tipo de situação. Noemi ficou muito feliz por Boaz ter tratado Rute com tanto favor. Ela, então, enviou Rute até ele novamente, na esperança de que Boaz se casasse com ela. E foi exatamente isso que ele fez! Boaz reuniu os líderes da cidade e prometeu "resgatar" e cuidar das duas viúvas, casando-se com Rute e comprando a terra de Noemi, para que ela tivesse um lugar para viver e cultivar seus alimentos. Mais tarde, quando Rute e Boaz tiveram um filho, as mulheres da cidade disseram a Noemi: "Louvado seja o SENHOR, que hoje não a deixou sem resgatador!" (Rute 4.14). Eles deram ao menino o nome de Obede. Quando cresceu, Obede foi o pai de Jessé, que viria a ser pai de Davi, que mais tarde se tornaria o rei de Israel!

Você sabia que nós também temos um resgatador? Um "resgatador", nos tempos de Noemi, era um homem que comprava de volta a terra que uma viúva havia perdido com a morte do marido. Esse homem se comprometia, perante as autoridades, a cuidar dela. Se isso era bom, vale lembrar que Jesus é o nosso resgatador de maneira muito mais profunda e completa. Ao morrer na cruz em nosso lugar, ele pagou o preço para nos resgatar da maldição do nosso pecado. Agora, todos aqueles que confiam no Senhor são salvos. Eles viverão com Deus no céu, e ele cuidará de cada um. Em Gálatas, Paulo nos diz que Deus enviou o seu Filho "a fim de redimir os que estavam sob a lei, para que recebêssemos a adoção de filhos" (Gálatas 4.5).

HISTÓRIA 51

Deus ouve as orações de Ana

1 SAMUEL 1.1 – 2.11

Quando o neto de Rute, Jessé, cresceu, ele se casou e teve filhos. Durante esse mesmo tempo, Deus permitiu que um profeta nascesse – seu nome era Samuel. Foi assim que aconteceu: todo ano, um homem chamado Elcana viajava até a cidade de Siló para adorar a Deus e oferecer sacrifícios junto com suas mulheres, Ana e Penina. Penina tinha filhos, mas Ana não conseguia engravidar e isso a deixava triste, pois ela desejava muito ter um filho. Penina zombava dela por causa disso. Ano após ano, sempre que eles viajavam até Siló, Penina provocava Ana por ela não ter filhos.

Por fim, Ana estava tão triste em uma de suas viagens, que foi até o templo para orar ao Senhor. Ela clamou a ele e, em oração silenciosa, fez um voto: "Ó Senhor, se tu me deres um filho, então eu o dedicarei ao Senhor por todos os dias de sua vida." Quando o sacerdote Eli viu que os lábios de Ana se mexiam, mas não ouviu a sua voz, ele pensou que ela estava embriagada. Eli, portanto, a repreendeu por isso. No entanto, Ana explicou que não havia bebido nada, mas que estava muito angustiada e por isso derramava a sua alma diante do Senhor. Ao ouvir isso, Eli respondeu: "Vá em paz, e que o Deus de Israel lhe conceda o que você pediu." Depois de ouvir essas palavras, Ana seguiu o seu caminho e já não estava mais triste. Ela voltou para casa com seu marido Elcana. O Senhor se lembrou de Ana e lhe deu um filho, a quem ela chamou de Samuel.

Quando Samuel cresceu um pouco, Ana voltou à Siló, no templo de Deus, para procurar o sacerdote Eli. Ela apresentou o menino a ele e disse: "Eu sou a mulher que esteve aqui ao seu lado, orando ao Senhor. Era por este menino que eu pedia, e o Senhor concedeu-me o pedido. Por isso, agora, eu o dedico a Deus. Por toda a sua vida será dedicado ao Senhor." Ana, então, fez uma linda oração, que começava com as seguintes palavras: "Meu coração exulta no Senhor; no Senhor minha força é exaltada. Minha boca se exalta sobre os meus inimigos, pois me alegro em tua libertação." Depois disso, Ana deixou Samuel no templo, para ser cuidado por Eli. Todos os anos, ela fazia uma pequena túnica e a levava para ele, quando viajava até Siló com o marido para oferecer o sacrifício anual. Ana foi fiel à promessa que havia feito ao Senhor, mas nem mesmo ela podia imaginar tudo o que Deus faria por meio de seu filho primogênito. O Senhor planejava chamar Samuel para ser um profeta que falaria por ele ao seu povo.

Um dia, muito tempo depois, Deus abençoou outra mulher com um filho muito especial, que também falava as palavras de Deus. O nome dessa mulher era Maria, a mãe de Jesus. Você sabia que Maria fez uma oração de ações de graças muito parecida com a oração de Ana? Quando estava grávida de Jesus, sua prima Isabel confirmou o que o anjo do Senhor havia dito a Maria sobre o seu bebê. Maria respondeu com uma oração que começava assim: "Minha alma engrandece ao Senhor, e o meu espírito se alegra em Deus, meu Salvador" (Lucas 1.46-47). Talvez Maria tenha se lembrado da oração de Ana, registrada na Palavra de Deus. Tanto o filho de Ana quanto o de Maria, Samuel e Jesus, foram profetas que serviram ao Senhor. A vida de Samuel, neste aspecto, apontava e anunciava a vida de Jesus.

Vamos conversar sobre esta história!

Como Deus respondeu à oração de Ana?
O que Ana está fazendo na imagem?
Qual é o nome do filho de Ana?

HISTÓRIA 52

Deus chama o pequeno Samuel

1 SAMUEL 2.12 – 3.21

Seria bom poder dizer que o pequeno Samuel vivia cercado por pessoas que amavam ao Senhor quando foi morar com o sacerdote Eli. Mas, infelizmente, isso não era verdade. Apesar de Eli servir ao Senhor, ele tinha dois filhos rebeldes, Hofni e Fineias, que não faziam o mesmo. Eles eram homens maus que não obedeciam ao seu pai nem a Deus. Samuel, no entanto, era diferente. Ele "continuava a crescer, sendo cada vez mais estimado pelo SENHOR e pelo povo" (1Samuel 2.26). Ou seja, Samuel estava crescendo e se tornando uma pessoa que amava e agradava a Deus, e todos podiam ver isso.

Certo dia, Deus enviou um profeta para alertar Eli sobre os seus filhos ímpios. Ele disse a Eli que os dois morreriam no mesmo dia e que sua família não seria abençoada. Por meio daquele profeta, o Senhor disse: "Levantarei para mim um sacerdote fiel, que agirá de acordo com o meu coração e o meu pensamento. Edificarei firmemente a família dele, e eles me servirão para sempre." Mas, mesmo assim, Eli não fez nada em relação aos seus filhos.

Certa noite, no templo, quando Samuel estava prestes a pegar no sono, o Senhor o chamou. Samuel respondeu: "Estou aqui!" e correu até Eli. Porém, Eli respondeu: "Eu não o chamei. Volte e deite-se." O Senhor, então, o chamou pela segunda vez: "Samuel!" Mais uma vez, o garoto acordou Eli, pensando que era ele chamando, mas o sacerdote reafirmou que não o tinha chamado. O Senhor voltou a chamá-lo uma

terceira vez: "Samuel!" Quando Samuel fo até Eli novamente, este percebeu que era o Senhor que estava chamando o nome de Samuel. Eli, portanto, disse para Samuel deitar-se e recomendou: "Se ele chamá-lo diga: 'Fala, Senhor, pois o teu servo está ou vindo'." Samuel, então, deitou-se, e quando o Senhor chamou o seu nome pela quarta vez, ele respondeu: "Fala, Senhor, pois o teu servo está ouvindo."

O Senhor contou a Samuel que castiga ria Eli e toda a sua família. Isso aconteceria para que se cumprisse a palavra trazida pelo profeta, pois Hofni e Fineias pecaram contra o Senhor e Eli nada tinha feito para impedi-los. Na manhã seguinte, Eli insistiu para que Samuel lhe contasse tudo o que o Senhor tinha falado. Embora soubesse que também era o Senhor que havia falado da outra vez, Eli não fez nada para se afastar de seus pecados ou corrigir os seus filhos. Portanto, em pouco tempo, o julgamento de Deus veio sobre Israel. A Arca da Aliança do Senhor foi tomada por inimigos e Eli morreu, assim como os seus dois filhos. Porém o Senhor estava com Samuel, e todo o Israel sabia que ele era o profeta do Senhor.

Você sabia que nós podemos ter um vis lumbre de Jesus na história de Samuel? O profeta que falou com Eli disse que Deus levantaria um sacerdote fiel para servi-lo para sempre. No entanto, nenhum homem comum pode servir como um sacerdote fiel para sempre, pois todos os homens morrem um dia! Jesus, porém, é o sumo sacerdote fiel que vive para sempre (Hebreus 7.24).

Há outra ligação interessante com a vida de Jesus nessa história. Quando o Salvador estava crescendo, Lucas descreve: "Jesus ia crescendo em sabedoria, estatura e graça diante de Deus e dos homens" (Lucas 2.52). Essas palavras são quase as mesmas que foram usadas para descrever o pequeno Samuel, quando ele crescia no templo. Em meio à família pecaminosa de Eli, Deus levantou Samuel para ser um sacerdote fiel. A sua vida nos remete a Jesus, que é o nosso sumo sacerdote, fiel para sempre.

Vamos conversar sobre esta história!

Quem estava chamando Samuel?
Quem Samuel pensou que estava chamando o seu nome?
O que Deus contou a Samuel sobre Eli?

HISTÓRIA 53

O Deus de Israel não pode ser contido

1 SAMUEL 4—7

Algum tempo depois de Samuel ter contado a Eli que Deus o julgaria assim como a seus filhos, Israel entrou em guerra contra os filisteus. Em vez de pedirem ajuda ao Senhor, eles partiram para a guerra e lutaram com suas próprias forças. Israel, então, foi derrotado pelos filisteus, perdendo quatro mil homens na guerra. As autoridades não conseguiam entender por que eles haviam sido derrotados! Para garantir a sua vitória na batalha seguinte, os israelitas mandaram trazer de Siló a Arca da Aliança do Senhor e os dois filhos de Eli, Hofni e Fineias, para acompanharem até o acampamento de Israel. O problema era que todos tratavam a Arca como se ela, em si, tivesse algum poder secreto, como uma espécie de amuleto. Os israelitas, mais uma vez, foram à batalha sem pedir ajuda ao Senhor, e, mais uma vez, foram derrotados. Desta vez, um número ainda maior de pessoas morreu. Hofni e Fineias também foram mortos e a Arca do Senhor foi roubada. Quando ouviu essa notícia terrível, Eli caiu, quebrou o pescoço e também morreu.

Os filisteus trataram a Arca como se ela fosse um objeto religioso qualquer e a colocaram dentro do templo do seu deus Dagom. Na manhã seguinte, quando acordaram, eles encontraram a estátua de Dagom derrubada no chão, rosto em terra, diante da Arca do Senhor! Os filisteus levantaram a imagem e a colocaram de volta em seu lugar; mas, na manhã seguinte, Dagom estava caído novamente! Desta vez, a sua cabeça e as suas mãos tinham sido quebradas. Depois disso, todo o povo daquela cidade ficou muito doente.

Eles mandaram tirar a Arca daquele lugar, só que, onde quer que eles a colocassem, as pessoas próximas ficavam muito doentes.

Desesperados, os filisteus pediram ajuda aos seus sacerdotes, que disseram que a Arca deveria ser devolvida a Israel. Eles, então, colocaram-na em uma carroça puxada por duas vacas e a mandaram embora. Mesmo sem alguém para guiá-las, as vacas levaram a Arca direto para Israel. Quando o povo de Israel viu a Arca retornando, todos se alegraram. Os levitas a recolheram, cortaram a madeira da carroça e ofereceram as vacas como holocausto ao Senhor. No entanto, alguns homens que haviam olhado para dentro da Arca do Senhor foram atingidos e mortos, porque aquela era uma peça santa. As pessoas, ao verem aquilo, se perguntavam: "Quem pode permanecer na presença do SENHOR, esse Deus santo?" (1Samuel 6.20). Por isso, até mesmo os israelitas enviaram a Arca para outra cidade.

Quando Samuel soube a respeito da Arca, ordenou que todos na nação de Israel se livrassem de seus deuses e se voltassem ao Senhor de todo o coração. Samuel sacrificou um cordeiro pelos pecados do povo e clamou ao Deus de Israel. Enquanto os israelitas estavam reunidos para oferecer o sacrifício, os filisteus se aproximaram para atacá-los de surpresa; porém o Senhor ouviu a oração de seu servo e derrotou os filisteus, trovejando com um fortíssimo estrondo, que os colocou confusos e em pânico. Daquele dia em diante, durante o governo de Samuel, Israel teve paz com os filisteus.

Você sabe por que Deus derrubou a estátua do deus Dagom? A Arca representava a presença do Senhor, e o ídolo Dagom era a representação da adoração falsa dos filisteus. Nenhum deus falso poderia ficar acima do Senhor Deus! Por isso, o próprio Deus derrubou e destruiu aquele ídolo filisteu. O pecado não pode habitar na presença de Deus. Por isso, a cruz é tão importante para nós – como pecadores, não podemos viver na presença de um Deus santo. Precisamos que os nossos pecados sejam removidos. E foi exatamente isso que Jesus fez por nós na cruz. Ele tomou sobre si o castigo pelo nosso pecado, para que pudéssemos ser perdoados. Depois de perdoados, nós podemos, então, entrar sem medo na presença de Deus.

Vamos conversar sobre esta história!

Onde está a cabeça de Dagom?
Por que ela está separada de seu corpo?
O que Deus quis ensinar aos filisteus
ao destruir o seu ídolo?

Vamos conversar sobre esta história!

O que Samuel está fazendo na imagem?
Por que o povo queria que um homem fosse seu rei, em vez do próprio Deus
Como Deus planejava usar o novo rei para ajudar o seu povo?

HISTÓRIA 54

Os israelitas pedem um rei

1 SAMUEL 8 – 10

Quando Samuel já estava idoso, ele indicou os seus filhos para serem juízes de Israel. Porém, os seus filhos não eram fiéis a Deus, como ele fora em toda sua vida. Em vez de governarem com honestidade, como o seu pai Samuel, eles se tornaram gananciosos e passaram a aceitar subornos, pervertendo a justiça para agradar quem lhes convinha. Por causa disso, as autoridades de Israel reuniram-se e exigiram que Samuel nomeasse um rei para governá-los, o que os tornaria semelhantes às outras nações. Samuel sabia que o Senhor era o Rei sobre Israel, e, portanto, ele orou, contando a Deus sobre a exigência do povo. O Senhor lhe respondeu: "Atenda a tudo o que o povo está lhe pedindo. Não foi a você que rejeitaram; foi a mim que rejeitaram como rei." O Senhor, no entanto, disse a Samuel que alertasse o povo sobre todos os direitos que um rei reivindicaria, como trabalho, tempo, impostos, servos e o melhor da terra de todos os israelitas. Mas o povo não levou essa advertência a sério e continuou a insistir que Samuel nomeasse um rei para que Israel se tornasse semelhante às outras nações. Eles queriam um rei terreno para julgá-los e lutar as suas guerras por eles. Os israelitas estavam, dessa forma, rejeitando Deus, que desejava fazer essas coisas por Israel.

O Senhor, portanto, deu ao povo o que ele pediu. Deus escolheu Saul, um homem alto, forte e belo da tribo de Benjamim, para ser o rei. O Senhor enviou Saul até Samuel e instruiu o profeta sobre como deveria ungi-lo rei sobre a nação de Israel. Apesar do pecado dos israelitas, Deus disse a Samuel que usaria Saul para libertar o povo das mãos dos filisteus. Samuel, então, ungiu Saul e o

apresentou ao povo. "Então todos gritaram: 'Viva o rei'" (1Samuel 10.24). Ele era exatamente o tipo de rei que os israelitas tinham em mente, e o povo ficou ainda mais animado quando Saul os ajudou a derrotar os amonitas, seus inimigos.

Samuel repreendeu o povo dizendo que, ao exigirem um rei, eles haviam rejeitado Deus. Ele, portanto, pediu ao Senhor que enviasse chuva e trovões. Quando ouviu a tempestade, o povo teve medo e se arrependeu de ter exigido um rei. Samuel, contudo, os consolou dizendo que, apesar de seu pecado, Deus não os rejeitaria, pois os havia escolhido como seu povo especial. Samuel ainda alertou os israelitas: "Se vocês e o seu rei obedecerem ao Senhor, tudo correrá bem. Se, porém, desobedecerem ao Senhor, vocês serão destruídos, junto com o seu rei."

Você sabia que Deus planejava que um rei governasse sobre Israel muito antes de os israelitas exigirem um? O Senhor já havia até mesmo dado instruções a Moisés sobre como escolher um monarca (Deuteronômio 17.14.20). O problema do desejo do povo de Israel por um rei estava no fato de terem rejeitado Deus, o seu verdadeiro Rei soberano. Se eles tivessem seguido o Senhor, teriam descoberto que, um dia, o Deus soberano enviaria o seu Filho para reinar sobre Israel. Ele seria chamado de Príncipe da Paz, pois traria uma paz eterna ao povo de Deus, e seu governo e seu reino jamais teriam fim. Este Príncipe é Jesus, a quem o Senhor enviou para redimir os pecados de Israel. O Rei Jesus liderou o povo de Deus à mais importante vitória – o triunfo sobre Satanás, o pecado e a maldição da morte.

HISTÓRIA 55

Saul desobedece ao Senhor

1 SAMUEL 13.1—14; 15.1—26

Certo dia, Samuel disse a Saul que fosse até a cidade de Gilgal e esperasse lá durante sete dias. O profeta o encontraria lá e ofereceria um sacrifício. Samuel explicou que, depois disso, ele diria a Saul o que fazer. Enquanto esperava por Samuel, Saul reuniu o povo para que todos se preparassem para um ataque dos filisteus. Os inimigos chegaram com três mil carros de guerra e seis mil cavaleiros com espadas. Quando viram todos aqueles soldados vindo em sua direção, o exército de Israel ficou com medo e começou a se dispersar. Quando chegou o sétimo dia, Saul já estava impaciente. Ele teve medo de perder todos os seus homens. Então, em vez de esperar por Samuel, como haviam combinado, Saul ofereceu o sacrifício sozinho, algo que não era permitido a um rei fazer. Samuel chegou assim que Saul havia acabado de oferecer o sacrifício, e, quando viu o que o rei havia feito, o repreendeu. Ele disse a Saul que, como não tinha obedecido ao mandamento do Senhor, ele não seria rei por muito tempo. Deus escolheria outro homem para ser rei, um homem segundo o coração do Senhor.

Depois de tudo isso, Saul ainda venceu muitas batalhas contra os inimigos de Israel, mas não seguia sempre a direção do Senhor. Certa vez, Deus enviou Samuel até Saul com uma mensagem para que ele atacasse os amalequitas e os destruísse completamente, incluindo todos os seus bois, ovelhas, camelos e jumentos. Saul reuniu um grande exército e, de fato, derrotou o exército inimigo; porém, ele voltou a desobedecer ao Senhor. Saul e seu exército destruíram tudo o que não tinha valor, mas pouparam e tomaram para si o melhor das ovelhas e dos bois, os bezerros gordos e os cordeiros. Eles ficaram com tudo o que era bom e ainda pouparam a vida de Agague, o perverso rei amalequita.

Então, o Senhor disse a Samuel: "Arrependo-me de ter constituído a Saul rei, pois ele me abandonou e não seguiu as minhas instruções." No dia seguinte, Samuel foi ao encontro de Saul para perguntar por que ele havia desobedecido ao Senhor. Saul tentou esconder o que havia feito e disse: "Eu segui as instruções do Senhor!" No entanto, Samuel podia ouvir o balido das ovelhas que foram poupadas pelo exército de Israel. Ele insistiu em confrontar Saul, porém em vez de admitir o seu pecado, o rei culpou os soldados de terem poupado Agague e tomado aqueles animais dos amalequitas. Samuel, portanto, disse a Saul: "Assim como você rejeitou a palavra do SENHOR, ele o rejeitou como rei" (1Samuel 15.23). Finalmente, Saul se entristeceu ao ouvir isso e confessou o seu pecado. Ele pediu que Samuel voltasse para casa com ele para adorar ao Senhor, mas Samuel se recusou, pois Deus o havia rejeitado. Quando Samuel se virou para sair, Saul agarrou a barra do seu manto, e o manto se rasgou. Samuel olhou para Saul e disse que, assim como o manto havia sido rasgado, o Senhor rasgou dele o reino de Israel e o entregou a alguém melhor que ele.

Embora Deus tenha alertado Saul e prometido que tudo iria bem se obedecesse aos seus mandamentos, ele falhou como

rei. Na verdade, todos os reis de Israel pecaram contra o Senhor. Mas, um dia, Israel receberia outro Rei – um Rei que obedeceria perfeitamente a todos os mandamentos de Deus. O apóstolo Paulo nos diz que o nosso grande Rei Jesus obedeceu aos mandamentos do Senhor, mesmo quando isso representou a sua terrível morte na cruz (Filipenses 2.8). Jesus foi tentado como todos os outros homens, mas jamais pecou, pois sempre foi obediente a Deus. Agora ele oferece trocar a sua vida perfeita pela nossa vida pecaminosa, se depositarmos nele a nossa confiança.

Vamos conversar sobre esta história!

Como Saul desobedeceu a Deus?
O que ele fez com o manto de Samuel?
O que Samuel disse a Saul?

Vamos conversar sobre esta história!

Qual dos filhos de Jessé o Senhor escolheu para ser rei?
Por que Jessé pensou que Davi não poderia ser o escolhido?
Por que Deus escolheu Davi?

HISTÓRIA 56

Deus escolhe um novo rei

1SAMUEL 16.1-13

Depois de repreender Saul e afirmar que Deus escolheria um novo rei, Samuel terminou a missão que havia sido incumbida a Saul: matar Agague, o rei amalequita. Depois disso, Samuel foi embora, muito triste. Ele só voltou a ver Saul quando este morreu.

O Senhor, então, disse a Samuel: "Até quando você irá se entristecer por causa de Saul? Eu o rejeitei como rei de Israel. Encha um chifre com óleo e vá a Belém; eu o enviarei a Jessé. Escolhi um de seus filhos para ser rei" (1Samuel 16.1). Samuel, no entanto, estava com medo. "Como poderei ir? Saul saberá disso e me matará", ele respondeu ao Senhor. Deus, porém, disse a ele que levasse um novilho para sacrificar e convidasse Jessé e seus filhos para irem com ele. Dessa forma, ninguém saberia que ele estava viajando para ungir um novo rei para Israel. O Senhor prometeu mostrar a Samuel qual dos filhos era o escolhido.

Samuel fez exatamente conforme a instrução do Senhor e partiu em direção a Belém. Ao chegar à cidade, anunciou que faria o sacrifício e convidou Jessé e seus filhos para participarem. Quando chegou a hora, Samuel observou os filhos de Jessé para ver qual deles deveria ser ungido rei. Quando viu o filho mais velho de Jessé, Eliabe, Samuel ficou impressionado, pois ele era muito alto e forte. Então, o profeta pensou que certamente era ele quem o Senhor havia escolhido! Porém, o Senhor disse a Samuel que Eliabe não era o seu escolhido. O Senhor disse a Samuel que ele não se enganasse pelas aparências: "O SENHOR não vê como o homem: o homem vê a aparência, mas o SENHOR vê o coração" (1Samuel 16.7).

Assim, Jessé chamou todos os seus filhos, um a um, para conhecer Samuel. Todas as vezes, Samuel dizia: "O Senhor não escolheu este." Do mais velho ao mais novo, todos os filhos se colocaram na frente de Samuel, porém nenhum deles era o escolhido do Senhor. Por fim, ele perguntou a Jessé se aqueles eram todos os seus filhos, ao que ele respondeu: "Ainda tenho o caçula, mas ele está cuidando das ovelhas." Samuel disse: "Traga-o aqui. Não nos sentaremos para comer até que ele chegue." Quando Davi, o filho mais novo, chegou, Deus mandou Samuel ungi-lo. Naquele dia, o Senhor o escolheu para ser o próximo rei de Israel! Assim que Samuel derramou o chifre de óleo sobre Davi, o Espírito do Senhor apoderou-se dele e permaneceu com ele até o fim de sua vida.

Você sabe como esta história aponta para Jesus? Davi era o filho caçula e, provavelmente, o menor de todos, mas o Senhor o escolheu porque ele era um homem segundo o coração de Deus (1Samuel 13.14). Assim como Davi, Jesus era um homem segundo o coração de Deus, o seu Pai. Jesus obedeceu perfeitamente a tudo o que o Senhor mandou e, por meio de sua morte, libertou o povo de Deus dos seus maiores inimigos. Jesus veio ao mundo como um bebê e nasceu em um estábulo muito humilde, em Belém, a mesma cidade de Davi. Jesus pertencia à linhagem da família de Davi. Ou seja, Jesus era um descendente distante do rei Davi.

HISTÓRIA 57

Davi & Golias

1SAMUEL 17

Pouco tempo depois de Davi ser ungido rei, os filisteus reuniram os seus exércitos para atacar novamente o povo de Deus. Saul ainda era rei de Israel, porém o Espírito do Senhor o havia deixado. Os filisteus ocuparam uma colina e o exército do rei Saul ficou na outra, com um vale entre eles. Os filisteus tinham um grande guerreiro, chamado Golias, lutando ao seu lado. Ele tinha quase três metros de altura e usava uma armadura muito pesada. Todas as manhãs, durante quarenta dias, Golias ia até os soldados de Israel e zombava deles e do seu Deus. Ele os desafiou para uma luta e disse: "Escolham um homem para lutar comigo. Se ele puder lutar e me matar, nós seremos seus escravos; todavia, se eu o vencer e o matar, vocês serão nossos escravos e nos servirão" (1Samuel 17.8-9). Os israelitas ficaram aterrorizados e nenhum deles se ofereceu para lutar contra Golias.

De tempos em tempos, Davi ia até o campo de batalha para levar comida aos seus irmãos que faziam parte do exército de Saul. Certo dia, Davi estava perto e ouviu quando Golias se aproximou para zombar de Israel e desafiar os soldados para o combate. Davi perguntou aos soldados: "Quem é esse filisteu incircunciso para desafiar os exércitos do Deus vivo?" (1Samuel 17.26). Eliabe, seu irmão mais velho, ficou muito irritado e repreendeu Davi, dizendo: "Quem você pensa que é para falar assim? Você não tem o direito de dizer coisa alguma." Porém, quando Saul soube o que havia acontecido, mandou chamar Davi. O rapaz disse a Saul: "Eu irei e lutarei contra esse filisteu." Saul viu que Davi era apenas

um jovem, no entanto ele não desistiu dessa ideia. Davi, então, contou ao rei sobre como o Senhor já o havia ajudado a matar leões e ursos com suas próprias mãos. Ele disse: "O Senhor que me livrou das garras do leão e das garras do urso me livrará das mãos desse filisteu." Saul, por fim, concordou. Ele ofereceu a Davi a sua própria armadura, mas ela era muito pesada para ele. Assim, Davi, levando apenas o seu cajado, cinco pedras lisas e um estilingue, foi se encontrar com Golias.

Quando o grande guerreiro viu Davi vindo em sua direção, ele o desprezou, dizendo: "Por acaso sou um cão para que você venha contra mim com pedaços de pau?" E Davi respondeu: "Você vem contra mim com espada, com lança e com dardo, mas eu vou contra você em nome do Senhor dos Exércitos, o Deus dos exércitos de Israel, a quem você desafiou. Hoje mesmo o Senhor o entregará nas minhas mãos e todos saberão que é o Senhor quem salva." Quando Golias partiu em direção a Davi, ele retirou uma pedra de sua sacola e a arremessou com o seu estilingue. A pedra atingiu o filisteu na testa! Assim, o poderoso e forte Golias caiu, gravemente ferido, com o rosto no chão. Davi, então, correu até ele, pegou a espada de Golias e cortou a cabeça dele, matando, enfim, o grande gigante. Quando os filisteus viram que Golias estava morto, fugiram apavorados. Os homens de Israel os perseguiram até conquistarem uma grande vitória.

Quando lemos essa história, nós gostamos de nos comparar com Davi. Mas, na verdade, somos mais parecidos com os israelitas, que

tiveram medo de lutar e esperavam, desesperadamente, por um herói para salvá-los. Davi era o homem de Deus para essa missão, pois fez aquilo que os israelitas não podiam fazer. A salvação que Davi deu a Israel deveria nos lembrar de Jesus. Assim como Davi, Jesus era um rei que foi à batalha em nosso lugar. A sua vitória foi sobre o pecado e a morte. Antes de Davi se oferecer para lutar e, dessa forma, libertar os israelitas de Golias, eles estavam completamente impotentes diante do gigante, da mesma forma que somos impotentes e incapazes de salvarmos a nós mesmos. É por isso que precisamos de Jesus para nos libertar de nossos pecados. A vida de Davi aponta para Jesus, e essa história nos ajuda a perceber que não somos salvos por meio de nossas próprias forças, mas sim pelo poder de Deus.

Vamos conversar sobre esta história!

O que Golias falou contra Deus?
Por que nenhum soldado israelita quis enfrentar Golias?
Por que Davi é diferente de todos os outros soldados?

HISTÓRIA 58

A Arca de Deus

2SAMUEL 6 – 7; 1CRÔNICAS 13

Depois da morte do rei Saul, Davi assumiu o trono como rei de Israel. Um dos primeiros desejos de Davi, uma vez no trono, foi trazer a Arca de Deus de volta à Jerusalém. Saul havia se esquecido da Arca enquanto era rei, e, portanto, durante vinte anos, ela permaneceu na casa de um homem chamado Abinadabe, sob os cuidados de Eleazar, seu filho, até que Davi foi até lá com seus homens para buscá-la.

Durante aqueles vinte anos, as instruções que o Senhor tinha dado a Moisés sobre a Arca também foram esquecidas. Em vez de os levitas, com as varas próprias, carregarem a Arca, Davi e seus homens a colocaram sobre um carroção puxado por bois que eram conduzidos por Uzá e Aiô, filhos de Abinadabe. Nenhum daqueles homens, incluindo Davi, percebeu que havia algo errado no que estavam fazendo. Eles se alegraram de todo o coração enquanto levavam a Arca de volta à Jerusalém, cantando e dançando diante do Senhor, ao som de harpas, liras, tamborins, chocalhos e címbalos. Só que, quando atingiram determinado ponto da estrada, os bois tropeçaram. Para impedir que caísse, Uzá esticou o braço e segurou a Arca de Deus. Porém, Uzá era pecador e a Arca de Deus, santa; por isso, Deus o feriu imediatamente, e ele morreu ali mesmo ao lado da Arca, pois nem mesmo os sacerdotes podiam tocá-la! Davi ficou bravo porque o Senhor havia matado Uzá e perguntou como ele poderia levar a Arca de volta à Jerusalém. Até saber o que fazer, Davi deixou a peça na casa de um homem chamado Obede-Edom por três meses. O Senhor abençoou Obede-Edom e toda a sua família enquanto a Arca estev com eles.

Depois de voltar a Jerusalém, o rei Dav preparou um lugar para a Arca e monto uma tenda para ela. Ele se deu conta de qu não havia seguido as instruções do Senho escritas por Moisés, sobre como ela deve ria ser transportada. Davi, então, reuni os levitas e seus comandantes e voltou par buscar a Arca. Dessa vez, eles fizeram exata mente segundo as instruções do Senhor. O levitas carregaram a Arca com as varas no ombros, sem tocá-la com as mãos. A cad seis passos, Davi parava para oferecer sacri fício ao Senhor e, então, seguia viagem d volta à Jerusalém. Eles cantavam e dança vam alegremente enquanto traziam a Arca Os levitas colocaram-na dentro da tenda ofereceram holocaustos e ofertas de paz a Senhor. Davi abençoou o povo em nom do Senhor e deu a cada homem e mulhe israelitas pão, carne e bolo de uvas passa para celebrar o retorno da Arca de Deus.

Depois que a Arca foi levada para Jeru salém, Deus estabeleceu a sua aliança com Davi por meio do profeta Natã. O Senho disse: "Você, sua dinastia e seu reino per manecerão para sempre diante de mim; seu trono será estabelecido para sempre." Quando ouviu isso, Davi emocionou-se orou ao Senhor.

A história de Uzá e da Arca de Deus nos ensina algo muito importante a respeito do Senhor. Nós aprendemos sobre a santidade do Senhor e podemos perceber uma indi cação do plano de Deus para estabelecer um reino eterno. Pode parecer que Deus

foi muito severo ao tirar a vida de Uzá, mas foi importante que isso acontecesse para que o povo entendesse que Deus é santo e que o pecado deve ser punido. No entanto, embora todos fossem pecadores, o Senhor prometeu estabelecer o trono de Davi para sempre. Com essa promessa, temos um vislumbre do plano de salvação de Deus por meio de Jesus, pois ele é o Rei descendente da família de Davi que vive para sempre! A menos que confiemos em Jesus para tirar os nossos pecados, nós morreremos, assim como Uzá. Porém, quando Deus nos salva, nós nos tornamos parte de sua família eterna e poderemos, um dia, até mesmo tocá-lo no céu, sem medo algum.

Vamos conversar sobre esta história!

Por que a Arca quase caiu no chão?
Qual foi o erro cometido por Uzá?
Por que ninguém podia tocar na Arca?

HISTÓRIA 59

Davi, o salmista

1 CRÔNICAS 16.1-36; 1 SAMUEL 16.14-23; SALMO 23

Depois que a Arca de Deus foi levada para dentro da tenda que havia sido preparada para ela, o rei Davi nomeou alguns sacerdotes da tribo de Levi para ministrarem uma celebração de adoração. Davi escreveu uma canção e pediu que Asafe, líder dos levitas, a cantasse. A letra da canção de louvor contava a história de tudo o que Deus havia feito por Israel e terminava com a seguinte oração: "Salva-nos, ó Deus, nosso Salvador! Reúne-nos e livra-nos das nações, para que demos graças ao teu santo nome e façamos do teu louvor a nossa glória. Bendito seja o SENHOR, o Deus de Israel, de eternidade a eternidade" (1 Crônicas 16.35-36).

Desde quando ainda era um menino, o Senhor havia abençoado Davi com talentos musicais. Quando Saul ainda era rei e estava sendo atormentado por um espírito maligno, o jovem Davi foi chamado para tocar música para ele. Quando a harpa era dedilhada, o rei se sentia melhor, pois o espírito maligno o deixava. Até hoje, as palavras de muitas músicas de Davi estão preservadas no livro de Salmos. Salmo é uma palavra que significa "cântico sagrado". Muitos salmos, ou cânticos de Davi, falavam sobre a sua vida, sobre a nação de Israel e sobre o seu relacionamento com Deus. O Salmo 23 é um exemplo disso. Veja o que ele diz:

"O Senhor é o meu pastor; nada me faltará. Ele me faz repousar em pastos verdejantes. Leva-me para junto das águas de descanso, refrigera-me a alma. Guia-me pelas veredas da justiça por amor do seu nome. Ainda que eu ande pelo vale da sombra da morte, não temerei mal nenhum, porque tu estás comigo; o teu bordão e o teu cajado me consolam. Preparas-me uma mesa na presença dos meus adversários, unges-me a cabeça com óleo; o meu cálice transborda. Bondade e misericórdia certamente me seguirão todos os dias da minha vida e habitarei na Casa do Senhor para todo o sempre" (Salmo 23).

É muito interessante comparar as palavras dos salmos de Davi com as histórias da Bíblia sobre a sua vida e tentar adivinhar qual dos acontecimentos cada poema está descrevendo. Por exemplo, no salmo 23, Davi fala sobre andar por um vale na presença de seus inimigos. Será que esse salmo poderia ser uma referência a quando Davi precisou ir até o vale para lutar contra Golias? Não sabemos quais eram as notas musicais que acompanhavam cada um dos diferentes salmos, mas as letras das canções de Davi são muito úteis para nos ajudar a crescer em nossa fé e atravessar os momentos difíceis que enfrentamos na vida.

Você percebeu que o último versículo do Salmo 23 afirma que Davi habitará na casa do Senhor para todo o sempre? Existe apenas uma maneira para que possamos habitar com Deus para sempre no céu, e esta

é por meio da confiança em Jesus e naquilo que ele conquistou por nós na cruz. Os salmos de Davi fazem muitas referências à salvação que ainda viria por meio de Jesus. Além disso, alguns de seus salmos, como o 22, são profecias maravilhosas que contam sobre o plano de salvação de Deus por meio de seu Filho.

Vamos conversar sobre esta história!

Sobre o que falavam as canções escritas por Davi?
O Salmo 23 pode ser uma referência a qual acontecimento?
Como podemos saber que Davi amava o Senhor?

HISTÓRIA 60
Salomão e o templo de Deus
1 CRÔNICAS 28-29; 2 CRÔNICAS 1.1 – 7.10

Até mesmo o rei Davi pecou contra Deus. Mas, ao contrário de muitos reis que vieram após ele, Davi não abandonou o Senhor para adorar falsos deuses. Davi servia ao Senhor, e o Senhor lhe concedia vitória sobre os seus inimigos. Depois que os israelitas saíram vitoriosos, Davi desejou construir um templo para o Senhor. Deus, porém, não permitiu isso, porque Davi era um guerreiro. No entanto, o Senhor disse a Davi que o seu filho Salomão, que o sucederia como rei, seria o responsável pela construção do seu templo.

Quando ouviu isso, Davi reuniu todos os líderes e comandantes de Israel para contar que o Senhor havia escolhido Salomão, dentre todos os seus filhos, para sucedê-lo como rei. Ele disse que, se Salomão obedecesse ao Senhor, seu reino seria estabelecido para sempre. Depois, na frente de todos os seus comandantes e oficiais, Davi disse a Salomão: "E você, meu filho Salomão, reconheça o Deus de seu pai, e sirva-o de todo o coração e espontaneamente, pois o Senhor sonda todos os corações e conhece a motivação dos pensamentos. Se você o buscar, o encontrará; mas, se você o abandonar, ele o rejeitará para sempre. Veja que o Senhor o escolheu para construir um templo que seja o seu santuário. Seja forte e mãos ao trabalho!"

Deus, então, deu a Davi todas as instruções detalhadas para a construção do templo, e ele, por sua vez, as passou para o seu filho Salomão. Davi fez uma grande oferta e entregou ouro, prata, bronze, ferro e pedras preciosas para construir o templo do Senhor. Depois que Salomão tornou-se rei de Israel, a construção teve início. Mais de cento e cinquenta mil homens foram chamados apenas para cortar e mover as pedras! Ainda assim, foram necessários sete anos para concluir a construção do templo. As salas dentro dele foram projetadas pelo próprio Deus para serem como as do Tabernáculo, com uma sala especial chamada "Lugar Santíssimo", onde ficaria a Arca da Aliança do Senhor.

Quando o templo estava finalmente concluído e a Arca de Deus foi colocada no Lugar Santíssimo, o rei Salomão orou e desceu fogo do céu, que consumiu as ofertas que os sacerdotes haviam colocado ali. A glória de Deus encheu o templo, e todo o povo adorou e louvou o nome do Senhor. Então, Salomão e todo o povo de Israel celebraram durante sete dias e sacrificaram cento e quarenta e dois mil animais a Deus.

Todos aqueles que viram o templo construído pelo rei Salomão mal podiam acreditar em como ele era lindo. Mas você sabia que aquele templo, ornamentado com pedras preciosas, não era nada comparado ao templo espiritual que Deus construiria dentro de nós? No Novo Testamento, o apóstolo Paulo nos conta que todo aquele que confia em Jesus torna-se um templo sagrado, pois o Espírito de Deus passa a habitar nele (1Coríntios 3.16). No entanto, como somos todos pecadores, era

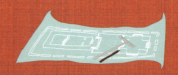

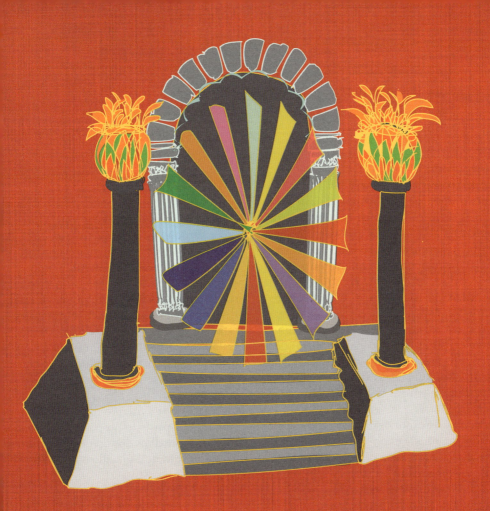

necessário que algo acontecesse antes, para que Deus, que é santo, pudesse habitar dentro de nós. Por isso, ele enviou o seu Filho unigênito, Jesus, para tomar sobre si o castigo que nós merecemos pelos nossos pecados. Aqueles que confiam na obra de Jesus para a salvação têm os seus pecados perdoados e são preenchidos pelo Espírito Santo. Juntos, todos os cristãos formam uma casa espiritual onde Deus habita. A Bíblia os chama de templo edificado com pedras vivas (1Pedro 2.5).

Vamos conversar sobre esta história!

De que o templo ficou cheio depois que foi terminada a construção?
O que Deus usa como o seu templo hoje?
Como podemos ser preenchidos pelo Espírito de Deus?

HISTÓRIA 61
O reino é dividido

1 REIS 11 – 12

Apesar de Salomão ter construído um templo lindo para o Senhor e de ter sido o mais sábio de todos os homens, ele desobedeceu a Deus e se casou com centenas de mulheres estrangeiras. Essas mulheres o afastaram do Senhor e o induziram a adorar falsos deuses, exatamente como Deus havia advertido que não fizesse. À medida que Salomão foi envelhecendo, ele começou a fazer o que era reprovável aos olhos do Senhor, como construir altares para esses falsos deuses nos lugares altos ao redor de Jerusalém. Ele não seguiu a Deus durante toda a sua vida, como o seu pai Davi havia feito.

Por isso, o Senhor disse a Salomão: "Já que essa é a sua atitude e você não obedeceu à minha aliança e aos meus decretos, os quais lhe ordenei, certamente lhe tirarei o reino e o darei a um dos seus servos. No entanto, por amor a Davi, seu pai, não farei isso enquanto você viver. Eu o tirarei da mão do seu filho" (1Reis 11.11-12). Por causa de Davi, que nunca adorou falsos deuses, Deus escolheu permitir que o filho de Salomão governasse sobre uma tribo; porém, todas as outras seriam tiradas de sua mão. Enquanto isso, o Senhor enviou o profeta Aías a Jeroboão, servo de Salomão. Aías contou a Jeroboão que o Deus de Israel estava prestes a tirar dez tribos das mãos do filho de Salomão, e disse ainda que ele, Jeroboão, era o escolhido pelo Senhor para governar sobre essas tribos. Quando descobriu isso, Salomão tentou matar Jeroboão, que conseguiu escapar e passou a viver no Egito até a morte do rei.

Quando Salomão morreu, seu filho Roboão tornou-se rei sobre todo o povo de Israel. Os israelitas pediram a ele que fosse bondoso e diminuísse o trabalho árduo e o jugo pesado que o seu pai havia colocado sobre eles. Roboão consultou as autoridades mais velhas para decidir o que fazer, e estas o aconselharam a fazer o que os israelitas haviam pedido; porém, os homens mais jovens, que haviam crescido com Roboão, disseram que ele deveria ser ainda mais severo que o seu pai! Eles o aconselharam a ser mais firme e a exigir trabalhos ainda mais pesados por parte do povo. Roboão decidiu seguir os conselhos dos homens mais jovens e fez duras ameaças quando o povo retornou

para ouvir a sua resposta. Por causa disso, o povo se voltou contra Roboão e deixou de segui-lo. Dez tribos de Israel rejeitaram Roboão e partiram para formar o seu próprio reino. Quando essas tribos souberam que Jeroboão havia voltado do Egito, elas fizeram dele o seu rei. Somente o povo da tribo de Judá permaneceu leal a Roboão, exatamente como o profeta Aías havia predito.

Depois que Jeroboão tornou-se rei das dez tribos do norte, ele temeu que, se o povo subisse a Jerusalém para oferecer sacrifícios no templo do Senhor, eles poderiam voltar a se submeter a Roboão, filho de Salomão. Em vez de confiar que o Senhor não permitiria isso, Jeroboão fez dois bezerros de ouro, para que os israelitas pudessem adorar e oferecer sacrifícios nas cidades de Betel e Dã. Ele disse ao seu povo: "Agora vocês não precisam ir até Jerusalém para prestar culto; podem adorar a estes deuses aqui mesmo!" Jeroboão disse ao povo que aqueles eram os deuses que os havia tirado do Egito. Portanto, as tribos que se separaram de Roboão passaram a adorar os falsos deuses criados por Jeroboão, deixando, assim, de cultuar o verdadeiro Deus em Jerusalém.

Você lembra por que o Senhor poupou a tribo de Judá e a manteve leal ao rei Roboão em Jerusalém?

Desde os tempos em que Deus tinha poupado Judá e os seus irmãos, filhos de Israel, da fome no Egito, o Senhor continuou a proteger a sua família. O Senhor havia prometido a Judá que sempre haveria um rei da sua tribo no trono de Israel. Deus também prometeu a Davi, que pertencia à tribo de Judá, que o seu trono duraria para sempre. Um dia, outro Rei descendente da tribo de Judá, chamado Jesus, se sentaria no trono de Davi. Jesus é o Rei crucificado dos judeus, que ressuscitou ao terceiro dia para governar como Rei sobre o povo de Deus para todo o sempre!

Vamos conversar sobre esta história!

Aponte para Jeroboão na imagem.
O que ele disse aos israelitas para impedir que eles fossem até Jerusalém?

Você se lembra de outra ocasião em que o povo de Deus prestou culto a um bezerro de ouro?

HISTÓRIA 62

Deus dá provisão a Elias por meio de milagres

1 REIS 16.29 – 17.24

O reino de Israel permaneceu dividido depois que Deus tirou dez tribos das mãos do filho de Salomão. Essas tribos do norte mantiveram o nome Israel, que Deus tinha dado a Jacó; porém, elas não seguiam o Senhor. A tribo de Judá vivia em Jerusalém junto com os sacerdotes de Levi, que cuidavam do templo. Eles eram chamados de povo de Judá. Depois de algum tempo, um homem perverso, chamado Acabe, tornou-se rei de Israel. Ele era casado com uma mulher muito má, chamada Jezabel. Eles serviam ao falso deus Baal e até construíram um templo para ele.

Como o rei Acabe era muito perverso, o Senhor enviou um profeta chamado Elias para entregar a seguinte mensagem da parte de Deus: daquele dia em diante, não haveria mais chuva nem orvalho em Israel, a menos que o Senhor falasse por meio de Elias. Sem chuva, não haveria água para encher os riachos para cultivar os alimentos nas plantações nem para o consumo das pessoas e animais. Depois de dar esse recado, o Senhor mandou Elias ir embora. Ele disse: "Saia daqui, vá para o leste e esconda-se perto do riacho de Querite, a leste do Jordão. Você beberá do riacho, e dei ordens aos corvos para o alimentarem lá" (1Reis 17.3-4). Sem Elias por perto, o rei Acabe não podia clamar ao Senhor por ajuda quando a chuva parou de cair. Tudo o que ele tinha eram os seus deuses falsos – e Acabe logo descobriria que Baal não podia ajudá-lo. Quando começou a seca, Deus cumpriu a sua promessa a Elias: e ele bebeu da água do riacho e foi alimentado por corvos, que lhe traziam pão e carne todos os dias.

No entanto, certo dia, o riacho também secou pela falta de chuva. Deus, então, enviou Elias até Sarepta, onde o Senhor já tinha levantado uma viúva para que o alimentasse. E foi exatamente isso que aconteceu: assim que chegou a Sarepta, Elias viu uma viúva colhendo gravetos. Ele a chamou e perguntou: "Pode me trazer um pouco d'água numa jarra para eu beber? Por favor, traga também um pedaço de pão." A mulher respondeu: "Eu não tenho nenhum pedaço de pão; só um punhado de farinha num jarro e um pouco de azeite numa botija. Estou colhendo uns dois gravetos para levar para casa e preparar uma refeição para mim e para o meu filho, para que a comamos e depois morramos." Elias, porém, lhe disse: "Não tenha medo. Vá para casa e faça o que disse. Mas, primeiro, faça um pequeno bolo com o que você tem e traga para mim, e depois faça algo para você e para o seu filho. Pois assim diz o SENHOR, o Deus de Israel: 'A farinha na vasilha não se acabará e o azeite na botija não se secará até o dia em que o SENHOR fizer chover sobre a terra'" (1Reis 17.13-14). A viúva, portanto, fez o que Elias falou, e o Senhor deu alimento a ela, ao filho dela e a Elias durante muitos dias. A farinha na vasilha não se acabou e o azeite na botija não secou, exatamente como o Senhor havia falado.

Certo dia, o filho da viúva ficou muito doente e morreu. Elias orou para que o Senhor ressuscitasse o menino. O Senhor ouviu a

oração do profeta e devolveu a vida ao filho da viúva! Isso nunca havia acontecido antes. Quando a mulher viu que o seu filho tinha voltado a viver, disse a Elias: "Agora sei que tu és um homem de Deus e que a palavra do SENHOR, vinda da tua boca, é a verdade" (1Reis 17.24).

Você sabe o que havia de especial na viúva que ajudou Elias? Ela não era uma israelita, mas mesmo assim Deus cuidou dela. Jesus disse: "Asseguro-lhes que havia muitas viúvas em Israel no tempo de Elias, quando o céu foi fechado por três anos e meio, e houve uma grande fome em toda a terra. Contudo, Elias não foi enviado a nenhuma delas, senão a uma viúva de Sarepta, na região de Sidom" (Lucas 4.25-26). Elias não sabia disso, mas Deus escolheu aquela viúva para refletir o seu maravilhoso plano de salvação para pessoas de todas as tribos e nações por meio de Jesus.

Vamos conversar sobre esta história!

O que os corvos estão levando para Elias na imagem?
Como eles sabem que Elias está com fome?
Quem, na verdade, está alimentando Elias por meio dos corvos?

HISTÓRIA 63
Elias e os profetas de Baal
1 REIS 18

A longa seca causou uma fome terrível em Israel nos dias do rei Acabe. Porém, o profeta Elias, o único homem que podia pedir ao Senhor para enviar a chuva, não estava presente e ninguém conseguia encontrá-lo. Deus o havia escondido. Jezabel, a mulher perversa do rei Acabe, havia capturado e matado muitos profetas do Senhor. No entanto, ela não havia encontrado todos, porque um servo do rei, chamado Obadias, conseguiu salvar cem profetas, escondendo-os em uma caverna.

Depois de ter passado muitos dias na casa da viúva, Deus mandou Elias retornar para Israel, a fim de encontrar Acabe e dizer a ele que o Senhor estava prestes a enviar a chuva. Elias, portanto, deixou a casa da viúva e partiu de volta para Israel. No meio do caminho, ele encontrou Obadias e disse que avisasse ao rei Acabe que estava de volta. Quando soube da notícia, Acabe foi ao encontro de Elias e disse: "É você mesmo, perturbador de Israel?" Elias respondeu: "Eu não tenho perturbado Israel, mas sim você, pois abandonou o Senhor e passou a seguir Baal." Elias mandou o rei convocar todo o povo de Israel e reunir os 850 profetas de Baal e Aserá – uma outra falsa divindade da época –, a fim de encontrar-se com eles no monte Carmelo.

Então, rei Acabe convocou todo o Israel e reuniu os falsos profetas no monte Carmelo. Elias propôs a eles um desafio: "Tragam dois novilhos. Escolham eles um, cortem-no em pedaços e o ponham sobre a lenha, mas não acendam fogo. Eu prepararei o outro novilho e o colocarei sobre a lenha, e também não acenderei fogo nela. Então vocês invocarão o nome do seu deus e eu invocarei o nome do Senhor. O deus que responder por meio do fogo, esse é Deus." Os profetas e o povo concordaram. Quando os novilhos chegaram, Elias disse aos profetas de Baal que começassem. Eles, então, prepararam o sacrifício e o altar e clamaram pelo nome de Baal durante todo o dia, mas não houve resposta. Ao ver isso, Elias começou a zombar deles, dizendo: "Quem sabe o seu deus esteja dormindo! Ou, talvez, viajando!" Os profetas, então, passaram a gritar ainda mais alto e a ferir-se com espadas e lanças, porém continuaram sem resposta alguma.

Chegou, por fim, a vez de Elias. Ele reparou o altar do Senhor, que estava em ruínas, colocando nele doze pedras, que representavam as doze tribos de Israel. Elias cavou uma valeta ao redor do altar, cortou

o novilho em pedaços e o pôs sobre a lenha. Depois, encheu quatro jarras grandes de água para derramar sobre o altar. Elias derramou três vezes a água sobre o sacrifício. Era tanta água que ela escorreu, enchendo até as valetas. Por isso, a lenha e o sacrifício ficaram encharcados, dificultando que fossem queimados pelo fogo. Elias, então, colocou-se à frente e orou: "Ó SENHOR, Deus de Abraão, de Isaque e de Israel, que hoje fique conhecido que tu és Deus em Israel! Responde-me, ó SENHOR, responde-me, para que este povo saiba que tu, ó SENHOR, és Deus, e que fazes o coração deles voltar para ti" (1Reis 18.36-37).

Enquanto Elias orava, o fogo do Senhor caiu e queimou completamente o holocausto, a lenha, as pedras e o chão, e também secou totalmente a água na valeta. Quando o povo viu isso, todos caíram prostrados e gritaram: "O Senhor é Deus! O Senhor é Deus!" Elias ordenou que o povo prendesse e matasse todos os falsos profetas. Só depois disso é que o Senhor enviou chuva a Israel.

O Senhor resgatou o povo de Israel da sua idolatria, mostrando-lhes que ele é o único Deus verdadeiro e poderoso. Os profetas de Baal foram destruídos, porém o Senhor teve misericórdia do seu povo, apesar dos pecados cometidos. Todas as vezes que vemos Deus resgatar os israelitas dos seus pecados no Antigo Testamento, somos lembrados de como o Senhor resgata os pecadores nos dias de hoje por meio da morte e ressurreição de Cristo. A crucificação e a ressurreição de Jesus são a maior demonstração do poder e da misericórdia de Deus e, por meio delas, o Senhor nos afasta dos ídolos que também temos em nossa vida.

Vamos conversar sobre esta história!

Onde estão os profetas de Baal na imagem?

Por que o sacrifício deles não foi queimado?

O que Elias fez com o seu sacrifício, para que todos tivessem certeza de que o seu Deus é Todo-poderoso?

HISTÓRIA 64

Elias é elevado ao céu

2 REIS 2

O rei Acabe morreu, e, algum tempo depois, chegou a hora de Elias deixar este mundo também. Mas Deus tinha um plano especial para ele. O Senhor desejava levar Elias para o céu em um redemoinho! No dia em que isso iria acontecer, Elias e o seu assistente Eliseu estavam saindo de Gilgal. No caminho, Elias disse a Eliseu: "Por favor, fique aqui, pois o SENHOR me enviou a Betel." Eliseu, porém, respondeu: "Juro pelo nome do SENHOR e por tua vida, que não te deixarei ir só" (2Reis 2.2). Eliseu sabia que o Senhor levaria Elias, e ele desejava estar com o profeta quando isso acontecesse. Os dois, portanto, partiram juntos em direção a Betel.

Quando chegaram, os discípulos dos profetas locais foram falar com Eliseu e perguntaram: "Você sabe que hoje o Senhor vai levar para os céus o seu mestre, separando-o de você?" "Sim, eu sei, mas não falem sobre isso", respondeu Eliseu, pois ele não queria se distrair enquanto seguia o seu mestre. Elias, então, pediu que Eliseu ficasse em Betel enquanto ele iria até Jericó. No entanto, Eliseu, mais uma vez, se recusou a fazer isso, respondendo: "Juro pelo nome do SENHOR e por tua vida, que não te deixarei ir só" (2Reis 2.2). Eles, portanto, viajaram juntos para Jericó. Quando chegaram, os discípulos dos profetas locais foram falar com Eliseu e também perguntaram se ele sabia que, naquele dia, o Senhor levaria Elias para os céus. Eliseu também pediu que não falassem sobre isso. Mais uma vez, o profeta Elias disse a Eliseu que ficasse em Jericó, pois o Senhor o havia enviado ao rio Jordão. Eliseu, porém, se recusou a fazer isso, como das últimas vezes. Eles, então, seguiram viagem juntos e os discípulos dos profetas os

acompanharam, curiosos para ver o que aconteceria.

Quando chegaram à margem do rio Jordão, Elias tirou o manto, enrolou-o e bateu nas águas. Imediatamente as águas se dividiram, e ele e Eliseu atravessaram em terra seca. Quando chegaram do outro lado, Elias perguntou a Eliseu: "O que posso fazer por você antes que eu seja levado para longe de você?" Eliseu respondeu: "Por favor, faz com que eu receba uma porção dupla do seu espírito profético", pois ele desejava ser usado por Deus, assim como Elias havia sido. "Você fez um pedido difícil. Mas se você me vir quando eu for separado de você, terá o que pediu; do contrário, não será atendido", respondeu Elias. De repente, enquanto caminhavam e conversavam, apareceu um carro de fogo, puxado por cavalos de fogo, que os separou, e Elias foi levado aos céus num redemoinho. Tudo aconteceu tão rápido, que Elias deixou cair o seu manto. Quando viu isso, Eliseu gritou: "Meu pai! Meu pai! Tu eras como os carros de guerra e os cavaleiros de Israel!" Depois disso, Elias desapareceu de sua vista.

Eliseu pegou o manto de Elias e voltou para a margem do rio Jordão. Da mesma forma que Elias havia feito antes, ele bateu nas águas com o manto. Então, milagrosamente, o curso do rio se dividiu e ele atravessou a pé enxuto. O Senhor havia passado o ministério de Elias para Eliseu. Quando os discípulos dos profetas, vindos de Jericó, viram tudo isso, disseram: "Agora o espírito profético de Elias repousa sobre Eliseu." Então eles foram ao encontro de Eliseu, se prostraram diante dele e depois saíram para procurar Elias, mas não puderam encontrá-lo.

Você sabia que o profeta Malaquias disse que Elias voltaria um dia (Malaquias 4.5)? Essa profecia feita por Malaquias fez com que os judeus dos dias de Jesus esperassem a volta de Elias. Alguns, até mesmo, pensaram que Jesus era Elias. A profecia de Malaquias foi cumprida nos dias de Jesus, quando o anjo que apareceu a Zacarias disse-lhe que seu filho nasceria no espírito e no poder de Elias. O filho de Zacarias, João Batista, tornou-se um grande profeta e foi usado por Deus para levar a mensagem mais importante de todas: que Jesus era o Messias prometido. Além disso, alguns anos mais tarde, durante o ministério de Jesus, Elias reapareceu, de fato, na transfiguração do monte, quando ele surgiu junto com Moisés para falar com Jesus.

Vamos conversar sobre esta história!

Quem são os dois homens na imagem?
O que está acontecendo?
Como você sabe que Eliseu recebeu a dupla porção que pediu?

HISTÓRIA 65
O ministério de Eliseu

2 REIS 4.1-37

Depois que Elias foi levado ao céu, o favor de Deus passou a repousar sobre Eliseu. Ele recebeu o que havia pedido, isto é, uma porção dupla do espírito de Elias, e tornou-se o profeta do Senhor. Assim como Elias, ele realizou muitos sinais e maravilhas no nome do Senhor.

Certo dia, uma viúva procurou Eliseu para pedir ajuda. O marido dela havia morrido e agora ela estava em dívida com alguns homens, que ameaçavam escravizar seus dois filhos como forma de pagamento pelo dinheiro que ela devia. Eliseu a ouviu com atenção e, então, perguntou: "Diga-me, o que você tem em casa?" "A tua serva não tem nada além de uma vasilha de azeite", respondeu a viúva.

Eliseu disse: "Vá pedir emprestadas vasilhas a todos os vizinhos. Mas peça muitas. Depois, entre em casa com os seus filhos e feche a porta. Derrame daquele azeite em cada vasilha e vá separando as que você for enchendo." A viúva fez o que Eliseu falou e juntou as vasilhas vazias. Depois disso, ela foi embora, fechou-se em casa com os seus filhos e começou a encher com o azeite que tinha, em apenas uma vasilha, as outras que eles lhe traziam. O azeite não parava de sair daquela única vasilha, enchendo todas as que estavam vazias! Quando, por fim, a última vasilha que faltava foi preenchida, o azeite parou de correr. Eliseu, ao saber disso, disse à mulher: "Vá, venda o azeite e pague suas dívidas. E você e seus filhos ainda poderão viver do que sobrar." Dessa forma, os seus filhos foram salvos dos cobradores.

Certa vez, enquanto Eliseu viajava, um homem e sua mulher insistiram para que ele ficasse na casa deles. Com o passar do tempo, como ele sempre parava naquela casa para comer e descansar durante suas viagens, o casal construiu um quarto para o profeta ficar sempre que visitasse aquela cidade. Esse casal, porém, tinha um problema: eles não tinham filhos, e o homem já era bastante idoso. Quando ele morresse, não haveria ninguém para cuidar de sua esposa. Eliseu queria abençoar aquela mulher por sua bondade para com ele, então a chamou e disse que, dentro de um ano, ela teria um filho. E foi isso que aconteceu, exatamente como Eliseu havia falado.

Muitos anos depois, o menino cresceu e estava ajudando o pai no campo, quando começou a gritar de dor: "Ai! Minha cabeça! Minha cabeça!" Os servos levaram o menino para casa, para que a mãe pudesse cuidar dele. O menino ficou no colo dela até o meio-dia, quando morreu. A mulher pediu um servo e uma jumenta para levá-la até o profeta do Senhor, sem contar a ninguém o motivo. Quando, finalmente, encontrou Eliseu, ele viu que a mulher estava muito angustiada. Ela, então, contou ao profeta o que havia acontecido e se recusou a ir embora, a menos que ele fosse junto com ela. Eliseu concordou. Quando chegaram à casa dela, o homem de Deus encontrou o menino deitado, morto, na cama. Ele entrou, fechou a porta e orou ao Senhor. A seguir, deitou-se sobre o menino, colocando o seu rosto sobre o dele. Enquanto se debruçava sobre ele, o corpo

do menino foi se aquecendo, mas ele continuava morto. Eliseu, então, se levantou e começou a andar pelo quarto, depois subiu na cama e se deitou mais uma vez sobre ele. Ao fazer isso, o menino espirrou sete vezes e abriu os olhos. Ele voltou a viver!

A vida de Eliseu, assim como a de todos os profetas do passado, apontava para Jesus. Ele foi chamado de "grande profeta" por aqueles que o viram ressuscitar o filho de uma viúva (Lucas 7.16). Mas, enquanto os profetas do Antigo Testamento professavam as palavras de Deus, Jesus era a própria Palavra de Deus encarnada (João 1.1). Profetas como Eliseu realizaram milagres pelo poder de Deus, porém Jesus realizou milagres pelo seu próprio poder, pois ele também é Deus.

Vamos conversar sobre esta história!

Quantas vasilhas a viúva recolheu?

Como ela conseguiu encher todas aquelas vasilhas usando apenas uma pequena vasilha de azeite?

O que aprendemos sobre Deus com esta história?

HISTÓRIA 66
Naamã é curado

2 REIS 5

Durante o tempo em que Eliseu era profeta, um homem chamado Naamã era o comandante do exército do rei da Síria. Ele era um grande guerreiro, forte e corajoso; porém, estava com um problema muito grave, que não podia ser resolvido por sua força ou coragem. Naamã estava leproso. As tropas da Síria haviam atacado Israel e levado cativa uma menina, que passou a servir à mulher de Naamã. Um dia, essa garota disse à sua senhora que o profeta Eliseu podia curar Naamã daquela doença. Logo, essa senhora contou isso ao marido que, por sua vez, o disse ao rei. O rei aconselhou Naamã a ir até Israel para encontrar o profeta e até escreveu uma carta, com um pedido de ajuda, para ele entregar ao rei israelita. Assim, Naamã partiu, levando a carta e também prata, ouro e roupas finas como pagamento pela sua cura.

Logo que o rei de Israel leu a carta, teve medo e rasgou as suas vestes, dizendo: "Eu não sou Deus! Não tenho poder para curar este homem!" É que ele pensou que aquela carta era um truque do rei da Síria para criar um motivo de desentendimento entre eles. Quando Eliseu, o profeta do Senhor, soube que o rei de Israel havia rasgado as suas vestes, mandou chamar Naamã. O general sírio foi até à casa do profeta com seus cavalos e carros, carregando a prata e o ouro. Ele parou à porta de Eliseu, mas o profeta sequer saiu para encontrá-lo. Em vez disso, enviou um mensageiro para mandar Naamã lavar-se sete vezes no rio Jordão, pois, ao fazer isso, ele seria curado.

Ao ouvir a mensagem, Naamã ficou indignado e se recusou a seguir a instrução de Eliseu. Ele, um homem importante, havia viajado de muito longe para receber apenas o recado de um mensageiro? Naamã disse: "Eu estava certo de que ele sairia para receber-me, invocaria de pé o nome do Senhor seu Deus, moveria a mão sobre o lugar afetado e me curaria da lepra. Os rios de nossa terra são muito melhores do que os rios de Israel. Será que eu não poderia lavar-me neles e ser curado?" Os seus servos, no entanto, insistiram que ele obedecesse à ordem de Eliseu. Naamã, por fim, concordou e seguiu as instruções do profeta. Assim, ele foi até o rio Jordão, lavou-se sete vezes e, de repente, a lepra desapareceu! Maravilhado, Naamã voltou à casa do profeta Eliseu e lhe disse: "Agora sei que não há Deus em nenhum outro lugar, senão em Israel" (2Reis 5.15). Ele ofereceu muitos presentes ao profeta, mas Eliseu se recusou a recebê-los. Naamã, então, prometeu adorar somente ao Senhor e partiu de volta para sua casa.

Quando o servo de Eliseu, Geazi, viu que o seu senhor não havia aceitado as ofertas daquele estrangeiro, ele correu para alcançar Naamã para ver se conseguia ganhar alguma coisa. Quando o alcançou, Geazi mentiu, dizendo ao militar que o seu senhor, Eliseu, precisava de presentes para dois visitantes – uma porção de prata e duas mudas de roupas finas.

Naamã entregou os presentes com prazer. Mas antes mesmo de Geazi retornar, o Senhor mostrou a Eliseu o que ele havia feito. Ao chegar, o ajudante de Eliseu mentiu, dizendo que não havia se encontrado com Naamã. O profeta, portanto, disse que a lepra de Naamã cairia sobre ele. E Geazi saiu da presença de seu mestre já leproso, com a pele totalmente esbranquiçada.

Jesus contou a história de Naamã para mostrar que o plano de salvação de Deus é para todas as pessoas. O Salvador disse: "Também havia muitos leprosos em Israel no tempo de Eliseu, o profeta; todavia, nenhum deles foi purificado: somente Naamã, o sírio" (Lucas 4.27). Jesus queria que os judeus, que se recusavam a crer nele, soubessem que Deus desejava salvar os povos de todas as nações, e não apenas os filhos de Israel, e é crendo na morte e ressurreição de Jesus Cristo que as pessoas de todas as nações podem ter os seus pecados perdoados.

Vamos conversar sobre esta história!

Por que Naamã está dentro do rio?

O que aconteceu com ele quando acabou de se lavar?

O que precisamos fazer para ter todos os nossos pecados lavados também?

HISTÓRIA 67

A queda de Israel

2 REIS 17

Esta não é uma história feliz. Desde o tempo em que Jeroboão começou o seu reinado como rei de Israel, ele e os reis que o sucederam pecaram contra o Senhor. Em vez de adorarem ao único Deus verdadeiro, eles passaram a seguir falsos deuses e praticaram, secretamente, o mal contra o Senhor. Construíram altares para prestar culto aos deuses cananeus em todas as suas cidades e ergueram colunas e postes sagrados em todo monte alto e debaixo de toda árvore frondosa. Eles também fizeram ofertas e prestaram cultos a ídolos e falsos deuses em todos esses lugares, desobedecendo a tudo o que o Senhor lhes tinha ordenado. No entanto, o Senhor continuava a advertir Israel e Judá por meio de todos os profetas que ele enviava, dizendo: "Desviem-se de seus maus caminhos. Obedeçam às minhas ordenanças e aos meus decretos, de acordo com toda a Lei que ordenei a seus antepassados que obedecessem e que lhes entreguei por meio de meus servos, os profetas" (2Reis 17.13).

Mas, apesar de tantas advertências, eles não quiseram ouvir. Os israelitas continuaram seguindo os deuses das nações ao seu redor e fazendo para si ídolos para prestar culto. Eles praticavam coisas muito perversas e passaram até mesmo a queimar os seus filhos e filhas como sacrifício para os seus falsos deuses. Assim, acenderam a ira santa do Senhor, que usou as nações vizinhas para castigá-los.

Eis o que finalmente aconteceu: quando Oseias reinou sobre Israel, praticando coisas perversas aos olhos de Deus, o Senhor usou Salmaneser, o rei da Assíria, para destruí-lo. A princípio, Oseias conseguiu impedir um ataque oferecendo muito dinheiro a Salmaneser. Depois, Oseias deixou de fazer os pagamentos e tentou fazer com que o rei do Egito o ajudasse a lutar contra a Assíria. Quando Salmaneser descobriu isso, atacou Israel, capturou Oseias e o colocou na prisão. Ele mandou seus soldados para cercar toda a Samaria, capital de Israel, de maneira que ninguém pudesse sair de lá. Finalmente, os israelitas desistiram de lutar e foram levados como prisioneiros para o reino inimigo. Tudo isso aconteceu porque Jeroboão ergueu ídolos em sua terra e todos os reis que vieram após ele fizeram o mesmo, seguindo os seus caminhos perversos. O povo de Israel não se desviou desses pecados, por isso o Senhor os mandou como prisioneiros para a Assíria. Depois disso, os habitantes de Judá foram os únicos que sobraram de todo o povo de Deus na Terra Prometida.

O povo de Judá ficou indignado com os seus outros irmãos de Israel porque eles passaram a prestar culto a ídolos e a falsos deuses, em vez de adorar a Deus em Jerusalém. Os dois reinos, Judá e Israel, se odiaram por muito tempo. Porém, um dia, muitos anos depois, um homem da tribo de Judá conseguiu alcançar os samaritanos (outro nome para o povo do reino norte de Israel) com uma mensagem

especial chamada "Evangelho". Este homem, é claro, foi Jesus Cristo, o Filho de Deus que morreu na cruz pelos nossos pecados e, até mesmo, pelos pecados do povo samaritano. Você se lembra da história da mulher no poço? Ela era uma samaritana, cujos antepassados haviam adorado e prestado culto a ídolos em Samaria, recusando-se a adorar ao Senhor em Jerusalém. Em vez de rejeitá-la, Jesus pediu um pouco de água — e, a partir daquela conversa inusitada, ele a alcançou com as suas palavras. Aquela mulher não só creu no Senhor como contou a todos os seus amigos sobre Jesus. Como resultado, muitos samaritanos da sua cidade passaram a crer em Jesus por causa do testemunho dela (João 4.39).

Vamos conversar sobre esta história!

Por que o povo de Deus está separado, uns de costas para os outros, na imagem?

Quem o Senhor enviou para advertir os israelitas a desviarem-se de seus pecados?

Quem Deus enviou para perdoar os pecados e reunir o seu povo novamente?

HISTÓRIA 68

Rei bom, rei mau

2 CRÔNICAS 28-29; 33

Enquanto os governantes do Reino do Norte – Israel – faziam o que era reprovável aos olhos do Senhor, sendo finalmente capturados pelos assírios, outro grupo de reis governava sobre Jerusalém, no Reino do Sul. O primeiro deles, Roboão, permitiu que fossem construídos altares para a adoração de ídolos no alto dos montes. O seu filho, Abias, seguiu pelo mesmo caminho do pai, fazendo o que era mau diante de Deus. A princípio, parecia que os reis de Judá (o Reino do Sul) seriam tão perversos quanto os reis de Israel, do Norte. No entanto, apesar do seu começo ruim, o Senhor levantou alguns reis bons para governar sobre Judá – homens como Asa, Josafá e Uzias seguiam o Senhor. Um dos melhores reis de Judá foi Ezequias, mas seu pai, Acaz, e seu filho, Manassés, foram dois dos piores de todos.

Acaz edificou ídolos em Jerusalém para a adoração do falso deus Baal. Ele adulterou o templo do Senhor e fechou as suas portas. Enquanto ele governava, o Senhor permitiu que o rei da Síria conquistasse Judá, e muitas pessoas foram capturadas. Quando Acaz morreu, seu filho Ezequias assumiu o trono. Ezequias fazia o que era bom aos olhos de Deus. Ele ordenou que os levitas arrumassem o templo e abrissem as suas portas. Quando a Casa do Senhor ficou pronta, Ezequias e os líderes da cidade levaram sete novilhos, sete carneiros, sete cordeiros e sete bodes como oferta pelo pecado.

A seguir, o rei convidou todo o povo para oferecer os seus próprios sacrifícios ao Senhor. Eram tantos animais sacrificados que não havia sacerdotes suficientes para prepará-los. Depois disso, Ezequias chamou o povo para celebrar a Páscoa. Como Ezequias seguia o Senhor, ele o abençoou e concedeu-lhe vitória sobre os seus inimigos.

Quando Ezequias morreu, Manassés, seu filho de doze anos, assumiu o trono. No início, Manassés não serviu ao Senhor, fazendo o que era reprovável e mau diante de Deus, como, por exemplo, reconstruir os altares que seu pai Ezequias havia

destruído. Manassés também reergueu os altares ao falso deus Baal. Por causa disso, o Senhor enviou o rei da Assíria para lutar contra Judá. Manassés foi capturado e levado para a Babilônia como prisioneiro. Mas algo inesperado aconteceu: Manassés se desviou dos seus pecados, humilhou-se diante do Senhor e orou, pedindo ajuda. Deus ouviu a oração de Manassés e o colocou de volta sobre o trono de Judá. Ele, então, destruiu todos os deuses estrangeiros que havia erguido. No entanto, seu filho, Amom, os reergueu novamente quando o pai morreu. Depois de tudo isso, até o livro da Lei de Deus foi perdido!

Enquanto Acaz, Ezequias e Manassés governavam como reis, Isaías servia ao Senhor como seu profeta. Muitas coisas ruins estavam acontecendo, porém Isaías trouxe uma palavra de esperança. Ele disse que, um dia, Deus traria um Rei que reinaria com retidão e justiça (Isaías 32.1). Você, provavelmente, já sabe quem é esse Rei. Ao contrário dos reis de Judá, Jesus nunca pecou. Até os melhores e mais tementes reis citados na Bíblia eram pecadores, mas o Filho de Deus jamais cometeu qualquer pecado. Ele é o Rei justo que Isaías disse que viria. Os sacrifícios que Ezequias ofereceu no templo atrasaram o julgamento de Deus por algum tempo, mas somente o sangue do Rei Jesus, derramado como sacrifício pelos nossos pecados, pode nos salvar para sempre.

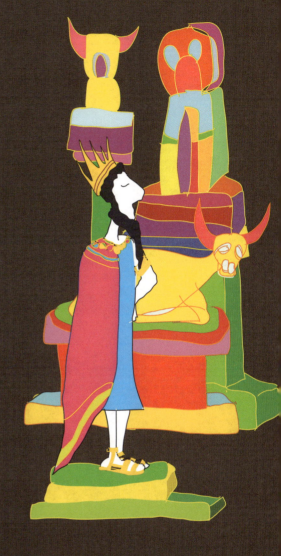

Vamos conversar sobre esta história!

O que os reis estão fazendo na imagem?
Qual rei está prestando culto aos ídolos?
Como podemos saber se amamos algo mais do que amamos a Deus?

HISTÓRIA 69
Jonas em Nínive

JONAS 1 – 4

Enquanto Eliseu servia a Deus em Israel, o Senhor levantou outro profeta, chamado Jonas. Certo dia, Deus o chamou e disse: "Vá depressa à grande cidade de Nínive e avise a todos que o julgamento está se aproximando, por causa dos seus maus caminhos." Nínive era uma cidade assíria e seus habitantes eram inimigos de Israel. Jonas, portanto, não ficou nada contente ao receber essa missão. Ele não queria adverti-los! Pelo contrário; Jonas queria que Deus os castigasse. Jonas sabia que se Nínive se arrependesse e abandonasse o seu pecado, o Senhor os perdoaria, porque ele é bom, misericordioso, tardio em irar-se e cheio de amor. Só que Jonas não queria que Nínive experimentasse da bondade de Deus. Assim, em vez de obedecer à ordem que recebeu, o profeta fugiu. Ele entrou em um navio que estava seguindo em direção oposta, para a cidade de Társis. Jonas até contou à tripulação que estava fugindo do Senhor.

Mas Deus enviou uma tempestade tão violenta que quase destruiu o navio. Depois de orarem aos seus deuses sem nenhum sucesso, os marinheiros foram acordar Jonas, que dormia no porão. Eles tiraram a sorte para descobrir quem era o responsável por aquela desgraça. Era algo como escolher um palito no meio de vários, sem poder ver o tamanho de cada um deles. A pessoa que tira o palito menor, perde. Naquele caso, essa pessoa seria a responsável pela tempestade. Quando a sorte caiu sobre Jonas, os marinheiros se lembraram de que ele estava fugindo do Senhor. Jonas admitiu que a tempestade estava acontecendo por sua culpa e disse que se os marinheiros o jogassem no mar poderiam salvar o seu navio. Eles ainda tentaram remar até a praia, porém não conseguiram, porque o mar havia ficado ainda mais violento. Então, eles pegaram Jonas e o lançaram ao mar enfurecido, que imediatamente se acalmou.

E o que aconteceu com Jonas? O Senhor enviou um grande peixe para engoli-lo, e ele ficou dentro daquela criatura por três dias e três noites. Jonas sabia que o Senhor o havia salvado do mar violento, e então orou a ele por socorro. O Senhor, portanto, deu ordens ao peixe, e ele vomitou Jonas em terra firme. Depois, Deus ordenou novamente que Jonas alertasse a cidade de Nínive sobre seus pecados. Dessa vez, ele obedeceu e viajou até lá, para anunciar a advertência do Senhor.

O que você acha que aconteceu depois disso? Quando ouviram as palavras de Jonas, todos os habitantes daquela cidade abandonaram os seus maus caminhos e imploraram a Deus por misericórdia, e,

exatamente como Jonas havia previsto, o Senhor aceitou o arrependimento daquele povo e não os destruiu, como havia ameaçado. O único problema foi que Jonas não gostou nada disso! Ele saiu da cidade, muito irritado, e parou para descansar em um lugar próximo dali. O Senhor fez crescer uma planta sobre Jonas, para dar sombra à sua cabeça e livrá-lo do sol forte. O profeta ficou muito aliviado com isso! No entanto, para ensinar a ele uma lição, Deus enviou uma lagarta para atacar a planta e um vento muito forte e quente, além do sol, para destruí-la completamente. Jonas ficou muito irritado por causa da destruição da planta, e o Senhor o questionou: "Se você é capaz de ter pena dessa simples planta, por que eu não deveria ter piedade das milhares de pessoas que vivem em Nínive?"

Você sabia que Jesus se comparou a Jonas? Ele disse: "Pois, assim como Jonas esteve três dias e três noites no ventre de um grande peixe, assim o Filho do homem ficará três dias e três noites no coração da terra" (Mateus 12.40). Assim como Deus mandou um grande peixe para engolir Jonas, ele enviou Jesus para morrer por nossos pecados. E, da mesma forma que o Senhor ordenou que o peixe soltasse Jonas, a morte também teve que libertar Jesus – ela não pôde contê-lo. A história do Evangelho estava oculta dentro da história de Jonas até que Jesus a desvendasse para que pudéssemos ver. Além disso, a misericórdia de Deus pela cidade de Nínive já mostrava que era seu desejo salvar os povos de todas as nações, e não apenas o povo de Israel.

Vamos conversar sobre esta história!

O que Jonas fez para desobedecer a Deus?
Como você acha que Jonas se sentiu ao sair da barriga do peixe?
Como o Senhor mostrou que havia perdoado Jonas?

HISTÓRIA 70

Josias, o rei de oito anos de idade

2 CRÔNICAS 34-35

No reino de Judá, vimos que o rei Ezequias andou nos caminhos do Senhor e destruiu todos os ídolos que restavam naquela terra. Depois, seu filho Manassés e o seu neto, Amom, os edificaram novamente. Ao final do reinado de Amom, a celebração da Páscoa e até mesmo o livro da Lei do Senhor foram perdidos e esquecidos pelo povo. Quando Amom morreu, o seu filho de oito anos, Josias, tornou-se o rei de Jerusalém. O pequeno Josias seguia o Senhor e andava nos caminhos de Davi, seu predecessor.

Quando estava com dezesseis anos de idade, Josias deu ordens para que fossem destruídos todos os falsos deuses na cidade de Jerusalém e em seus arredores. Sob as suas ordens, foram derrubados os altares de Baal. Além disso, ele despedaçou os altares de incenso que ficavam acima deles e reduziu a pó os postes sagrados, as imagens esculpidas e os ídolos de metal, espalhando-o sobre os túmulos daqueles que lhes haviam oferecido sacrifícios. Dessa forma, as imagens não poderiam ser edificadas novamente. Depois de ter purificado toda aquela região dos ídolos, Josias voltou para Jerusalém.

Aos dezoito anos, Josias ordenou que Safá, o filho do governador da cidade, restaurasse o templo de Deus, que havia sido esquecido pelos reis anteriores a ele e estava bastante danificado. Enquanto estavam trabalhando na restauração, o sacerdote Hilquias encontrou o livro da Lei do Senhor, que havia sido dada por meio de Moisés. Ele o entregou a Safá, que por sua vez levou-o até o rei e leu trechos do livro para ele. Assim que Josias ouviu as palavras da Lei, ficou tão abalado pela situação de seu povo que rasgou as suas vestes, em sinal de penitência. Josias chamou os sacerdotes e disse-lhes: "Vão consultar o Senhor por mim e pelo remanescente de Israel e de Judá acerca do que está escrito neste livro que foi encontrado. A ira do Senhor contra nós deve ser grande, pois os nossos antepassados não obedeceram à palavra do Senhor e não agiram de acordo com tudo o que está escrito neste livro." Então, Hilquias foi falar com uma profetisa chamada Hulda para saber o que o Senhor tinha a dizer.

Hulda disse a Hilquias que o Senhor estava muito irado com o povo de Judá por causa do seu pecado. No entanto, como o rei Josias havia se arrependido, Deus retardaria o desastre que estava planejando para Judá. Durante toda a vida de Josias, ela disse, haveria paz naquele lugar. Hilquias repetiu todas essas palavras ao rei. Como resposta, Josias convocou todas as autoridades de Judá e de Jerusalém para ler o livro da Lei do Senhor. Ele fez uma aliança, prometendo seguir o Senhor, e ordenou que todo o povo fizesse o mesmo e obedecesse aos seus mandamentos. Josias trouxe de

olta a celebração da Páscoa e deu a todo o povo que ali estava um total de trinta mil ovelhas e cabritos para as ofertas da Páscoa. "A Páscoa não havia sido celebrada dessa maneira em Israel desde os dias do profeta Samuel" (2Crônicas 35.18). Por causa do seu exemplo, todo o povo de Israel seguiu os caminhos do Senhor e não se desviaram durante o tempo em que Josias foi rei.

Apesar de o rei Amom ter perdido o livro da Lei do Senhor, Deus o preservou por intermédio do rei Josias. Por quê? Porque o plano do Senhor para salvar o seu povo ainda não havia terminado! A Lei e a Páscoa não seriam esquecidas, pois elas nos direcionam para Jesus. Um dia, o Salvador viria à Terra para ser o último cordeiro sacrificado pelos nossos pecados ao morrer na cruz. Jesus falou sobre o desejo de Deus de preservar a Lei, quando disse: "Digo-lhes a verdade: Enquanto existirem céus e terra, de forma alguma desaparecerá da Lei a menor letra ou o menor traço, até que tudo se cumpra" (Mateus 5.18).

Vamos conversar sobre esta história!

Se você fosse rei, que ordens daria ao seu povo?

O que o rei Josias fez para honrar e obedecer ao Senhor com a sua vida?

O que você pode fazer para honrar e obedecer a Deus?

HISTÓRIA 71
A queda de Jerusalém
2REIS 23.31 – 25.30; 2CRÔNICAS 36

Depois da morte do rei Josias, o Senhor trouxe julgamento sobre Judá. Jeoacaz, filho de Josias, tornou-se rei, mas não seguiu o bom exemplo de seu pai. Ele foi um líder perverso, e por isso o Senhor enviou o faraó, rei do Egito, para lutar contra ele. Faraó capturou Jeoacaz para o Egito, e seu irmão, Jeoaquim, tomou o seu lugar como rei de Judá. Porém, Jeoaquim também não andava nos caminhos do Senhor e fazia o que era mau aos olhos de Deus. O Senhor, então, enviou Nabucodonosor, o rei da poderosa Babilônia, para atacá-lo. Nabucodonosor capturou Jeoaquim e o levou para a Babilônia para ser seu servo, além de carregar também objetos do templo do Senhor para colocá-los em seu palácio.

Jeoaquim continuou sendo o rei de Judá, mas ele era como uma marionete, pois precisava fazer tudo o que Nabucodonosor ordenava. Durante esse tempo, o Senhor enviou um bando de invasores para atacar Jerusalém. Os caldeus e os sírios, assim como os moabitas e os amonitas, lutaram contra Judá. Finalmente, as advertências feitas por muitos profetas se realizaram. O Senhor tinha enviado diversos mensageiros, como Jeremias, para avisar o povo de Judá sobre os perigos futuros. Jeremias disse aos israelitas que, se eles abandonassem os seus pecados, Deus permitiria que permanecessem em sua terra (Jeremias 7.3). Eles, porém, não ouviram as suas palavras; em vez disso, zombaram dos mensageiros enviados pelo Senhor e ignoraram seus avisos. Por fim, a má conduta do povo chegou longe demais e Deus expressou a sua ira contra eles. Jeremias disse ao povo que o Senhor iria trazer sobre a nação uma desgraça da qual não poderiam escapar. E que, mesmo se clamassem a Deus, ele não os ouviria. Os israelitas, então, passariam a clamar aos seus falsos deuses, e logo veriam que eles não poderiam livrá-los de sua desgraça (Jeremias 11.11-12).

Quando Jeoaquim morreu, seu filho Joaquim subiu ao trono. Infelizmente, ele era tão perverso quanto o pai. Pouco tempo depois que Joaquim se tornou rei, Nabucodonosor voltou e cercou Jerusalém. Mais uma vez, ele levou o rei como seu prisioneiro e retirou o restante dos tesouros do templo do Senhor e do palácio real. Nabucodonosor levou uma multidão de Jerusalém para o exílio. Todos os líderes e homens de combate, assim como os artesãos e artífices – um total de dez mil pessoas –, foram deportados. Só ficaram os mais pobres. Um jovem, chamado Daniel, também foi levado naquele dia. Zedequias assumiu o trono, mas mesmo depois de toda essa ruína, ele não deu ouvidos a Jeremias. Em seu reinado, Zedequias também fez o que era mau aos olhos de Deus e, além disso, ainda se rebelou contra Nabucodonosor. Em

represália, o babilônio matou muitas pessoas, incendiou o templo do Senhor, destruiu o palácio real, todas as casas de Jerusalém e todos os edifícios importantes. Ele derrubou até os muros da cidade, e todos os sobreviventes foram levados para o exílio na Babilônia. Somente algumas das pessoas mais humildes ficaram em Jerusalém para cultivar a terra e cuidar das videiras.

Aqueles foram tempos muito difíceis para o povo de Deus. O Senhor só permitiu toda essa destruição em Jerusalém porque eles ignoraram as advertências que ele mandou ao longo de centenas de anos por meio dos profetas. Mas, mesmo durante toda essa desgraça, Deus concedeu um pouco de esperança aos israelitas. Apesar de seu povo ter vivido no exílio da Babilônia durante setenta anos, o Senhor não os abandonou. Jeremias levou a eles uma promessa divina, dizendo que chegaria o dia em que o Todo-poderoso levantaria um novo Rei que traria justiça e retidão para aquela terra. Deus disse que faria isso para cumprir a sua palavra a Davi. Esse Renovo justo salvaria Judá, e Israel passaria a viver em segurança. Ele seria chamado de "o ENHOR é a nossa Justiça" (Jeremias 23.5-6). Você consegue dizer quem seria esse Rei maravilhoso? É isso mesmo! Jesus é o Rei prometido por Deus. Jesus é o Renovo Justo que Deus traria, um dia, como descendente da família do rei Davi.

Vamos conversar sobre esta história!

O que está acontecendo com Jerusalém e com o povo de Deus na imagem?

Por que Deus permitiu que coisas ruins acontecessem com o seu povo?

E quanto ao nosso pecado?
Ele traz consequências boas ou ruins para nós?

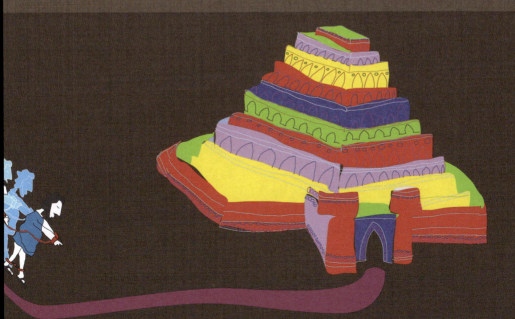

HISTÓRIA 72
O sonho de Nabucodonosor

DANIEL 1—2

Quando Nabucodonosor conquistou Jerusalém, ele capturou os jovens mais inteligentes e habilidosos e levou-os para a Babilônia, a fim de educá-los e colocá-los a serviço de seu reino. Daniel, Sadraque, Mesaque e Abede-Nego foram quatro desses jovens enviados para lá. Quando eles acabaram de receber o treinamento, Nabucodonosor percebeu que esses quatro rapazes eram dez vezes mais sábios do que todos os magos e encantadores de todo o seu reino. Isso, porque o Senhor os havia abençoado com sabedoria e inteligência. E, além disso, Daniel sabia interpretar todo tipo de visões e sonhos.

Certa noite, o rei Nabucodonosor teve um sonho que o perturbou muito. Ele convocou os magos, encantadores, feiticeiros e astrólogos da Babilônia para ver se poderiam adivinhar o que ele havia sonhado e fazer a interpretação. Eles disseram: "Ó, rei, conta o sonho aos teus servos, e nós o interpretaremos." Mas o rei respondeu: "Não! Eu quero que vocês adivinhem o meu sonho e digam o que ele significa! Se não fizerem isso, eu farei com que vocês sejam cortados em pedaços e que as suas casas sejam destruídas!" Então, os magos e astrólogos ficaram com medo e disseram: "Não há homem na terra que possa fazer o que o rei está pedindo!" (Daniel 2.10). Essa resposta deixou o rei tão irritado e furioso que ele ordenou que todos os sábios da Babilônia fossem mortos.

Daniel também era um dos sábios do rei, e quando soube desse decreto, pediu um pouco mais de tempo para que pudesse interpretar o sonho de Nabucodonosor. Então, ele e seus três amigos hebreus oraram para que Deus revelasse esse mistério a Daniel. O Senhor respondeu às suas orações. Daniel foi até o rei e disse: "Nenhum sábio, encantador, mago ou adivinho é capaz de revelar ao rei o mistério sobre o qual ele perguntou, mas existe um Deus nos céus que revela os mistérios." Em seguida, Daniel começou a contar ao rei sobre o seu sonho. Nabucodonosor virou uma grande estátua. Ela tinha a cabeça de ouro, o peito de prata, a coxa de bronze, pernas de ferro e pés em parte de ferro e em parte de barro. Havia também uma pedra que se soltou, sem que ninguém a lançasse, e atingiu a estátua com força, esmigalhando-a. A imagem foi quebrada em pedaços tão pequenos que viraram pó e foram soprados pelo vento. Depois, a pedra se transformou em uma montanha tão grande que encheu a terra toda.

Daniel, então, passou a dar a interpretação do sonho. Cada parte da estátua representava um reino diferente, que governaria sobre o anterior. O sonho começava com a cabeça de ouro e terminava com a pedra, que representava o Reino de Deus. Com efeito, o reino do Senhor destruiria todos os outros reinos, exterminando-os completamente, e duraria para sempre.

Depois de ouvir tudo isso, o rei Nabucodonosor caiu prostrado com o rosto no chão e disse a Daniel: "Não há dúvida de que o seu Deus é o Deus dos deuses, o Senhor dos reis e aquele que revela os mistérios, pois você conseguiu revelar esse mistério" (Daniel 2.47). O rei ficou tão grato que nomeou Daniel

governante de toda a província da Babilônia, além de encarregá-lo de todos os sábios de lá. Sadraque, Mesaque e Abede-Nego foram nomeados administradores da província, sob as ordens de Daniel.

Você sabia que Jesus é a pedra no sonho de Nabucodonosor? Daniel disse que essa pedra destruiria os reinos terrenos e traria um reinado justo e eterno. Paulo disse que Isaías se referia a Jesus, quando disse: "Eis que ponho em Sião uma pedra de tropeço e uma rocha que faz cair; e aquele que nela confia jamais será envergonhado" (Romanos 9. 33). Jesus é o Rei dos reis e Senhor dos senhores. O seu reino eterno destrói todos os reinos pecaminosos do mundo, mas estende a salvação a todos quantos depositam a sua confiança nele.

Vamos conversar sobre esta história!

Descreva o sonho do rei Nabucodonosor.

Por que os sábios tiveram tanta dificuldade para interpretar o sonho do rei?

O que a pedra fez com a estátua e o que ela representa?

HISTÓRIA 73

Os quatro homens na fornalha

DANIEL 3

No início, o rei Nabucodonosor ficou tão impressionado com a interpretação que Daniel fez do seu sonho que se prostrou e adorou ao Senhor. Porém, o soberano da Babilônia logo se esqueceria do Deus de Daniel. Assim, ele mandou construir uma enorme estátua de ouro de si mesmo – ela tinha vinte e sete metros de altura e três metros de largura. Quando ficou pronta, o rei convocou todas as autoridades da Babilônia. E o seu mensageiro proclamou: "Quando ouvirem o som da trombeta, do pífaro, da cítara, da harpa, do saltério, da flauta dupla e de toda espécie de música, prostrem-se em terra e adorem a imagem de ouro que o rei Nabucodonosor ergueu. Quem não se prostrar em terra e não adorá-la será imediatamente atirado numa fornalha em chamas." Quando ouviram esse aviso, todas as autoridades e habitantes da Babilônia se prostraram em terra e adoraram a imagem de ouro.

Bem, na verdade, nem todos fizeram isso. Os caldeus correram até o rei para denunciar alguns judeus, dizendo: "Ó, rei! Alguns judeus que nomeaste para administrar a província da Babilônia recusam-se a obedecer as suas ordens! Sadraque, Mesaque e Abede-Nego disseram que não servirão aos seus deuses nem adorarão a imagem de ouro que mandaste erguer."

O rei ficou furioso e disse: "Traga-os até mim!" Quando Sadraque, Mesaque e Abede-Nego chegaram, o rei deu a eles uma escolha: "Curvem-se à imagem de ouro ou serão lançados na fornalha em chamas." Mesmo assim, os três homens negaram-se a adorar a imagem. Eles disseram: "Se formos atirados na fornalha em chamas, o Deus a quem prestamos culto pode livrar-nos, e ele nos livrará das suas mãos, ó rei. Mas se ele não nos livrar, saiba, ó rei, que não prestaremos culto aos seus deuses nem adoraremos a imagem de ouro que mandaste erguer" (Daniel 3.17-18).

Ao ouvir essas palavras, Nabucodonosor ficou ainda mais furioso! Ele deu ordens para que a fornalha fosse aquecida sete vezes mais do que de costume e ordenou que alguns dos soldados mais fortes do seu exército amarrassem Sadraque, Mesaque e Abede-Nego e os atirassem nas chamas. A fornalha estava tão quente que as labaredas mataram os soldados que levaram Sadraque, Mesaque e Abede-Nego. Logo que foram atirados, o rei Nabucodonosor olhou dentro da fornalha para ver o que estava acontecendo com os três homens. O que ele viu o deixou perplexo: "Eu não estou vendo três homens amarrados no meio do fogo. Estou vendo quatro homens, desamarrados e ilesos, andando pelo fogo, e o quarto se parece com um filho dos deuses."

Logo, o rei ordenou que os homens saíssem da fornalha. Todos viram e comprovaram que o fogo não tinha ferido o corpo deles. Nem um só fio do cabelo tinha sido chamuscado, suas roupas não estavam queimadas nem havia cheiro de fogo neles. Disse, então, Nabucodonosor: "Louvado seja o Deus de Sadraque, Mesaque e Abede-Nego" (Daniel 3.28). Em seguida, o rei fez um decreto, dizendo: "Todo homem de qualquer povo, nação e língua que disser alguma coisa contra o Deus de Sadraque, Mesaque e Abede-Nego seja despedaçado e sua casa, transformada em montes de entulho, pois nenhum outro deus é capaz

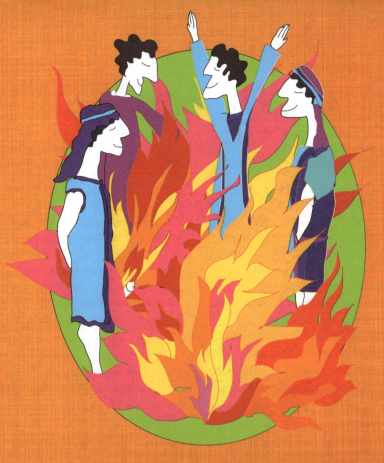

de livrar ninguém dessa maneira" (Daniel 3.29). Então, o rei promoveu Sadraque, Mesaque e Abede-Nego a melhores posições na província da Babilônia.

Você sabe quem era o quarto homem na fornalha? A presença de Deus estava no meio do fogo com aqueles homens. O Senhor não apenas os salvou das chamas do fogo – ele mesmo entrou na fornalha junto com eles! Um dia, o Filho de Deus deixaria o céu e viria para este mundo pecaminoso a fim de nos salvar também. O quarto homem na fornalha nos dá uma pista de como Deus planejava nos salvar. Jesus viria à Terra e passaria por tentações e sofrimentos, assim como nós. Quando lemos a história do quarto homem na fornalha, devemos nos lembrar de Jesus, que veio ao mundo para nos salvar do castigo eterno no fogo do inferno.

Vamos conversar sobre esta história!

Quem são os três homens atirados na fornalha ardente pelo rei Nabucodonosor?

Quem é o quarto homem?

Como Deus salvou Sadraque, Mesaque e Abede-Nego?

HISTÓRIA 74

A glória pertence somente a Deus

DANIEL 4

Embora tenha ficado impressionado com o livramento de Sadraque, Mesaque e Abede-Nego e com o quarto homem que viu dentro da fornalha, o rei Nabucodonosor não passou a seguir o Senhor. Portanto, Deus deu a ele outro sonho, a fim de alertá-lo. O sonho deixou o rei bastante alarmado, e por isso, ele, mais uma vez, mandou chamar todos os sábios da Babilônia para interpretá-lo. Porém, novamente, nenhum deles conseguiu fazer isso. Então, com a ajuda do Senhor, Daniel foi ao encontro do rei para interpretar o seu sonho.

Em seu sonho, o rei viu uma árvore muito grande, mas tão grande, que tocava o céu. Ela tinha belas folhas e muitos frutos – nela, havia alimento para todos. Debaixo daquela imensa árvore, os animais do campo achavam abrigo e as aves do céu viviam em seus galhos. Todas as criaturas se alimentavam da árvore. Entretanto, Deus ordenou que ela fosse cortada e destruída, mas que fossem deixados apenas o toco e as suas raízes. Deus disse que aquele toco era um homem que deveria ser amarrado com ferro e viver com o gado no campo. Ele comeria a grama da terra junto com eles e a sua mente humana seria tirada, o que o tornaria como um animal. Dessa maneira, ele entenderia que Deus domina sobre os homens.

Daniel ficou aterrorizado com o significado do sonho do rei. Porém, Nabucodonosor insistiu em ouvir a sua interpretação, por pior que pudesse ser. Daniel, portanto, explicou o que tudo aquilo significava: "Ó, rei! A árvore representa a ti e o teu poder. O Senhor te derrubará e te expulsará do meio dos homens, e viverás com os animais selvagens, comendo capim como os bois. Mas", continuou Daniel, "se te arrependeres dos teus pecados, Deus te restaurará. Então, saberás que o Altíssimo domina sobre os reinos dos homens e os dá a quem quer". Daniel exortou o rei a abandonar os seus pecados para evitar esse desastre; no entanto, ele não se arrependeu.

Um ano depois, quando o rei estava andando no terraço do palácio real da Babilônia admirando o seu trabalho, ele disse, cheio de orgulho: "Acaso não é esta a grande Babilônia que eu construí como capital do meu reino, com o meu enorme poder e para a glória da minha majestade?" (Daniel 4.30). Pois, antes mesmo que o rei terminasse de falar, Deus disse dos céus: "A sua autoridade real lhe foi tirada. Você será expulso do meio dos homens, viverá com os animais selvagens e comerá capim como os bois, até que admita que o Altíssimo domina sobre os reinos dos homens e os dá a quem quer." E foi exatamente isso que aconteceu: Nabucodonosor perdeu a sua razão humana e foi conduzido para fora de seu palácio até o campo, para viver no meio dos animais. Os seus cabelos e pelos cresceram como as penas de uma águia, e as suas unhas, como as garras de uma ave. O rei passou a comer capim como os bois e viveu nessa triste condição até se arrepender de seu orgulho.

Somente quando isso aconteceu, o seu entendimento voltou. Então, ele não mais louvou e exaltou a si próprio, mas, em vez disso, louvou a Deus, dizendo: "Agora eu, Nabucodonosor, louvo e exalto e glorifico o Rei dos céus, porque tudo o que ele faz é certo, e todos os seus caminhos são justos. E ele tem poder para humilhar aqueles que vivem com arrogância" (Daniel 4.37).

Quando lemos sobre o período em que o povo de Israel foi mantido em cativeiro na Babilônia, pode parecer que o plano de Deus para o seu povo havia fracassado. No entanto, o Senhor usou os reis que derrotaram Israel para disciplinar o seu povo e salvá-los da destruição que seu pecado lhes causaria. Portanto, o cativeiro dos israelenses fazia parte do plano de Deus. Ele manteve o seu povo em segurança na Babilônia até o dia prometido para o seu retorno à nação de Israel. Embora muitos em Israel tenham sido destruídos, o Senhor preservou aqueles que foram levados para a Babilônia – e, um dia, ele os usaria para cumprir o seu plano de salvação.

Vamos conversar sobre esta história!

De acordo com a interpretação de Daniel, quem a árvore representa?
O que Deus disse ao rei Nabucodonosor que aconteceria com ele?
Por que Nabucodonosor não deu ouvidos à advertência do Senhor?

HISTÓRIA 75

Daniel na cova dos leões

DANIEL 6

O rei Nabucodonosor e o seu filho, Belsazar, que o sucedeu, morreram, e a Babilônia foi tomada por outros povos: os medos e os persas. Dario, o medo, tornou-se o novo rei. Ele escolheu cento e vinte líderes para governar sobre o reino e nomeou Daniel, junto com dois outros homens, para ser o supervisor sobre todos eles. Daniel se destacou tanto ao servir ao rei que Dario planejava colocá-lo à frente do governo de todo o império. No entanto, os outros supervisores ficaram com inveja quando descobriram o plano do rei e passaram, desde então, a procurar motivos para acusar Daniel em sua administração governamental. Porém, ele era tão correto que não conseguiram encontrar nada. Assim, bolaram um plano maligno para prejudicá-lo.

Eles foram ao encontro do rei para sugerir que Dario emitisse uma nova lei, dizendo: "O rei deve emitir um decreto ordenando que todo aquele que orar a qualquer deus ou a qualquer homem nos próximos trinta dias, exceto a ti, ó rei, seja atirado na cova dos leões." Eles mentiram ao rei, dizendo que todos os supervisores e conselheiros do reino haviam concordado com isso – porém ninguém consultou Daniel. Na verdade, eles sabiam que Daniel orava ao Senhor todos os dias. Ora, depois que o rei assinasse o decreto, ele não poderia mais ser revogado; portanto, a armadilha estava preparada para Daniel. O que você acha que Daniel fez quando soube desse novo decreto? Ele continuou orando, como sempre fazia! Daniel abriu as janelas de seu quarto e se ajoelhou em frente a elas, para

que pudesse ver Jerusalém enquanto orava. E, exatamente como costumava fazer, Daniel agradeceu a Deus, sem se importar com quem pudesse ver.

Logo aqueles homens maus foram espionar Daniel e o encontraram orando ao Senhor, exatamente como eles esperavam, e correram para contar ao rei. Como Daniel não havia cumprido o decreto, ele deveria ser lançado na cova dos leões! O rei ficou muito contrariado ao ouvir isso e se decidiu a tentar salvar Daniel; porém, o decreto, segundo a lei, não podia ser revogado. Então, o rei deu ordens, e eles trouxeram Daniel e o jogaram na cova dos leões. Dario, porém, disse a Daniel: "Que o seu Deus, a quem você serve continuamente, o livre!" (Daniel 6.16). Depois que Daniel foi lançado aos leões, a cova foi tapada com uma pedra e o rei a selou com o seu próprio anel, para que ninguém pudesse abri-la.

Ao voltar para o palácio, Dario passou a noite sem comer e não conseguiu dormir. Assim que amanheceu, o rei se levantou, correu para a cova dos leões e chamou Daniel, com voz aflita: "Daniel, servo do Deus vivo, será que o seu Deus, a quem você serve continuamente, pôde livrá-lo dos leões?" (Daniel 6.20). Logo em seguida, o rei ouviu uma voz saindo da cova – era Daniel! "O meu Deus enviou o seu anjo, que fechou a boca dos leões. Eles não me fizeram mal algum" (Daniel 6.22). Daniel, então, saiu da cova dos leões sem um arranhão! E, por ordem do rei, os homens que o tinham acusado foram atirados na cova. Antes mesmo que chegassem ao fundo

dela, os leões os atacaram ferozmente e despedaçaram todos os seus ossos.

Você sabia que podemos confiar em Deus para nos salvar, assim como Daniel confiou? O Senhor salvou Daniel da morte certa fechando a boca dos leões. Da mesma forma, ele nos salva dos nossos pecados e da morte por meio da cruz. O livramento de Daniel aponta para uma salvação ainda maior, que seria concedida, um dia, por Jesus. O apóstolo Paulo escreveu a Timóteo: "Cristo Jesus veio ao mundo para salvar os pecadores" (1Timóteo 1.15). O livro de Hebreus nos diz que Jesus é capaz de salvar definitivamente aqueles que se aproximam de Deus por meio dele (Hebreus 7.25). Todos nós precisamos ser salvos – não de leões, mas dos nossos pecados.

Vamos conversar sobre esta história!

O que o anjo está fazendo com os leões na imagem?
O que podemos aprender sobre Deus por meio desta história?
O que podemos aprender com o exemplo de Daniel?

HISTÓRIA 76
O retorno dos exilados

ESDRAS 1; 3.1-13

Quando Ciro, o rei da Pérsia, estava governando a Babilônia, no primeiro ano do seu reinado teve o coração despertado pelo Senhor para redigir uma proclamação e divulgá-la em todo o seu reino, que dizia: "O Senhor, o Deus dos céus, deu-me todos os reinos da terra e designou-me para construir um templo para ele em Jerusalém de Judá. Qualquer do seu povo que esteja entre vocês, que o seu Deus esteja com ele, e que vá a Jerusalém de Judá reconstruir o templo do Senhor." Isso aconteceu a fim de que se cumprisse a palavra do Senhor falada por meio de Jeremias, anos antes. Deus havia dito que traria os exilados de volta a Jerusalém após setenta anos de cativeiro na Babilônia (Jeremias 29.10). Agora, essa palavra estava se cumprindo.

Enquanto o povo se preparava para partir, Ciro devolveu a eles os utensílios que Nabucodonosor havia roubado do templo do Senhor. Ele ordenou, ainda, que o povo da Babilônia desse aos judeus que estavam voltando para Jerusalém ouro, prata e qualquer outra coisa de que eles precisassem. Ao mesmo tempo, Deus tocou o coração de muitos sacerdotes, levitas e outros judeus que viviam na Babilônia para que desejassem voltar para casa e reconstruir o templo. Quando chegaram a Jerusalém, os israelitas ofereceram sacrifício ao Senhor.

A primeira coisa que fizeram foi reconstruir o altar, a fim de oferecer holocaustos a Deus. Eles estavam com medo dos povos ao seu redor e sabiam que precisavam da ajuda do Senhor.

No segundo ano em que estavam de volta em Jerusalém, o povo se reuniu para começar a reconstrução do templo. Zorobabel e Jesua eram os encarregados para supervisionar o trabalho. A primeira coisa a ser feita era construir novos alicerces para o templo. Quando essa etapa foi concluída, eles celebraram. Os sacerdotes, os levitas e os filhos de Asafe (autor de vários salmos) se reuniram para louvar o Senhor, seguindo as instruções dadas pelo rei Davi, muitos anos antes. Todos os jovens israelitas cantaram e louvaram o Senhor, em celebração pela construção do novo templo. Contudo, muitos dos sacerdotes, dos levitas e dos líderes de família mais velhos, que tinham visto o antigo templo de Salomão e se lembravam de como ele era lindo, ficaram tristes. Eles choraram em voz alta quando viram que o novo templo seria muito menor que o anterior. Não era possível distinguir entre o som dos gritos de alegria e o do choro, e o ruído foi ouvido a grande distância.

Então, o Senhor enviou o profeta Ageu para encorajar o povo de Israel e dizer que Deus encheria aquele templo com a sua glória. Depois, Ageu compartilhou outra promessa maravilhosa sobre o futuro. Ele disse que estava chegando o dia em que a glória deste novo templo seria ainda maior do que a do templo de Salomão. Naquele

dia, Deus traria paz para o seu povo (Ageu 2.9). Muitos anos depois, Jesus trouxe a paz que o Senhor tinha prometido por meio do profeta Ageu. Ao morrer pelos nossos pecados na cruz, Jesus recebeu sobre si a ira do Senhor, trazendo paz entre os pecadores que confiam em seu sacrifício e em Deus. Jesus também inaugurou um templo muito superior – um templo vivo, e não um feito de pedras. Esse novo templo é formado pelo povo de Deus, tendo Jesus como o cabeça. Hoje, em vez de habitar em uma construção feita pelo homem, a presença de Deus habita dentro do coração do seu povo. Essa, sim, é uma glória superior!

Vamos conversar sobre esta história!

Qual parte do templo os israelitas reconstruíram primeiro?

Por que os homens mais velhos, que estão na frente do templo na imagem, estão tão tristes?

Para quem o novo templo aponta?

HISTÓRIA 77

O templo é concluído

ESDRAS 4 – 6

Pouco tempo depois de terem concluído a construção dos alicerces do templo, o povo de Israel voltou a enfrentar problemas. Os seus inimigos de países vizinhos não queriam que o templo do Senhor fosse reconstruído. Havia um novo rei no comando, e os inimigos de Israel escreveram uma carta a ele, para reclamar sobre o que os judeus estavam fazendo. O rei, então, ordenou que eles parassem a reconstrução. Diante disso, os judeus passaram a reconstruir as suas próprias casas, deixando o templo de lado. Dessa forma, a casa do Senhor ficou inacabada. Deus, portanto, enviou o profeta Ageu para entregar uma mensagem aos judeus. Ele disse: "Acaso é tempo de vocês morarem em casas de fino acabamento, enquanto a casa de Deus continua destruída?" O Senhor também enviou o profeta Zacarias para encorajar os judeus e fortalecer as suas mãos, a fim de que dessem continuidade à reconstrução do templo (Zacarias 8.9). Dois homens corajosos, Zorobabel e Jesua, retomaram a reconstrução, apesar do governador daquele território ter tentado impedi-los de fazer isso. Porém, o Senhor estava com eles e o trabalho continuou.

No entanto, os habitantes dos arredores tentaram criar mais problemas. O governador local escreveu uma carta ao novo rei, chamado Dario, contando que os judeus estavam reconstruindo o seu templo. Ele escreveu: "Os judeus dizem que o rei Ciro lhes deu permissão para fazer isso. Isso é realmente verdade?" Dario mandou, então, que os seus servos procurassem o decreto do rei Ciro. Quando os servos o encontraram, tudo estava descrito exatamente como os judeus haviam falado. O que aconteceu em seguida foi uma surpresa para o governador: o rei Dario ordenou que ele deixasse os judeus trabalharem na reconstrução do templo! E não apenas isso: Dario também determinou que as obras fossem integralmente pagas pelo governador com o dinheiro da tesouraria do rei! Ele ainda determinou que o governador providenciasse os animais para os sacrifícios e tudo o mais que os judeus pudessem precisar para adorar a Deus todos os dias. Por fim, Dario determinou que quem tentasse alterar o seu decreto teria a sua casa destruída.

Quando recebeu a ordem real, o governador teve que obedecê-la completamente. Portanto, em vez de atrapalhar o trabalho dos judeus, ele forneceu tudo o que era necessário para concluir a reconstrução da Casa do Senhor. Assim, as coisas passaram a correr bem para os judeus, e Deus continuou usando os reis persas para garantir que o templo fosse terminado. Quando chegou o dia em que, finalmente, a reconstrução foi concluída, o povo realizou uma celebração de dedicação. Eles sacrificaram cem touros, duzentos carneiros, quatrocentos cordeiros e, como oferta pelo pecado de todo o Israel, doze bodes, de acordo com o número das tribos que compunham a nação. Além disso, eles celebraram a Páscoa e sacrificaram o cordeiro pascal para todos os exilados, para os seus colegas sacerdotes e para eles mesmos, em adoração ao Senhor.

Você sabia que Jesus, certa vez, chamou o seu corpo de templo? Quando expulsou os cambistas do templo em Jerusalém, as

pessoas pediram que ele mostrasse um sinal miraculoso que provasse que tinha autoridade para fazer aquilo. Jesus lhes respondeu: "Destruam este templo, e eu o levantarei em três dias." Os judeus responderam: "Este templo levou quarenta e seis anos para ser edificado, e o senhor vai levantá-lo em três dias?" Porém, Jesus não estava falando do templo de pedras; o templo do qual falava era o seu próprio corpo (João 2.19-21. Hoje, todo aquele que crê na morte e na ressurreição de Jesus torna-se parte do templo novo e vivo de Deus, porque o Espírito Santo habita nele. Portanto, agora que a presença de Deus habita em nós, não precisamos mais construir templos nem oferecer sacrifícios, pois Jesus morreu como a oferta perfeita pelos nossos pecados.

Vamos conversar sobre esta história!

Quais animais você consegue identificar na imagem?

O que o povo fará com esses animais?

Por que não precisamos mais sacrificar animais pelo perdão dos nossos pecados?

HISTÓRIA 78

Neemias

NEEMIAS 1 – 6

Embora a reconstrução do templo do Senhor tenha sido concluída, Jerusalém ainda estava com os seus muros derrubados e os seus portões queimados. Isso tornava a cidade um alvo fácil para o ataque de inimigos. Nesse tempo, um judeu chamado Neemias vivia na Babilônia e trabalhava como copeiro do rei da Pérsia. Certo dia, Neemias encontrou um homem que vinha de Judá e perguntou a ele como estavam as coisas em Jerusalém. Quando ouviu que os muros da cidade estavam destruídos e os seus portões, queimados, Neemias ficou muito triste. Ele, então, orou pedindo ao Senhor que perdoasse os pecados do seu povo e que tocasse o coração do rei, para que permitisse que ele fosse até Jerusalém para ajudar o seu povo.

Certo dia, o rei percebeu que Neemias estava triste e perguntou-lhe o porquê. Quando soube que os muros de Jerusalém estavam destruídos, o rei perguntou a Neemias o que ele poderia fazer. Essa era a resposta às orações de Neemias! Neemias pediu ao rei que permitisse que ele fosse para Jerusalém, a fim de ajudar o povo a reconstruir os seus muros. Surpreendentemente, o rei concordou! Mais que isso, ele ainda entregou cartas a Neemias, que permitiriam que ele viajasse por aquelas terras sob a proteção do rei, com ordens para que a guarda da floresta real fornecesse todo o material necessário para a reconstrução dos muros.

Assim, Neemias retornou à cidade de Jerusalém. Certa noite, ele saiu para inspecionar os muros destruídos e pensar no que fazer. Em seguida, ele reuniu os oficiais, os sacerdotes, os nobres e os outros homens que iriam realizar a obra e disse: "Vocês estão vendo a situação terrível em que estamos: Jerusalém está em ruínas, e suas portas foram destruídas pelo fogo. Venham, vamos reconstruir o muro de Jerusalém, para que não fiquemos mais nesta situação humilhante." Neemias também contou como Deus havia sido bondoso com ele, respondendo às suas orações e levando-o até lá, com a bênção do rei, para ajudá-los. O povo ficou tão encorajado pelo relato de Neemias, que respondeu: "Sim, vamos começar a reconstrução!" (Neemias 2.18).

Embora o rei estivesse apoiando Neemias, os inimigos de Israel começaram a causar problemas. Um homem chamado Sambalate tentou desanimar o povo e passou a ridicularizá-lo, acusando os judeus de terem se rebelado contra o rei. O povo, no entanto, continuou a construção, com cada família trabalhando na parte do muro mais próxima à sua casa. Quando os reparos estavam quase acabando e as brechas do muro foram sendo fechadas, Sambalate planejou atacar Jerusalém e causar confusão. Porém, Neemias colocou guardas armados de dia e de noite para proteger as obras. Quando soube disso, Sambalate cancelou o ataque e Neemias pôde continuar o trabalho. Metade do povo de Israel trabalhava nos reparos, enquanto a outra metade guardava o restante do muro armada de espadas, lanças, arcos e escudos. Quando todas as brechas estavam praticamente fechadas, Sambalate tentou atrapalhar novamente, dizendo que Neemias havia se rebelado contra o rei. Neemias,

porém, não parou o trabalho. Quando a reconstrução do muro estava concluída, os inimigos de Jerusalém ficaram com medo, pois sabiam que Deus havia ajudado o seu povo na conclusão daquela obra.

O Senhor, primeiro, tocou o coração de Ciro, para que ele desejasse que o templo fosse reconstruído. Depois, Deus falou ao coração do rei de Neemias, para permitir a restauração dos muros de Jerusalém.

Ele fez isso porque Jerusalém era uma parte importante para o plano de salvação de Deus. Jesus seria, um dia, levado a julgamento dentro daquela cidade e acabaria crucificado do lado de fora de seus muros. O Senhor também tocou o coração de Neemias, para que ele se dispusesse a ajudar na reconstrução dos muros de Jerusalém. Tudo isso fazia parte do seu plano maior para a nossa salvação!

Vamos conversar sobre esta história!

Qual é o nome da cidade da imagem?
Por que há guardas ao redor dos muros da cidade?
Por que a reconstrução dos muros era tão importante para Israel?

HISTÓRIA 79

O nascimento de Jesus é profetizado

LUCAS 1

Ao terminar a leitura do Antigo Testamento, basta virar uma ou duas páginas da Bíblia e já podemos iniciar a leitura do Novo Testamento. No entanto, há um período de quase quatrocentos anos entre o livro de Neemias e o nascimento de Jesus. Nos tempos de Jesus, Israel estava sendo governado por estrangeiros novamente – desta vez, pelos romanos, em vez dos persas. E o povo de Israel ainda esperava pelo Messias. Será que ele realmente viria? A resposta para essa pergunta estava a caminho!

A primeira etapa do plano de Deus para enviar o Messias estava prestes a acontecer na vida de um homem chamado Zacarias. Ele era sacerdote de Deus no templo. Zacarias e sua mulher, Isabel, seguiam o Senhor e obedeciam aos seus mandamentos, mas uma coisa os deixava muito tristes: eles não tinham filhos e estavam ficando velhos. Certo dia, Zacarias foi escolhido para entrar no santuário do Senhor e oferecer incenso. Quando estava fazendo isso, o anjo Gabriel apareceu a ele.

Com certeza, isso não era uma coisa que acontecia todo dia! Por isso, ao ver o anjo, Zacarias sentiu muito medo, mas Gabriel disse: "Não tenha medo, Zacarias; sua oração foi ouvida. Isabel, sua mulher, lhe dará um filho, e você lhe porá o nome de João. Ele será cheio do Espírito Santo desde antes do seu nascimento. Quando crescer, fará retornar muitos dentre o povo de Israel ao Senhor, o seu Deus. Ele preparará o caminho

para a vinda do Messias." Esse anúncio era demais para a compreensão de Zacarias. Ele não sabia o que pensar, então perguntou: "Como posso ter certeza disso? Sou velho, e minha mulher é de idade avançada..." Isso era verdade, porém Zacarias se esqueceu de que nada é impossível para Deus. Gabriel, então, disse a Zacarias que, por não ter acreditado nas palavras de Deus, ele ficaria mudo até o dia em que todas aquelas coisas fossem cumpridas. Naquele exato momento, Zacarias se deu conta de que não podia mais falar. Ele teve muito tempo para pensar nas palavras do anjo, especialmente quando Isabel descobriu que, finalmente, teria um filho!

Seis meses depois, algo ainda mais surpreendente aconteceu. Dessa vez, o anjo Gabriel apareceu a uma jovem chamada Maria, prima de Isabel. Ela estava noiva de um homem chamado José, mas ainda não havia se casado. Quando viu o anjo, Maria também ficou assustada. Contudo, Gabriel disse: "Não tenha medo, Maria. Deus se agrada muito de você. Você ficará grávida e dará à luz um filho, e lhe porá o nome de Jesus. Ele será o bebê mais especial que já veio a este mundo, pois o próprio Deus será o seu Pai. O Senhor Deus lhe dará o trono de seu pai Davi, e ele reinará para sempre sobre o povo. O seu Reino jamais terá fim!" Maria também teve dúvidas e perguntou: "Como acontecerá isso, se ainda não sou casada?" Gabriel respondeu: "O Espírito Santo virá sobre você, e, por causa disso, Jesus será o

Filho de Deus." Maria acreditou nas palavras do anjo e aceitou fazer parte do plano de Deus. Antes de ir embora, Gabriel contou à Maria que sua prima Isabel também teria um filho – pois nada é impossível para Deus.

Em pouco tempo, tudo aconteceu exatamente como o anjo Gabriel havia falado. Maria foi visitar Isabel, e, assim que esta a viu, o bebê que ela esperava agitou-se em seu ventre. Isabel disse a Maria que ela era abençoada por ser a escolhida para ser a mãe de seu Senhor, e as duas, juntas, louvaram a Deus. Zacarias não podia falar, mas escreveu, quando o seu filho nasceu, que ele deveria se chamar João e, imediatamente após isso, ele voltou a falar!

Você sabia que Jesus, o filho de Maria, era homem e Deus ao mesmo tempo? Isso é muito importante. Como homem, Jesus levou os nossos pecados na cruz e recebeu o castigo que deveria ser nosso. Como Deus, ele viveu uma vida perfeitamente santa, sem pecar jamais. Além disso, por ser Deus, Cristo podia curar os enfermos e ressuscitar os mortos. Nem a morte podia vencê-lo! Jesus morreu e ressuscitou no terceiro dia para que, um dia, nós também possamos ressuscitar e viver com ele no céu.

Vamos conversar sobre esta história!

De acordo com o anjo Gabriel, quem daria um filho à Maria?
Qual nome Maria deveria dar ao seu filho?
O que o anjo disse que seria especial sobre Jesus?

HISTÓRIA 80
O nascimento de Jesus
MATEUS 1.18 – 2.15; LUCAS 2.1-21

Quando descobriu que Maria estava esperando um filho, José ficou confuso e chateado. Ele sabia que não era o pai da criança, e pensou em anular o casamento. Porém, antes que isso pudesse acontecer, o anjo do Senhor apareceu a ele em sonho e disse: "O filho que Maria está esperando foi gerado pelo Espírito Santo. Não tenha medo de se casar com ela. Ela dará à luz um filho, e você deverá dar-lhe o nome de Jesus, porque ele salvará o seu povo dos seus pecados." Ao acordar, José fez o que o anjo do Senhor lhe tinha ordenado.

Depois que se casaram, César, o governante romano, ordenou que todos os homens se registrassem em sua cidade natal, para que o número de pessoas de cada cidade pudesse ser contado. Como José era descendente do rei Davi, ele precisou viajar até a cidade de Belém para fazer isso. Quando Maria e José chegaram, a cidade estava tão cheia que não havia lugar para eles se hospedarem, e, enquanto estavam lá, chegou a hora de o bebê nascer. Então, Maria deu à luz em um estábulo, onde ficavam os animais. Ela envolveu a criança em panos e a colocou numa manjedoura, que era onde os animais comiam. Aquele não parecia ser um começo especial para o Rei, mas, na verdade, era.

Naquela noite, havia alguns pastores que estavam nos campos próximos à cidade, tomando conta de seus rebanhos. De repente, um anjo apareceu-lhes e eles ficaram aterrorizados. Porém, o anjo lhes disse: "Não tenham medo. Estou lhes trazendo boas-novas de grande alegria, que são para todo o povo: hoje, na cidade de Davi, lhes nasceu o Salvador que é Cristo, o Senhor. Isto lhes servirá de sinal: encontrarão o bebê envolto em panos e deitado numa manjedoura" (Lucas 2.8-12). Então, uma multidão de anjos apareceu no céu louvando a Deus. Os pastores mal conseguiam respirar depois de contemplarem toda aquela glória celestial. A maioria das pessoas ignorava os pastores, que eram homens humildes; no entanto, os anjos foram visitá-los! Quando os anjos os deixaram e voltaram para o céu, os pastores foram ver Jesus. Eles contaram à Maria o que o seres celestiais lhes haviam dito, e ela guardou todas aquelas palavras em seu coração. Algum tempo depois, três reis magos vindos do Oriente chegaram a Jerusalém, perguntando a todos se alguém sabia onde o Rei dos judeus havia nascido. O rei Herodes, o Grande, era o governante de Jerusalém e não ficou feliz ao ouvir sobre o nascimento de Jesus. Herodes perguntou a todos os chefes dos sacerdotes do povo e aos mestres

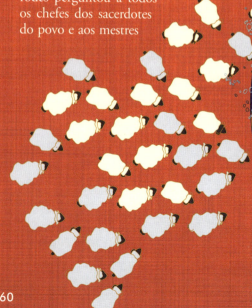

da lei sobre o que os reis magos estavam falando. Eles, então, lhe contaram sobre a antiga profecia do Antigo Testamento que dizia que um líder nasceria na cidade de Belém. Ao ouvir isso, Herodes enviou-os a Belém para procurar o bebê. Ele disse: "Por favor, se informem com exatidão sobre o menino, e logo que o encontrarem, voltem e me avisem, para que eu também vá adorá-lo."

Ele, no entanto, estava mentindo. Na verdade, Herodes planejava matar Jesus, pois ele não queria dividir o seu trono com ninguém. Depois que partiram, os reis magos viram a estrela que eles estavam seguindo, e ela os guiou até o lugar onde Jesus estava. Quando chegaram e viram o menino, eles se prostraram, o adoraram e lhe deram presentes: ouro, incenso e mirra. Depois, um anjo advertiu os três reis magos a não voltarem a Herodes, e eles acabaram retornando à sua terra por outro caminho. Porém, quando o rei de Israel percebeu que havia sido enganado pelos magos, ficou furioso e ordenou que todos os meninos de dois anos para baixo na cidade de Belém e nas proximidades fossem exterminados. Deus, no entanto, protegeu Jesus desse plano maligno e terrível. Um anjo do Senhor apareceu a José para alertá-lo sobre as intenções de Herodes. Então, José tomou Maria e Jesus e partiu com eles para o Egito, onde não correriam perigo.

Você sabia que Deus planejou o momento exato em que Jesus viria ao mundo para nos salvar dos nossos pecados? Paulo nos conta que, "quando chegou a plenitude do tempo", Deus enviou o seu Filho para nos redimir, de forma que pudéssemos ser recebidos na família de Deus (Gálatas 4.4). Deus planejou a nossa salvação antes mesmo da criação do mundo (Efésios 1.4), portanto, não foi nada difícil para o Senhor dizer a José que Jesus seria aquele que salvaria "o seu povo dos seus pecados" (Mateus 1.21). Você sabia que Jesus, o filho de Maria, era homem e Deus ao mesmo tempo? Isso é muito importante. Como homem, Jesus levou os nossos pecados na cruz e recebeu o castigo que deveria ser nosso. Como Deus, ele viveu uma vida perfeitamente santa, sem pecar jamais. Além disso, por ser Deus, podia curar os enfermos e ressuscitar os mortos. A morte não podia vencê-lo. Jesus morreu e ressuscitou no terceiro dia para que, um dia, também possamos ressuscitar e viver com ele no céu.

Vamos conversar sobre esta história!

Quem foi visitar o recém-nascido Jesus?

Quantos animais estão na imagem?

Como os três reis magos sabiam onde encontrar Jesus?

HISTÓRIA 81
Jesus é apresentado no templo

MATEUS 2.16-23; LUCAS 2.22-52

Antes de fugirem para o Egito, Maria e José levaram Jesus ao templo em Jerusalém para apresentá-lo ao Senhor. Eles foram oferecer um sacrifício a Deus, pois, segundo a lei de Moisés, todo primogênito deveria ser consagrado ao Senhor. Muitos anos antes, Deus havia informado a Moisés que todo primogênito pertencia ao Senhor e deveria ser redimido com um sacrifício. Muitos pais, portanto, iam até o templo apresentar seus filhos ao Senhor, mas algo especial aconteceu quando Maria e José chegaram lá. Eles foram recebidos por um homem que amava muito a Deus. O seu nome era Simeão. O Espírito Santo estava sobre ele e havia lhe revelado que ele viveria para ver o Messias – isto é, ele não morreria antes da chegada do Messias prometido! Quando viu Jesus, Simeão soube que a espera tinha chegado ao fim. O ancião o tomou nos braços e louvou a Deus, dizendo: "Ó Senhor, como prometeste, agora podes despedir em paz o teu servo, pois os meus olhos já viram a tua salvação, que preparaste à vista de todos os povos: luz para revelação aos gentios (como os não judeus eram chamados) e para a glória de Israel, teu povo." Maria e José ficaram admirados com as palavras de Simeão. Havia também uma profetisa no templo, chamada Ana. Ela também era muito idosa e estava sempre no templo, adorando ao Senhor dia e noite. Quando viu tudo o que estava acontecendo ali, Ana também deu graças a Deus pela salvação que Jesus estava trazendo.

Depois de passarem algum tempo no Egito, José recebeu outra visita do anjo, garantindo que já era seguro levar Jesus de volta para Israel, pois o perverso rei Herodes havia morrido. José, portanto, levou Maria e Jesus de volta para a pequena cidade de Nazaré. Jesus foi criado naquela localidade, onde cresceu e se fortaleceu. A Bíblia diz que Jesus encheu-se de sabedoria e que a graça especial de Deus estava sobre ele.

Durante todos os anos da criação de Jesus, Maria e José o levavam até o templo em Jerusalém para a celebração da Páscoa. Em uma dessas viagens, quando Jesus estava com doze anos de idade, ele ficou no templo conversando com os mestres. Todos os que o ouviam ficavam maravilhados com o seu entendimento e com as suas respostas. Maria e José haviam partido de volta para casa sem perceber que o menino não estava com eles. Quando se deram conta disso, eles correram de volta a Jerusalém para procurá-lo. Ao encontrarem Jesus, Maria e José disseram: "Filho, por que você fez isto? Nós estávamos muito preocupados à sua procura." Jesus disse algo surpreendente em resposta: "Por que vocês estavam me procurando? Não sabiam que eu devia estar na casa de meu Pai?" Depois de dizer essas palavras, ele foi para casa com Maria e José. Com o passar dos anos, Jesus ia crescendo em sabedoria, era respeitado pelos homens e especialmente amado por Deus.

Você sabia que Jesus nunca pecou (Hebreus 4.15), nem uma vez sequer? Ele obedecia perfeitamente às leis de Deus, mesmo quando ainda era criança. Jesus obedecia à lei para honrar ao Senhor e para que, um

dia, pudesse trocar a sua obediência pelos nossos pecados. Você consegue imaginar isso? Embora façamos coisas ruins e erradas, Deus está disposto a tirar os nossos pecados e a nos oferecer em troca a sua vida santa! Ao morrer na cruz para nos perdoar, Jesus levou sobre si o castigo que merecemos. Ele pegou a lista com os nossos pecados e a pregou naquela cruz (Colossenses 2.14). Os nossos pecados foram levados para sempre!

Vamos conversar sobre esta história!

Quem está segurando Jesus na imagem?
O que Deus havia prometido a esse homem?
O que ele disse a respeito de Jesus?

HISTÓRIA 82

O ministério de João Batista

MATEUS 3.1-10; 14.1-12; LUCAS 3.1-20

João Batista, o filho de Zacarias e Isabel, nasceu e cresceu no mesmo período que Jesus. Quando se tornou adulto, Deus o chamou para ser um profeta e o enviou para pregar uma mensagem especial no deserto da Judeia. João Batista era diferente dos outros homens daquela região. Ele se alimentava de gafanhotos e mel silvestre, suas roupas eram feitas de pelos de camelo e usava um cinto de couro na cintura. Vinham pessoas de Jerusalém e de toda aquela região para ouvir a sua pregação. João lembrava a todos da lei do Senhor e os alertava de que o Reino de Deus estava próximo. Ao ouvirem essas coisas, as pessoas refletiam sobre os seus pecados, e João Batista as aconselhava a arrepender-se, abandonar seus maus caminhos e voltar-se para Deus, em busca de perdão. Ele, então, batizava no rio Jordão todos aqueles que desejavam seguir o Senhor. Por isso havia recebido o nome de João Batista.

João não tinha interesse em batizar pessoas que não se arrependiam verdadeiramente. Quando líderes religiosos, como os fariseus e saduceus, se aproximaram dele junto com o resto da multidão para o batismo, ele se recusou a batizá-los! João usou palavras muito duras para se dirigir àqueles homens. Ele os advertiu de que não adiantava apenas afirmarem estar arrependidos, mas deveriam ter uma vida que correspondesse às suas palavras. João os chamou de raça de víboras! Ele afirmou: "Não pensem que vocês podem dizer a si mesmos: 'Abraão é nosso pai'. Pois eu lhes digo que destas pedras Deus pode fazer surgir filhos a Abraão! Vocês devem ter uma vida que

honre a Deus, assim como uma árvore deve dar bom fruto. Toda árvore que não der bom fruto será cortada e lançada ao fogo."

Tudo o que João dizia era tão diferente e poderoso que as pessoas começaram a se perguntar se ele, porventura, era o Messias prometido. Mas João sabia que isso não era verdade, pois era apenas um mensageiro, aquele de quem o profeta Isaías havia falado quando disse que Deus enviaria um homem ao deserto para preparar "o caminho para o Senhor" (Isaías 40.3). João Batista, portanto, disse à multidão que em breve outro homem viria – e esse, sim, seria o Messias tão aguardado. Foi dessa maneira que Deus usou João Batista para anunciar a vinda de Jesus. Pouco tempo depois, João também batizaria o próprio Jesus.

As últimas palavras do Antigo Testamento falam da promessa feita por Deus de enviar o profeta Elias novamente a Israel. A mensagem trazida por Elias converteria o coração dos pais aos filhos e o coração dos filhos aos seus pais. No entanto, por centenas de anos, nenhum profeta foi enviado até os dias de João Batista, que foi aquele que cumpriu a promessa divina. Jesus afirmou que João era o Elias que havia de vir (Mateus 11.14).

João Batista disse a toda a multidão que eles deveriam abandonar os seus pecados e seguir a Deus – e foi essa fé corajosa que custou a sua vida. Herodes Antipas, o rei que sucedeu Herodes, o Grande, mandou João para a prisão, pois ele o havia repreendido duramente por tomar Herodias, a mulher de

seu próprio irmão. João lhe disse que isso era pecado diante do Senhor. Algum tempo depois, durante uma festa, a filha de Herodias dançou diante de Herodes. Ela agradou tanto ao rei que este prometeu dar-lhe tudo o que ela pedisse. Influenciada por Herodias, sua mãe perversa, ela pediu que Herodes matasse João Batista. O rei ficou aflito, pois não queria matar o profeta; no entanto, ele precisava cumprir a promessa que havia feito a ela diante de todos que estavam na festa. Antipas, então, ordenou que João fosse morto, tornando-o o primeiro homem a morrer por crer em Jesus e pregar a seu respeito.

Vamos conversar sobre esta história!

Como eram as roupas de João Batista?
Qual foi a missão especial que João recebeu de Deus?
O que as pessoas deveriam fazer, segundo João Batista?

HISTÓRIA 83

O Batismo de Jesus

MATEUS 3.11-17; JOÃO 1.29-34 T

Durante todo o tempo em que estava pregando, João Batista sabia que o Messias viria em breve. João era claro ao falar com as pessoas que o seguiam e eram batizadas por ele: "Eu os batizo com água para arrependimento. Mas, depois de mim, vem alguém mais poderoso do que eu; tanto, que não sou digno nem de levar as suas sandálias! Ele os batizará com o Espírito Santo e com fogo que os purificará de todo o pecado. Ele trará salvação a todo aquele que crer e julgamento a todos que não crerem."

Isabel, a mãe de João Batista, era prima de Maria, mãe de Jesus. Por isso, é possível que eles tenham se conhecido quando eram crianças. No entanto, João ainda precisava de um sinal de Deus para saber quem era o Messias. Deus disse que ele reconheceria o Messias quando visse o Espírito Santo descer e permanecer sobre ele (João 1.33). João, portanto, permaneceu atento, observando até que visse o sinal a fim de que pudesse anunciar a vinda do Messias. Enquanto isso não acontecia, ele pregava o arrependimento e dizia às pessoas que o Salvador estava a caminho.

Então, chegou o dia em que Jesus foi até o rio Jordão para ser batizado por João Batista! Contudo, quando viu Jesus, João não quis batizá-lo. Ele disse que era Jesus quem deveria batizá-lo! Mas Jesus respondeu: "Você deve fazer isso por mim, porque faz parte de como eu cumprirei toda a justiça." João concordou e batizou Jesus no rio Jordão. Assim que ele foi batizado e se levantou das águas, os céus se abriram e João viu o Espírito de Deus descendo como pomba e pousando sobre Cristo. Então uma voz dos céus disse: "Este é o meu Filho amado, em quem me agrado" (Mateus 3.17). João, finalmente, soube que Jesus era o Messias.

Você está se perguntando por que João Batista não quis batizar Jesus? Nós sabemos que Jesus nunca pecou. Talvez João, por ser seu primo, soubesse que Jesus jamais havia cometido qualquer erro – portanto, não tinha motivos para se arrepender, como as outras pessoas. João chamou Jesus de "Cordeiro de Deus" porque ele, Jesus, se tornaria um sacrifício pelo pecado, assim como os cordeiros que eram oferecidos no templo. Mas, ao contrário dos cordeiros que eram sacrificados no templo repetidamente, Jesus só precisaria morrer uma única vez para tirar os pecados de todos aqueles que creem e confiam nele.

Vamos conversar sobre esta história!

O que João Batista está fazendo com Jesus na imagem?
Por que há uma pomba na imagem?
De quem é a voz que veio do céu e o que ela disse?

HISTÓRIA 84

A tentação de Jesus

MATEUS 4.1-11

Depois de ser batizado, Jesus saiu do rio Jordão cheio do Espírito Santo. Talvez você se surpreenda quando souber para onde o Espírito de Deus enviou Jesus – ele o enviou para o deserto, onde Jesus jejuou, ou seja, não comeu coisa alguma durante quarenta dias. Enquanto Jesus estava no deserto, o Diabo o tentou. Satanás sabia que o Filho de Deus estava com fome, por isso disse: "Se você é o Filho de Deus, mande que estas pedras se transformem em pães" (Mateus 4.3). Jesus, sem dúvida, tinha poder para transformar uma pedra em pão; porém, ele jamais obedeceria ao Diabo! Em vez disso, respondeu com um versículo do Antigo Testamento, dizendo: "Está escrito: 'Nem só de pão viverá o homem, mas de toda palavra que procede da boca de Deus'."

Então, Satanás o tentou novamente. Ele levou Jesus até a parte mais alta do templo e o desafiou a se jogar daquela altura para provar que era, de fato, o Filho de Deus. O Diabo tentou usar a Palavra de Deus para fazer com que Jesus o obedecesse. Ele citou o salmo 91 e disse que se Jesus fosse realmente o Filho de Deus, anjos o protegeriam da queda. Jesus, porém, sabia o que Satanás estava fazendo, e por isso respondeu com outro texto das Sagradas Escrituras: "Também está escrito: 'Não ponha à prova o Senhor, o seu Deus'" (Mateus 4.7).

Ainda assim, Satanás não se deu por satisfeito. Ele tentou Jesus pela terceira vez, mostrando-lhe todos os reinos do mundo e dizendo: "Tudo isto lhe darei, se você se prostrar e me adorar." Novamente, Jesus respondeu usando a Palavra de Deus. Ele disse: "Retire-se, Satanás! Pois está escrito: 'Adore o Senhor, o seu Deus e só a ele preste culto'" (Mateus 4.10). Finalmente, Satanás desistiu. Ele deixou Jesus naquele momento, mas planejava voltar em ocasião oportuna (Lucas 4.13). Depois que o Diabo o deixou no deserto, anjos vieram para consolar e fortalecer Jesus.

Você sabia que todas as vezes que Jesus respondeu ao Diabo, ele citou o livro de Deuteronômio? A primeira resposta de Jesus a Satanás foi uma citação das palavras de Moisés, que havia dito a Israel que eles precisavam de mais do que pão para viver; eles precisavam da Palavra de Deus. Sabe, o Senhor fez com que o povo de Israel peregrinasse pelo deserto durante quarenta anos para testar a sua obediência e mostrar-lhes que eles precisavam de mais do que apenas comida para sobreviver – também necessitavam que a Palavra de Deus alimentasse o seu coração (Deuteronômio 8.3). Essa lição foi muito importante para Israel, pois eles colocavam, constantemente, os seus desejos por comida acima do seu amor e da sua obediência a Deus. O povo de Israel falhou com o Senhor durante o período que passou no deserto; porém, Jesus foi bem-sucedido. Ao contrário de Israel, Jesus não reclamou pela falta de comida; antes, encontrou a sua força nas promessas do Senhor e, quando foi tentado, usou a Palavra de Deus. O livro de Hebreus nos conta que, embora Jesus, assim como nós, tenha passado por todo tipo de tentação, ele jamais pecou (Hebreus 4.15). E essa diferença é muito importante! Jesus fez aquilo que nunca poderíamos fazer. Ele obedeceu à lei de Deus e viveu uma vida perfeita. Agora, o Salvador oferece a sua conduta perfeita de justiça e retidão como um presente a todo aquele que deposita a sua confiança nele.

Vamos conversar sobre esta história!

Aonde Jesus foi para jejuar e orar?
O que Satanás tentou convencer Jesus a fazer?
Como Jesus respondeu às provocações do Diabo?

Vamos conversar sobre esta história!

Como a história está sendo contada por meio desta imagem dos três serviçais?

Como Jesus transformou a água em vinho?

O que esta história nos ensina sobre Jesus?

HISTÓRIA 85

A festa de casamento

JOÃO 2.1-12

Depois de seu batismo e do período em que enfrentou as tentações de Satanás no deserto, Jesus começou a escolher os homens que deveriam segui-lo e aprender com ele. Esses homens eram chamados discípulos. Certo dia, Jesus levou esses homens escolhidos a uma festa de casamento. Maria, a mãe de Jesus, também estava lá. Tudo estava indo bem, até que acabou o vinho bem no meio da festa de casamento! Quando Maria soube disso, correu até Jesus para contar sobre o problema. Porém, Jesus respondeu: "Por que a senhora está me dizendo isso? Ainda não é chegada a minha hora." No entanto, essa resposta não desencorajou a sua mãe, que disse aos serviçais: "Façam tudo o que ele lhes mandar" (João 2.5).

Na casa em que estava acontecendo a festa havia seis jarros de pedra, grandes como barris. Em cada jarro cabia entre oitenta a cento e vinte litros. Quando Jesus os viu, mandou que os serviçais os enchessem com água, e eles assim fizeram, colocando água até a borda. Em seguida, Jesus ordenou que servissem o que estava dentro dos jarros e levassem até o encarregado da festa. Imagine como os serviçais devem ter ficado confusos. Afinal, por que eles deveriam levar água para o encarregado da festa? Mesmo assim, obedeceram a Jesus e fizeram exatamente o que ele mandou. Imediatamente todos viram que a água tinha sido milagrosamente transformada em vinho!

O encarregado da festa não fazia ideia do que havia acontecido. Porém, quando provou a água que fora transformada em vinho, ele disse ao noivo: "Todos servem primeiro o melhor vinho, e depois que os convidados já beberam bastante, o vinho inferior é servido, mas você guardou o melhor até agora." Esse foi o primeiro milagre realizado por Jesus, a fim de mostrar quem ele era. Os discípulos que estavam acompanhando Jesus naquela festa creram nele, quando viram o que fez.

Jesus não realizou esse milagre apenas para ajudar os noivos e convidados de uma festa de casamento. Por meio daquele ato milagroso, mostrou que não era um homem comum, mas, sim, Deus! Pouco tempo depois, durante outra festa no templo, Jesus se levantou e disse em alta voz: "Se alguém tem sede, venha a mim e beba. Quem crer em mim, como diz a Escritura, do seu interior fluirão rios de água viva" (João 7.37-38). Jesus também disse a uma mulher que encontrou no poço: "Quem beber da água que eu lhe der nunca mais terá sede. Pelo contrário, a água que eu lhe der se tornará nele uma fonte de água a jorrar para a vida eterna" (João 4.14). Não é interessante que aquele que pode nos ajudar com tudo de que precisamos começou a suprir as necessidades humanas oferecendo bebida em um casamento? Contudo, aquilo era só o início. Ao morrer na cruz, Jesus ofertou o que mais precisamos – salvação para todos que creem. Quando confiamos em Jesus, a nossa sede é saciada para sempre.

HISTÓRIA 86

Jesus purifica o templo

JOÃO 2.12-25

Depois da festa de casamento em que Jesus transformou água em vinho, a Páscoa estava se aproximando. Portanto, ele e seus discípulos partiram para Jerusalém, para participar das celebrações. Em pouco tempo, eles chegaram até o templo e encontraram ali pessoas vendendo e comprando produtos, como se estivessem em um mercado. Alguns vendiam animais para serem usados nos sacrifícios, como pombas, ovelhas e bois; outros montaram mesas para trocar o dinheiro romano por dinheiro do templo – tudo isso bem no pátio da Casa do Senhor! Ao ver essas coisas, Jesus ficou muito irritado e fez um chicote de cordas, para expulsar todas aquelas pessoas de lá!

Jesus espalhou as moedas dos cambistas e virou as suas mesas. Ele, no entanto, não expulsou os animais. Em vez disso, disse àqueles que os vendiam: "Tirem estas coisas daqui! Parem de fazer da casa de meu Pai um mercado!" Ao verem todas essas coisas, os seus discípulos se lembraram do salmo 69, em que Davi fala sobre seu grande zelo pela casa do Senhor. Jesus sentia a mesma coisa.

Os líderes religiosos não gostaram nada do que Jesus fez. Por isso, pediram um sinal miraculoso que provasse que ele tinha autoridade para expulsar as pessoas do templo daquela maneira. Porém, Jesus não lhes deu nenhum sinal. Em vez disso, simplesmente disse: "Destruam este templo, e eu o levantarei em três dias" (João 2.19). Os judeus ficaram perplexos ao ouvir isso. Do que Jesus estava falando? Os israelitas levaram quarenta e seis anos para construir aquele templo! Os líderes, então, zombaram de Jesus por dizer que poderia edificá-lo em apenas três dias. Mas eles fizeram isso porque não entenderam o que Jesus quis dizer. Ele não estava falando daquele templo feito de pedras, mas sim de seu corpo – o lugar no qual Deus realmente habitava! Jesus não lhes deu o sinal miraculoso que pediram. Entretanto, pouco tempo depois, durante a Páscoa, ele realizou outros sinais – e muitos creram nele.

Alguns anos mais tarde, quando Jesus foi preso, algumas pessoas tentaram acusá-lo falsamente, distorcendo as suas palavras e usando-as contra ele. Elas disseram ao sumo sacerdote: "Nós o ouvimos dizer: 'Destruirei este templo feito por mãos humanas e em três dias construirei outro, não feito por mãos de homens'" (Marcos 14.58). E quando Jesus estava na cruz, algumas pessoas zombaram do que ele havia dito: "Ora, você que destrói o templo e o reedifica em três dias, desça da cruz e salve-se a si mesmo!" (Marcos 15.29-30). Foi apenas depois que Jesus ressuscitou dos mortos que os seus discípulos se lembraram do que ele tinha dito. Então, finalmente, entenderam que, durante todo aquele tempo, o Salvador estava se referindo à sua própria morte e ressurreição.

Vamos conversar sobre esta história!

O que Jesus está fazendo na imagem?

Por que ele fez isso?

Quando disse que poderia reconstruir o templo em três dias, sobre o que Jesus estava realmente falando?

HISTÓRIA 87

Nicodemos

JOÃO 3.1-21

Certa noite, um fariseu chamado Nicodemos foi visitar Jesus. Nicodemos, por ser uma autoridade religiosa, não podia ser visto com Jesus. Isso poderia lhe causar problemas, já que os outros líderes judeus não gostavam muito de Cristo. Portanto, o melhor momento para procurá-lo seria durante a noite, quando era mais difícil que alguém os visse juntos. Nicodemos estava pensando e refletindo sobre Jesus e queria conversar com aquele jovem Mestre. Talvez ele tivesse ouvido falar sobre os seus feitos, ou até mesmo visto os sinais e as maravilhas realizados por Jesus. Nicodemos acreditava que Jesus havia sido enviado por Deus, pois ninguém seria capaz de curar os enfermos se o Senhor não estivesse com essa pessoa. Por isso, quando teve uma oportunidade, Nicodemos procurou Jesus e disse o que pensava: "Mestre, sabemos que ensinas da parte de Deus", ele afirmou.

Jesus ouviu as palavras de Nicodemos e o respondeu dizendo algo muito interessante: "Digo-lhe a verdade: Ninguém pode ver o Reino de Deus, se não nascer de novo." Isso deve ter soado como um enigma para ele. Afinal, ninguém pode entrar pela segunda vez no ventre da mãe e nascer novamente. Como Deus poderia esperar, então, que nós fizéssemos algo que está além do nosso controle para entrar no Reino dos céus? Nicodemos tinha outras dúvidas também. Como um homem poderia nascer duas vezes? E como um homem adulto poderia nascer como um bebê? Mas Jesus explicou a Nicodemos que não estava se referindo ao que acontece com o corpo de uma pessoa. O que ele estava dizendo era que uma pessoa precisa nascer da água e do Espírito para poder entrar no Reino de Deus. "O Espírito é como o vento", disse Jesus. "Você o escuta, mas não pode dizer de onde vem nem para onde vai. Assim acontece com todos os nascidos do Espírito. O vento sopra onde quer." Jesus estava ensinando Nicodemos que nós precisamos do Espírito de Deus para mudar o nosso coração. Aquele doutor da lei ficou maravilhado ao ouvir as palavras de Jesus, mas ainda tinha dificuldade para compreender tudo o que elas significavam, e, por isso, perguntou: "Como pode ser isso?"

Jesus repreendeu Nicodemos (e o resto dos fariseus) por não crerem em suas palavras. Ora, se eles eram mestres da lei de Deus, deveriam ter reconhecido quem Jesus era. No entanto, Jesus queria ajudar Nicodemos a entender todas aquelas coisas, por isso o lembrou da história do Antigo Testamento em que Moisés levantou uma serpente de bronze no deserto. Todos aqueles que olharam para a serpente foram curados das mordidas venenosas das cobras que infestaram seu acampamento devido ao pecado que cometeram. Jesus afirmou que ele era semelhante àquela serpente no poste, dizendo: "Da mesma forma como Moisés levantou a serpente no deserto, assim também é necessário que o Filho do homem seja levantado, para que todo o que nele crer tenha a vida eterna." Então, Jesus disse as palavras que compõem um dos versículos mais conhecidos do Novo Testamento. Será que você as reconhece? Ele disse a Nicodemos: "Porque Deus tanto amou o mundo que deu o seu Filho unigênito,

para que todo o que nele crer não pereça, mas tenha a vida eterna. Pois Deus enviou o seu Filho ao mundo, não para condenar o mundo, mas para que este fosse salvo por meio dele" (João 3.16-17).

Você está curioso para saber o que aconteceu com Nicodemos depois de sua visita noturna a Jesus? A Bíblia nos dá algumas pistas. Algum tempo depois, quando os fariseus queriam prender Jesus, mesmo sem qualquer acusação contra ele, Nicodemos o defendeu e ficou em situação difícil por causa disso (João 7.50-52). Depois que Jesus morreu, foi Nicodemos que levou trinta e quatro quilos de especiarias para preparar o seu corpo para o sepultamento. Ele também ajudou José de Arimateia a enfaixar o corpo e carregá-lo até o sepulcro (João 19.38-42). Nicodemos não teria feito nada disso se tivesse rejeitado Jesus. Talvez ele tenha ouvido as palavras de Jesus naquela noite e acreditado. Por isso, é bastante provável que nós o encontremos, um dia, no céu.

Vamos conversar sobre esta história!

Por que você acha que Nicodemos foi visitar Jesus durante a noite?
Qual história do Antigo Testamento Jesus conta a Nicodemos?
Por que Jesus é semelhante à serpente de bronze?

HISTÓRIA 88

Boas-novas

LUCAS 4.16-44

Certo dia, quando Jesus estava apenas começando a obra que Deus o tinha enviado para fazer, ele voltou a Nazaré, cidade onde havia sido criado. Era sábado, ele entrou na sinagoga. A certa altura, Jesus se levantou para ler uma passagem da Palavra de Deus. Um assistente entregou a ele o livro do profeta Isaías e Jesus o abriu, encontrando a passagem (Isaías 61) onde está escrito: "O Espírito do SENHOR está sobre mim, porque ele me ungiu para pregar boas-novas aos pobres. Ele me enviou para proclamar liberdade aos presos e recuperação da vista aos cegos, para libertar os oprimidos." Ele terminou de ler a Escritura, fechou o livro, devolveu-o ao assistente e afirmou aos presentes: "Hoje, se cumpriu a palavra que vocês acabaram de ouvir."

No início, todos ficaram admirados com aquelas palavras e falavam bem de Jesus. Eles se lembraram de que Jesus era filho de José. Algumas pessoas, talvez, até tenham se lembrado de quando ele era apenas um menino, ali naquela cidade. Porém, Jesus conhecia o coração de todos eles. Ele sabia que algumas coisas não estavam certas e, portanto, os desafiou e deu a entender que eles o rejeitariam. Jesus os lembrou de ocasiões, no passado, em que Deus escolheu abençoar os gentios em vez de judeus. Quando aquelas pessoas ouviram isso, todas as suas palavras gentis se transformaram em uma fúria terrível. Elas chegaram a expulsar Jesus da cidade e a levá-lo até o topo da colina, a fim de atirá-lo precipício abaixo para matá-lo. No entanto, isso não aconteceu, pois, de alguma maneira, Jesus passou no meio deles e retirou-se daquele lugar. Ninguém poderia matá-lo antes que ele completasse a sua obra na Terra.

Depois de sair de lá, Jesus viajou até Cafarnaum e começou a ensinar ao povo no sábado. Havia, naquele lugar, um homem possesso de um espírito imundo – um demônio. Esse demônio gritou com toda a força que Jesus era o Santo de Deus. Isso era verdade, mas Jesus sabia que aquele demônio estava fazendo essa afirmação com más intenções. Jesus sabia qual seria o momento certo para que todos soubessem quem ele era, e esse momento ainda não tinha chegado. Por isso, o Filho de Deus repreendeu o mau espírito e o expulsou. Imediatamente, o demônio deixou o corpo do homem, pois não tinha opção, a não ser obedecer a Jesus. Quando as pessoas viram aquilo, ficaram admiradas, pois viram que ele tinha autoridade até sobre os espíritos imundos. Logo, a sua fama se espalhou por toda aquela região. Elas nunca tinham visto algo parecido!

Depois que saiu da sinagoga, Jesus foi até a casa de Simão para passar a noite. A sogra de Simão estava lá, doente, com uma febre muito alta, e Jesus a curou. Ao cair da noite, aqueles que ouviram sobre tudo o que Jesus havia feito começaram a trazer os doentes e possuídos por demônios, para que ele os curasse. Jesus impôs as mãos sobre cada um deles, os curou e expulsou muitos espíritos imundos. Muitos desses demônios também gritavam que Jesus era o Filho de Deus, porém ele os repreendia e não permitia que falassem. Na manhã seguinte, o povo tentou impedir que Jesus os deixasse, mas ele os lembrou da profecia de

Isaías, dizendo: "É necessário que eu pregue as boas-novas do Reino de Deus em outras cidades também, porque para isso fui enviado" (Lucas 4.43).

A Bíblia chama a vida e a obra de Jesus de "Evangelho". Você sabia que essa palavra significa "boas-novas"? Nós dizemos boas-novas porque o Evangelho responde a uma pergunta crucial, que todos fazem: "Como eu posso ser salvo dos meus pecados?" Quando Jesus morreu por nossos pecados e ressuscitou no terceiro dia, ele criou uma maneira para que todo aquele que crê seja perdoado e possa ir para o céu. Sim, Jesus tomou sobre si o castigo merecido por nós, por nossos pecados. Por causa disso, agora temos paz com Deus. Essas, sem dúvida, são boas-novas!

Vamos conversar sobre esta história!

Como Jesus ajudou a mulher na imagem?
Por que há tantas pessoas em frente à casa da imagem?
Se Jesus estivesse fisicamente aqui hoje, o que você pediria que ele fizesse por você?

Vamos conversar sobre esta história!

Quantos peixes os homens haviam pescado antes de Jesus falar com eles?

Quantos peixes eles pegaram depois que Jesus disse para lançarem as redes novamente?

Que tipo de pesca especial eles passariam a fazer depois dessa experiência com Jesus?

HISTÓRIA 89

A pesca milagrosa

LUCAS 5.1-11

Quando a notícia sobre os sinais e maravilhas realizados por Jesus se espalhou, cada vez mais pessoas se aproximavam para vê-lo e ouvir os seus ensinamentos. Às vezes, as multidões eram imensas. Certo dia, foi exatamente isso que aconteceu quando Jesus estava perto do mar da Galileia. A multidão comprimia tanto Jesus de todos os lados para ouvi-lo falar, que começou a atrapalhá-lo. Então, ele viu dois barcos vazios deixados na areia pelos pescadores, que estavam lavando as suas redes. Um daqueles barcos pertencia a um homem chamado Simão, e Jesus pediu que ele o levasse para dentro da água, se afastando um pouco da praia. Assim, em uma posição de destaque, Jesus conseguiu ensinar à multidão, que permanecia na areia, espalhando-se por toda a costa para ouvir as suas palavras.

Quando acabou de falar, Jesus orientou Simão a navegar até as águas mais profundas, para lançar as suas redes de pesca. O homem respondeu: "Mestre, esforçamo-nos a noite inteira e não pegamos nada. Mas, porque és tu quem está dizendo isto, vou lançar as redes." Então, aquele pescador cansado lançou as suas redes ao mar. O que você acha que aconteceu? Não foi o que Simão imaginava! Quando começou a puxar as redes de volta para o barco, havia uma quantidade tão grande de peixe que elas começaram a rasgar!

Espantado, Simão fez sinais a Tiago e João, seus companheiros no outro barco, para que viessem ajudá-lo. Eles foram até lá e começaram a encher a embarcação. Porém, havia tanto peixe que os dois barcos quase afundaram, com tamanho peso. Quando Simão viu isso, percebeu que Jesus não era um homem comum. Ele prostrou-se aos seus pés e disse: "Afasta-te de mim, Senhor, porque sou um pecador." Tiago e João ficaram parados em seu barco, completamente perplexos com a quantidade de peixes que haviam apanhado. Então, Jesus disse a Simão: "Não tenha medo; de agora em diante, você será pescador de homens" (Lucas 5.10). Aqueles pescadores foram tão impactados por Jesus e por tudo o que ele havia feito, que arrastaram seus barcos para a praia, deixaram tudo e o seguiram.

Você sabia que Jesus ainda chama as pessoas, até hoje, para serem pescadoras de homens? Atualmente, quando ouvimos sobre a maravilhosa vida de Jesus e sobre a sua morte na cruz, o Espírito Santo nos ajuda a reconhecer o nosso pecado, assim como aconteceu com Simão – e assim como fez com Simão, Deus nos chama a abandonar a nossa vida de pecado para seguir Jesus. O Senhor transforma o nosso coração e faz com que desejemos contar às pessoas sobre Jesus, e é assim que nos tornamos pescadores de homens. Quando passamos a crer, o nosso trabalho é "lançar as redes" do Evangelho para "pescar" o máximo de incrédulos que pudermos, trazendo-os para seguir Jesus conosco.

HISTÓRIA 90

Jesus cura um paralítico

LUCAS 5.17-26

Cada vez mais pessoas falavam sobre Jesus e sobre os sinais e as maravilhas incríveis que se seguiam aos seus ensinamentos. Por causa disso, os líderes religiosos ficaram curiosos e também passaram a se interessar por ele. Certo dia, os fariseus e os mestres da lei vieram de Jerusalém e de todos os povoados da Galileia e da Judeia para ouvi-lo. Uma grande multidão lotou a casa onde Jesus estava ensinando – e o lado de fora dela – para vê-lo.

Então, do meio da multidão, surgiram alguns homens trazendo um paralítico em uma maca. Eles tentaram fazê-lo entrar na casa para colocá-lo diante de Jesus; porém, não conseguiram sequer passar pela porta, por causa da quantidade de pessoas que estavam ali. Um deles teve uma ideia: eles subiram ao terraço e o baixaram em sua maca, através de uma abertura, até o meio da multidão, bem em frente a Jesus. Ao ver a fé que eles tinham e tudo o que haviam feito para colocar aquele paralítico dentro da casa, Jesus disse: "Homem, os seus pecados estão perdoados" (Lucas 5.20).

Os fariseus e os mestres da lei não gostaram nada de ouvir aquilo e começaram a falar uns com os outros: "Quem este homem pensa que é? Somente Deus pode perdoar pecados. Jesus está blasfemando contra Deus!" Eles acreditavam que Jesus era um homem comum, e é pecado qualquer ser humano afirmar que é igual a Deus.

Porém, Jesus sabia o que eles estavam pensando e perguntou: "Por que vocês estão pensando assim? Que é mais fácil dizer: 'Os seus pecados estão perdoados' ou 'Levante-se e ande'? Mas, para que vocês saibam que o Filho do homem tem na terra autoridade para perdoar pecados" – disse ao paralítico – "eu lhe digo: levante-se, pegue a sua maca e vá para casa." Assim que Jesus disse essas palavras, o paralítico se levantou na frente de todo mundo, pegou a maca em que ficou deitado tanto tempo e foi para casa, louvando a Deus. Quando viram isso, os líderes religiosos se encheram de temor. Eles glorificaram a Deus e saíram de lá falando sobre o milagre extraordinário realizado por Jesus naquele dia.

Os líderes religiosos erraram ao criticar Jesus, mas estavam certos ao dizer que somente Deus pode perdoar pecados. Você e eu podemos perdoar as pessoas quando elas pecam contra nós ou nos ofendem, mas não podemos perdoá-las quando elas pecam contra Deus. Somente ele pode fazer isso. Jesus não perdoou o paralítico por ele ter quebrado o telhado para entrar na casa – ele o perdoou pelos seus pecados contra Deus. Por isso, os fariseus e os mestres da lei ficaram tão revoltados. Eles não sabiam que Jesus era Deus, muito menos que ele morreria na cruz para receber o castigo pelos pecados daquele paralítico, a fim de que ele pudesse ser perdoado. Jesus sabia que as perguntas daqueles homens precisavam ser respondidas, por isso usou aquela cura para ensiná-los. No entanto, muitos deles rejeitaram os ensinamentos de Jesus e se recusaram a crer nele. Infelizmente, em alguns anos, seriam os próprios líderes religiosos os responsáveis por planejar a prisão e a crucificação de Jesus.

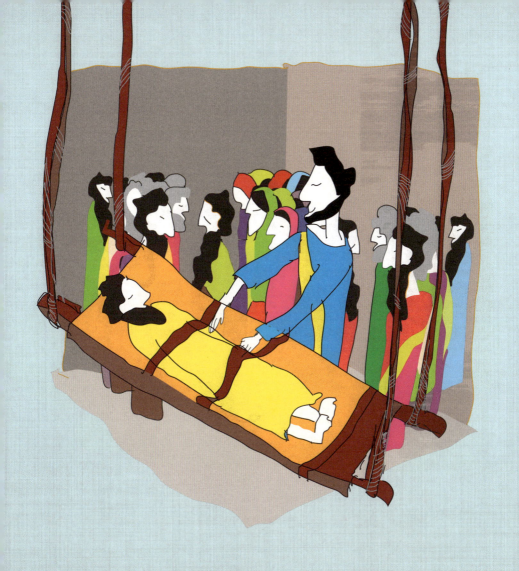

Vamos conversar sobre esta história!

Qual é o problema do homem na maca?

O que os seus amigos fizeram para conseguir entrar na casa e colocá-lo diante de Jesus?

Quais são as duas coisas que Jesus fez pelo paralítico?

HISTÓRIA 91

O sermão do monte
As bem-aventuranças

MATEUS 4.23 – 5.16

Jesus seguiu por toda a Galileia pregando e curando todas as enfermidades e doenças entre o povo. Notícias sobre ele se espalharam por toda a Síria, e grandes multidões passaram a segui-lo por todos os lugares por onde andava. Muitos vieram de Jerusalém e da Judeia, e outros, de lugares muito mais distantes, como da região do outro lado do rio Jordão. Certo dia, ao ver as grandes multidões que o seguiam, Jesus subiu a um monte e se assentou com os seus discípulos. Ele, então, começou a ensinar as bem-aventuranças a todos que o acompanharam para ouvi-lo. Cada uma das nove bem-aventuranças começa com "bem-aventurados" e descreve um grupo de pessoas que é abençoado por Deus quando se encontra em determinada situação ou circunstância:

- Bem-aventurados os pobres em espírito, pois deles é o Reino dos céus.

- Bem-aventurados os que choram, pois serão consolados.

- Bem-aventurados os humildes, pois receberão a terra por herança.

- Bem-aventurados os que têm fome e sede de justiça, pois serão satisfeitos.

- Bem-aventurados os misericordiosos, pois obterão misericórdia.

- Bem-aventurados os puros de coração, pois verão a Deus.

- Bem-aventurados os pacificadores,

pois serão chamados filhos de Deus.

- Bem-aventurados os perseguidos por causa da justiça, pois deles é o Reino dos céus.

- Bem-aventurados serão vocês quando, por minha causa, os insultarem, perseguirem e levantarem todo tipo de calúnia contra vocês. Alegrem-se e regozijem-se, porque grande é a recompensa de vocês nos céus, pois da mesma forma perseguiram os profetas que viveram antes de vocês (Mateus 5.3-12).

Depois de ensinar as bem-aventuranças, Jesus prosseguiu, dizendo: "Vocês são a luz do mundo." E usou uma parábola para explicar o significado dessa afirmação: "Ninguém acende uma candeia e a coloca debaixo de uma vasilha. Pelo contrário, coloca-a no lugar apropriado, e assim ela ilumina a todos os que estão na casa. Assim, brilhe a luz de vocês diante dos homens, para que vejam as suas boas obras e glorifiquem ao Pai de vocês, que está nos céus." A luz sobre a qual Jesus falava não vem das pessoas, mas da presença de Deus em sua vida. Jesus também disse: "Eu sou a luz do mundo. Quem me segue, nunca andará em trevas, mas terá a luz da vida" (João 8.12). Nós nos tornamos a luz do mundo quando Jesus, a luz da vida, habita em nós.

As bem-aventuranças podem parecer uma lista difícil de ser seguida. Se Deus exige que tenhamos um coração puro para

vê-lo, então como nós, que somos pecadores, poderíamos ser capazes de fazer isso? O Evangelho responde essa questão. Apesar de sermos pecadores – espiritualmente pobres e com coração impuro –, nós podemos herdar o Reino dos céus porque Jesus viveu uma vida reta, ou seja, sem pecados. Ele nos oferece a sua própria vida perfeita em troca da nossa existência pecaminosa quando cremos em seu nome e confiamos em seu sacrifício. Quando cremos, recebemos um novo desejo de seguir o Senhor. Por causa da misericórdia de Jesus, desejamos ser misericordiosos com as pessoas; e porque Jesus fez as pazes com Deus por nós, desejamos viver em paz uns com os outros. Se não tivéssemos o Evangelho, as bem-aventuranças seriam apenas uma lista de boas obras que jamais teríamos capacidade de cumprir sozinhos. Mas, com o Evangelho, essa mesma lista se torna um padrão para viver e seguir Jesus!

Vamos conversar sobre esta história!

O que Jesus está fazendo na imagem?
Por que você acha que ele precisou subir até o alto do monte?
O que Jesus ensinou à multidão?

HISTÓRIA 92

O sermão do monte
Amem os seus inimigos

MATEUS 5.17-18

No mesmo dia em que Jesus ensinou as bem-aventuranças, ele também explicou muitas outras coisas sobre a vida do Reino de Deus. Jesus desejava que todos entendessem que tudo o que estava escrito na lei de Moisés apontava para ele, o Messias! Jesus era o único que poderia obedecer perfeitamente à lei de Deus e cumprir tudo o que a lei de Moisés exigia. Mas ele advertiu a multidão de que, a menos que a sua justiça fosse muito superior a dos fariseus e mestres da lei, eles não entrariam no Reino dos céus.

Os fariseus falavam muito sobre a obediência à lei de Deus. Eles ainda acrescentaram regras rígidas para impedir que o povo violasse essas leis. No entanto, os fariseus só pensavam em sua conduta externa, isto é, em cometer pecados, esquecendo-se de que ainda eram pecadores por dentro, em seu coração – e que isso era o mais grave. Por isso, para ajudá-los a entender como o pecado age em nosso coração, Jesus os lembrou de que qualquer pessoa que matar outra é culpada de violar a lei de Deus. Mas, para que eles entendessem como o pecado afeta o nosso coração, o Mestre explicou que uma pessoa que se ira contra o seu irmão é considerada culpada pelo mesmo pecado de assassinato! Isso, porque irar-se contra uma pessoa é o mesmo que matá-la em seu coração. Portanto, trata-se de um pecado que também precisa de perdão.

Jesus os lembrou da lei, que dizia: "Ame o seu próximo e odeie o seu inimigo" (Levítico 19.18). Então, ele afirmou: "Mas eu lhes digo: Amem os seus inimigos e orem por aqueles que os perseguem." É fácil amar aqueles que nos amam, mas como é difícil amar aquele que não gosta de nós! É isso, no entanto, que a lei de Deus exige de nós. Jesus disse: "Portanto, sejam perfeitos como perfeito é o Pai celestial de vocês" (Mateus 5. 48). É isso que a lei de Deus nos ensina.

Quando Jesus ensinou o povo a amar os seus inimigos e a orar por eles, ele os ensinou a própria essência do Evangelho. O apóstolo Paulo nos diz que Cristo morreu por nós quando ainda éramos seus inimigos. Quando os discípulos o abandonaram e o seu próprio povo, os judeus, fizeram com que os romanos o crucificassem, mesmo assim Jesus orou: "Pai, perdoa-lhes pois não sabem o que estão fazendo" (Lucas 23.34). Sim, ele cumpriu todas as coisas que a lei poderia exigir de nós. E, quando ressuscitou, Jesus ofereceu a sua vida perfeita a todo aquele que confia em seu sacrifício e no cumprimento total da lei de Deus em seu lugar.

Não se esqueça de que "perfeito" significa não cometer um erro sequer! A única maneira de sermos perfeitos é por meio de Jesus, que cumpriu a lei por fora, sem cometer pecados, e por dentro, em seu coração. Ele fez aquilo que jamais poderíamos fazer. Jesus viveu uma vida perfeita, e quando ainda éramos seus inimigos, ele tomou o nosso lugar e morreu pelos nossos pecados. Agora nós podemos ir para o céu se nos arrependermos de nossos pecados e depositarmos a nossa confiança no Filho de Deus. Ele oferece a salvação a todo aquele que crer.

Vamos conversar sobre esta história!

Por quem o homem ajoelhado na imagem está orando?
O que você acha que ele está pedindo que Deus faça pelo seu inimigo?
Você tem algum inimigo pelo qual poderia orar?

Vamos conversar sobre esta história!

A quem Jesus ensinou a oração do Pai-Nosso?
Se Deus já sabe de tudo o que precisamos, por que devemos orar?
Repita a oração do Pai-Nosso.

HISTÓRIA 93

A oração do Pai-Nosso

MATEUS 6.1-18

Jesus tinha muitas coisas para ensinar aos seus discípulos no dia em que fez o "sermão do monte". Depois de ensiná-los a amar os seus inimigos, ele os orientou a não viverem como os hipócritas. Hipócrita é alguém que age de uma forma quando todos estão olhando, e de outra quando não há ninguém por perto. O hipócrita quer que os outros pensem que ele é bom e que ama a Deus, mas por dentro, na verdade, só ama a si próprio.

Jesus disse: "Não pratiquem boas obras diante dos outros para impressioná-los, pois isso não agrada ao Pai celestial. Portanto, quando derem esmolas, não façam isso diante das pessoas. É isso que os hipócritas fazem – eles desejam receber elogios por suas obras. Eles não receberão nenhuma recompensa nos céus, pois escolheram os louvores de homens, em vez de Deus. Se vocês derem esmolas em segredo, então serão recompensados no céu – e Deus deseja muito lhes dar a sua recompensa. Ele ama dar tesouros aos seus filhos no céu."

Jesus falou o mesmo em relação à oração, dizendo: "Os hipócritas gostam de ficar orando em pé nas sinagogas e nas esquinas, a fim de serem vistos pelos outros. Mas aqueles que oram somente para impressionar as pessoas já receberam a sua recompensa. Já aqueles que oram em secreto serão recompensados por Deus, que vê todas as coisas."

Jesus também explicou que eles não precisavam orar em voz alta e usar muitas palavras para impressionar os outros. O nosso Pai sabe de tudo o que precisamos, antes mesmo de começarmos a orar.

Jesus, então, ensinou a eles uma oração curta, que nós chamamos de "Pai-Nosso". Ela diz: "Pai nosso, que estás nos céus! Santificado seja o teu nome. Venha o teu Reino; seja feita a tua vontade, assim na terra como no céu. Dá-nos hoje o nosso pão de cada dia. Perdoa as nossas dívidas, assim como perdoamos aos nossos devedores. E não nos deixes cair em tentação, mas livra-nos do mal, porque teu é o Reino, o poder e a glória para sempre. Amém" (Mateus 6.9-13).

Por fim, Jesus ensinou sobre o jejum, dizendo: "Quando jejuarem, não mostrem uma aparência triste como os hipócritas, pois eles mudam a aparência do rosto a fim de que os homens vejam que eles estão jejuando e os elogiem. Eu lhes digo, verdadeiramente, que eles já receberam sua plena recompensa e não serão recompensados no céu. Mas aqueles que jejuam em segredo, onde só Deus pode ver, serão recompensados pelo Pai no céu."

Jesus ensinou tudo isso porque é muito fácil fingir sermos bons por fora quando, na verdade, somos muito pecadores por dentro. A única maneira de cobrirmos verdadeiramente os nossos pecados é com o sangue de Jesus, que morreu por eles na cruz em nosso lugar. Quando confiamos em Jesus, ele cobre o nosso pecado com a sua vida de obediência perfeita. E, então, muda o nosso desejo de impressionar os outros por um desejo de viver somente para Deus – por dentro e por fora.

HISTÓRIA 94
Tesouros no céu

MATEUS 6.19-34

Jesus falou sobre o Reino de Deus e sobre os tesouros no céu quando estava ensinando à multidão que o seguia. O tesouro celestial é aquele que Deus nos dá no céu, quando nós o obedecemos enquanto vivemos neste mundo. "Os tesouros do céu jamais se desgastam", disse Jesus. "Por isso, vocês devem acumular tesouros celestiais. Os tesouros terrenos não duram. As coisas que compramos se desgastam com o tempo. A traça e a ferrugem as destroem; ladrões podem arrombar a sua casa e roubá-las. Porém, os tesouros celestiais não enferrujam nem se desgastam." Além disso, os tesouros que Deus tem para nós não podem ser roubados, pois não há ladrões no céu! Eles durarão para todo o sempre.

Jesus falou muito sobre tesouros e dinheiro, porque ele sabia que essas coisas muitas vezes nos fazem esquecer de Deus. Jesus disse: "Ninguém pode servir a dois senhores; pois odiará a um e amará o outro, ou se dedicará a um e desprezará o outro. Vocês não podem servir a Deus e ao dinheiro" (Mateus 6.24). Jesus sabe que nos preocupamos com a nossa vida e que, em vez de confiarmos em Deus para nos ajudar, tentamos resolver os nossos problemas com dinheiro.

Jesus não estava dizendo que o dinheiro é ruim. Ele apenas queria que as pessoas confiassem no Senhor para suprir as suas necessidades. Afinal, Deus é o dono de todas as coisas! Ele pode suprir qualquer uma de nossas necessidades, todos os dias de nossa vida. Não precisamos nos preocupar.

Para ensinar ao povo como Deus provê para nós, Jesus disse: "Observem as aves do céu não semeiam nem colhem nem armazenam em celeiros; contudo, o Pai celestial as alimenta. Não têm vocês muito mais valor do que elas? Quem de vocês, por mais que se preocupe, pode acrescentar uma hora que seja à sua vida?"

Jesus apontou para as flores que cobriam as colinas e continuou: "Por que vocês se preocupam com roupas? Vejam como crescem os lírios do campo. Eles não trabalham nem tecem, mas vejam como são lindos! Eu lhes digo que nem o rei Salomão, em todo o seu esplendor, vestiu-se como um deles. Se Deus veste assim a erva do campo, não vestirá muito mais a vocês? Também não se preocupem com o que haverão de comer, pois o seu Pai celestial sabe de tudo o que precisam. Em vez de se preocuparem com essas coisas terrenas", disse Jesus, "busquem a Deus em primeiro lugar na sua vida. Se fizerem isso, ele promete suprir todas as suas necessidades".

Podemos pensar que comida e roupas são as nossas maiores necessidades; porém, temos uma necessidade ainda maior: todos nós precisamos ser perdoados pelos nossos pecados. Jesus morreu na cruz para que pudéssemos receber perdão. Assim, ele cuidou da nossa maior necessidade. Se Deus estava disposto a abrir mão de seu único Filho para nos libertar de nossos pecados, podemos ter certeza de que ele suprirá todas as nossas outras necessidades, como comida e roupas.

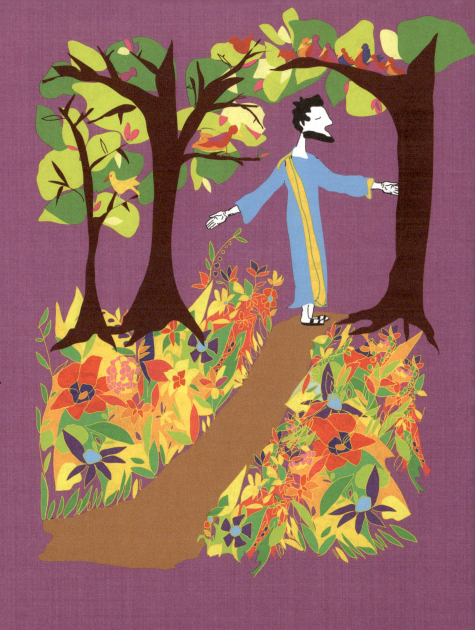

Vamos conversar sobre esta história!

Quem vestiu as flores com suas cores lindas e cuida dos pássaros?

O que podemos aprender com o cuidado de Deus pelas flores e pelos pássaros?

Dê um exemplo de como Deus cuida de você.

HISTÓRIA 95

O homem prudente e o homem insensato

MATEUS 7.15-27

Ao final do seu sermão no monte, Jesus contou histórias chamadas parábolas, usando figuras de linguagem para ajudar as pessoas a entenderem e se lembrarem de seus ensinamentos. Por exemplo, o Mestre disse que os falsos profetas – pessoas que falam mentiras a respeito de Deus – são como lobos vestidos em peles de ovelhas para enganar o povo. Eles se disfarçam de ovelhas por fora para se misturar em seu meio; porém, na verdade, são lobos que desejam atacá-las e matá-las. Jesus usou outra figura de linguagem para explicar como o povo de Deus poderia reconhecer esses lobos. Ele disse que cada árvore dá seus frutos específicos. A macieira, por exemplo, só pode produzir maçãs – assim, não se pode colher maçãs de uma videira. Uma árvore boa dá frutos bons, mas a árvore ruim dá frutos ruins. Nós podemos conhecer uma árvore ao olhar para os seus frutos, e podemos saber se esses frutos são bons ou ruins.

As pessoas, é claro, não dão frutos como as árvores, mas Jesus estava dizendo que podemos saber muito sobre alguém ao observar os "seus frutos", isto é, aquilo que a pessoa diz e faz. Se uma pessoa diz que é cristã, mas vive no pecado, então talvez ela não seja verdadeiramente cristã. Uma pessoa se declarar cristã não significa que Deus a tenha transformado por dentro, em seu coração. É por isso que devemos comparar o que ela diz com o fruto de sua vida, as suas palavras com as suas atitudes.

Jesus também ensinou uma parábola sobre dois tipos de pessoa. Ele disse: "Todo aquele que ouve as minhas palavras e as pratica é como um homem prudente que construiu a sua casa sobre a rocha. Caiu a chuva, transbordaram os rios, sopraram os ventos e deram contra aquela casa, e ela não caiu, porque tinha seus alicerces na rocha. Mas quem ouve estas minhas palavras e não as pratica é como um insensato, que construiu a sua casa sobre a areia. Caiu a chuva, transbordaram os rios, sopraram os ventos e deram contra aquela casa, e ela caiu. E foi grande a sua queda."

Quando Jesus terminou de contar essas parábolas, as multidões estavam maravilhadas com o seu ensino. Elas nunca haviam ouvido ninguém falar sobre Deus com tanta autoridade e certeza daquilo que estava dizendo! Nós, é claro, sabemos que Jesus não era um homem comum. Ele é o Filho de Deus.

Os ensinamentos de Jesus àquelas multidões estão escritos na Bíblia para nós também. De igual modo ao personagem da parábola, devemos construir a nossa casa – isto é, a nossa vida – na rocha. Isso significa depositar a nossa confiança em Jesus, que é a Rocha da nossa salvação. O Filho de Deus alertou aos seus ouvintes que nem todos iriam para o céu. Mesmo se nos esforçarmos ao máximo para sermos bons, bastaria um único pecado para destruir a nossa conduta e nos tornar inimigos de Deus.

Além disso, ninguém, no mundo inteiro, conseguiria ser bom o bastante – ninguém, além de Jesus, claro. Ele afirmou que só aqueles que fazem a vontade de seu Pai vão para o céu. Deus, o Pai, enviou o seu Filho Jesus para morrer na cruz por todos os pecados que cometemos. Estamos fazendo a vontade de Deus quando confiamos em seu plano de salvação e, dessa forma, construímos a nossa casa sobre a rocha!

Vamos conversar sobre esta história!

Qual foi o homem que construiu a sua casa sobre a areia?
Onde o homem prudente construiu a sua casa?
Por que confiar em Jesus é como construir a nossa casa sobre a rocha?

HISTÓRIA 96
Os quatro tipos de solo
MATEUS 13.1-23

Certo dia, Jesus saiu de uma casa onde esteve pregando por muito tempo, foi caminhando até a praia e sentou-se à beira-mar. Uma multidão tão grande reuniu-se ao seu redor para vê-lo e ouvi-lo, que ele precisou entrar em um barco e se afastar um pouco da margem para que todos pudessem escutá-lo, exatamente como havia feito antes. A multidão, atenta, se espalhou pela praia. E, daquele barco diante do povo, Jesus ensinou uma das suas histórias mais famosas: a parábola do semeador.

O semeador é aquele que "semeia", ou seja, planta sementes em um campo para que elas cresçam e sejam colhidas. Algumas sementes maiores, como as de milho, por exemplo, são plantadas cuidadosamente uma a uma, em fileiras. Outras sementes, como as de trigo e cevada, normalmente são espalhadas no campo pela mão do semeador. Na história contada por Jesus, o semeador estava espalhando esse tipo de semente. Enquanto ele fazia isso, algumas delas caíam à beira do caminho, onde as aves as viam com facilidade e, por isso, logo desciam e as comiam. Já outras sementes caíam em um terreno cheio de pedras, onde não havia muita terra para que elas aprofundassem as suas raízes e crescessem. Elas logo brotavam, mas eram muito fracas, e quando saía o sol, as plantinhas se queimavam e secavam, porque não tinham raiz. Outro grupo de sementes, por sua vez, era lançado entre espinhos. As plantas dessas sementes tinham bastante terra para desenvolver as suas raízes – porém, quando cresciam, os espinhos as sufocavam. Por fim, algumas sementes caíam em terra boa. Elas brotavam rapidamente, cresciam fortes e não eram sufocadas por ervas daninhas. Essas deram ao semeador uma ótima colheita, cem vezes a quantidade total de sementes usadas para plantar naquele campo!

Quando Jesus terminou de contar essa parábola, os discípulos não entenderam o seu significado. Algum tempo depois, o

Mestre lhes explicou que as sementes da história representavam a Palavra de Deus, e que o próprio Deus é o semeador que lança as sementes na terra. As aves representam Satanás, que rouba rapidamente a Palavra de Deus do coração de algumas pessoas, que se esquecem dela imediatamente, e por isso não são beneficiadas por sua mensagem. Outras pessoas são como o solo cheio de pedras: elas, a princípio, ficam felizes ao ouvir a Palavra de Deus e creem. Mas quando enfrentam dificuldades na vida, desistem e se afastam do Senhor. Há, ainda, as pessoas que são como o solo cheio de ervas daninhas e espinhos. Essas são as que ouvem a Palavra de Deus, mas logo começam a pensar em coisas terrenas, como dinheiro e preocupações, contaminando, assim, os seus pensamentos e desviando-os do Senhor. Finalmente, algumas pessoas são como o solo bom. Quando a Palavra de Deus é semeada no coração delas, elas a compreendem e creem, e isso produz bons frutos em sua vida.

Jesus também disse algo muito interessante aos seus discípulos naquele dia: "Muitos profetas e justos desejaram ver o que vocês estão vendo, mas não viram, e ouvir o que vocês estão ouvindo, mas não ouviram" (Mateus 13.17). Enquanto escreviam sobre as promessas futuras de Deus, os profetas do Antigo Testamento sabiam que não estariam vivos para vê-las se cumprindo. Porém, eles desejavam compreender como Deus salvaria o seu povo e quem seria o enviado para fazer isso (1Pedro 1.10-12). Jesus era o Salvador prometido, sobre o qual os profetas falaram. Os discípulos o tinham bem diante de seus olhos e sequer se deram conta disso!

Vamos conversar sobre esta história!

Vamos conversar sobre esta história!
O que as sementes da história contada por Jesus representam?
O que os espinhos e ervas daninhas estão fazendo com as plantas na imagem?
Quais são as plantas que estão crescendo saudáveis e fortes?

HISTÓRIA 97

O tesouro escondido

MATEUS 13.31-46

Para explicar como funciona o Reino dos céus, Jesus contou muitas histórias e parábolas. Você sabia que, ao ensinar ao povo por meio de parábolas, Jesus estava cumprindo uma profecia muito antiga? Asafe, o salmista que servia ao rei Davi, estava falando de Jesus quando escreveu: "Abrirei minha boca em parábolas, proclamarei coisas ocultas desde a criação do mundo" (Mateus 13.35 e Salmo 78.2).

Em outra parábola, Jesus contou que havia um homem que estava lançando sementes de trigo em seu campo, e, quando chegou a noite, um inimigo veio e lançou as suas ervas daninhas no mesmo campo. As ervas daninhas, então, cresceram ao lado do trigo. Porém, quando chegou o tempo da colheita, o dono do campo ordenou que as plantas ruins fossem separadas do trigo e lançadas no fogo. Jesus disse: "Eu sou aquele que semeia as boas sementes, que são os filhos do Reino que creem em mim. O inimigo é Satanás, que semeia as ervas daninhas, que representam as pessoas que se recusam a crer em mim. A colheita é o julgamento que acontecerá no fim dos tempos. Quando esse tempo chegar, aqueles que seguiram Satanás e se recusaram a acreditar em mim serão lançados em uma fornalha ardente. Porém, as boas sementes, isto é, aqueles que crerem, viverão no Reino dos céus com Deus, o seu Pai." Jesus também disse que o Reino dos céus é como uma rede que é lançada ao mar e apanha toda sorte de peixes. Os peixes bons são guardados, mas os ruins, jogados fora.

Ainda em outra parábola, Jesus explicou que o seu Reino cresceria muito e abençoaria muitas pessoas. Ele disse: "O Reino dos céus é como um grão de mostarda que, embora seja a menor de todas as sementes, quando cresce torna-se a maior das hortaliças e se transforma em uma árvore, de modo que as aves do céu vêm fazer os seus ninhos em seus ramos." Assim como essa árvore, o Reino de Deus ainda alcançaria muitas pessoas, embora, naquele momento, ainda no início de seu ministério, Jesus tivesse apenas doze discípulos. O Filho de Deus também disse que o Reino de seu Pai é como uma pequena quantidade de fermento usado para fazer pão. Quando esse fermento é misturado à massa, ele a afeta de tal modo que a faz crescer. Assim como o fermento na massa, o Reino de Deus começaria pequeno, porém logo cresceria e seria espalhado por todos os cantos do mundo.

Jesus também contou uma parábola sobre o tesouro, a fim de explicar como o Reino dos céus é valioso. Ele disse: "Certo homem estava caminhando por um campo quando percebeu algo saindo do solo. Ao se aproximar, ele descobriu que se tratava de um tesouro escondido. *Este tesouro deve pertencer ao dono do campo*', ele pensou. Então, o homem, cheio de alegria, foi, vendeu tudo o que tinha e comprou aquele campo, para que aquele tesouro fosse dele. O Reino dos céus também é como um negociante que procura pérolas preciosas. Encontrando uma pérola de grande valor, foi, vendeu tudo o que tinha e a comprou."

Você sabia que todas essas parábolas são sobre Jesus? Não há nada neste mundo que seja mais valioso do que ele! Jesus deseja

que nós saibamos disso para estarmos dispostos a abrir mão do mundo inteiro para segui-lo. Embora o ministério de Jesus tenha começado com apenas alguns poucos seguidores, o seu Reino cresceu exatamente como ele disse que aconteceria. Hoje, milhões de pessoas ao redor do mundo amam Jesus. No entanto, no meio dessas pessoas que creem de verdade, há aquelas que não amam verdadeiramente o Senhor. Quando Jesus voltar, haverá um grande julgamento. Aqueles que confiam em Jesus e em seu sacrifício na cruz serão salvos, como o trigo e os peixes bons. Porém, aqueles que não creem e não confiam em Jesus serão lançados no lago de fogo, que a Bíblia chama de inferno. Por isso, Jesus teve tanto zelo em nos ensinar e alertar sobre todas essas coisas!

Vamos conversar sobre esta história!

Aponte para o tesouro na imagem.

O que o homem que encontrou o tesouro escondido vendeu para comprar o campo?

O que o tesouro da parábola representa?

HISTÓRIA 98

Jesus acalma a tempestade

MARCOS 4.35 – 5.20; LUCAS 8.22-39

Depois de terminar um longo dia de ensinamentos em um barco, Jesus pediu aos seus discípulos que navegassem até o outro lado do lago. Quando partiram, Jesus deitou-se na popa do barco, em um travesseiro, e adormeceu. De repente, abateu-se um forte vendaval sobre o lago, agitando as águas e criando ondas tão grandes que se lançavam sobre o barco e começaram a inundá-lo. Os discípulos ficaram com muito medo e foram acordar Jesus. Eles clamaram: "Jesus! Nós vamos morrer! O Senhor não se importa?"

Imediatamente, Jesus se levantou e repreendeu o vento, dizendo às águas: "Aquietem-se! Acalmem-se!" Assim que terminou de dizer essas palavras, o vento se aquietou e as águas se acalmaram. Não havia sequer uma brisa, e o lago ficou calmo e tranquilo como um espelho. Então, Jesus perguntou aos seus discípulos: "Onde está a sua fé?" (Lucas 8.25). Os discípulos haviam se assustado com a tempestade, mas, depois de verem isso, ficaram admirados com Jesus. Eles experimentaram o que a Bíblia chama de temor do Senhor e perguntaram uns aos outros: "Quem é este, que até o vento e o mar lhe obedecem?"

Os discípulos veriam Jesus fazer ainda mais maravilhas naquele mesmo dia. Depois de navegarem até o outro lado do lago, eles desembarcaram na região dos gerasenos, em frente à Galileia. Assim que Jesus desceu do barco e pisou em terra, um endemoninhado daquela cidade foi ao seu encontro. Ele tinha uma vida muito triste, pois os demônios o possuíam e o controlavam fazia muito tempo. Aquele infeliz não podia, sequer, morar em uma casa normal. Por isso, passava os seus dias vagando entre os sepulcros e gritava em agonia durante as noites. Mesmo quando tinha seus pés e mãos acorrentados, ele conseguia quebrar as correntes. Não havia ninguém forte o bastante para controlá-lo ou libertá-lo de seu sofrimento! Mas isso estava prestes a mudar.

Quando viu Jesus, o homem se prostrou, e um demônio que estava dentro dele gritou: "Que queres comigo, Jesus, Filho do Deus Altíssimo? Rogo-te que não me atormentes!", ele disse, apesar de ser tão cruel com aquele homem a quem possuía. "Qual é o seu nome?", perguntou Jesus. "O meu nome é Legião, pois há muitos demônios dentro deste homem", respondeu o espírito imundo. Os demônios sabiam que Jesus não permitiria que eles continuassem atormentando aquele homem. Por isso, imploraram ao Filho de Deus que não os mandasse para o abismo, de onde jamais poderiam escapar. Uma grande vara de porcos estava pastando naquela colina, e os demônios rogaram a Jesus que lhes permitisse entrar neles, o que lhes foi concedido. Então, os demônios saíram do homem e entraram nos porcos. Assim que fizeram isso, toda a vara atirou-se precipício abaixo, em direção ao lago, e se afogou. Depois de ver tudo isso, os homens que cuidavam dos porcos fugiram e contaram o que aconteceu a todos, na cidade e nos campos. O povo, então, foi ver o que havia acontecido. Mas quando as pessoas viram o homem curado dos demônios, calmo e tranquilo, conversando normalmente, elas foram dominadas pelo medo e pediram que Jesus fosse embora. O homem que tinha sido libertado pediu para seguir o Mestre, mas Jesus disse a ele: "Volte para a sua casa e conte aos seus amigos tudo o que o Senhor fez por você." O homem obedeceu.

Os discípulos viram o grande poder de Jesus naquele dia e perceberam que ele não era um homem comum. Somente Deus poderia dar ordens ao vento e ao mar como Jesus tinha feito. Até os demônios sabiam quem Jesus era e o chamaram de "Filho do Deus Altíssimo" (Lucas 8.28). Isso porque Jesus era homem, mas também era Deus. Por ser homem, ele pôde morrer em nosso lugar. Mas, por ser Deus, a morte não pôde derrotá-lo. Jesus morreu por nós como homem, mas ressuscitou pelo poder de Deus. Como era homem, Jesus também se cansava, assim como nós, e dormiu no barco durante a tempestade. Porém, quando os discípulos o acordaram, ele mostrou, como Deus, todo o seu poder sobre todas as coisas ao dar ordens ao vento e às ondas.

Vamos conversar sobre esta história!

Por que os discípulos ficaram com medo no barco?
Mostre onde está Jesus na imagem e descreva o que ele está fazendo.
Como esta história pode nos ajudar quando sentimos medo?

HISTÓRIA 99
Jesus alimenta a multidão

MATEUS 14.13-21; LUCAS 9.10-17; JOÃO 6.1-15

Ninguém jamais tinha visto uma pessoa realizar os milagres que Jesus estava realizando nem ouvido alguém falar sobre Deus e o seu reino como Jesus fazia. Por isso multidões enormes o seguiam aonde quer que ele fosse! Até mesmo quando Jesus se sentava em algum lugar apenas para conversar com os seus discípulos, a notícia se espalhava e todos diziam: "Jesus está aqui! Jesus está aqui! Vamos ouvir o que ele tem a dizer!" Em pouco tempo, as multidões o cercavam novamente, ansiosas para ouvir cada palavra sua e cheias de expectativas para ver algum milagre.

Foi exatamente isso que aconteceu certo dia, quando Jesus subiu em um monte para falar aos seus discípulos. Logo, uma multidão cobriu completamente todo aquele lugar, e Jesus passou muito tempo ensinando-os. No fim do dia, os discípulos pediram ao Mestre que mandasse a multidão embora, dizendo: "Este lugar é deserto, e já está ficando tarde. Manda embora a multidão, para que possam ir aos povoados comprar comida." Para testar a fé dos discípulos, Jesus respondeu: "Deem-lhes vocês algo para comer" (Lucas 9.13). Filipe respondeu: "Como poderemos fazer isso? Mesmo se tivéssemos duzentos denários (o equivalente a 200 dias de salário de um trabalhador), não seria suficiente para comprar pão para toda essa multidão!" Estavam ali cerca de cinco mil homens, sem contar as mulheres e crianças.

Então, outro discípulo, André, tomou a palavra: "Aqui está um menino com cinco páes de cevada e dois peixinhos, mas... isso não é suficiente para tanta gente." Aquilo, realmente, era verdade, mas não seria um problema para Jesus! A quantidade de comida carregada por aquele menino fazia parte dos planos de Deus.

Jesus pediu que seus discípulos organizassem as pessoas em grupos de cinquenta. Então, ele pegou os cinco pães e os dois peixes daquele menino e agradeceu a Deus por aquela refeição. Em seguida, partiu os alimentos e entregou-os aos discípulos para que os distribuíssem ao povo. A Bíblia não nos conta exatamente como aconteceu, mas em algum momento entre o partir dos pães e dos peixes e a sua distribuição, a quantidade de alimento foi aumentando cada vez mais! Os discípulos passaram os cestos com o alimento por toda a multidão, e todos os presentes comeram até ficar satisfeitos.

Depois que todos haviam comido o suficiente, Jesus mandou que os discípulos recolhessem os pedaços que sobraram. Então, eles os ajuntaram e encheram doze cestos — mais de doze vezes a quantidade que havia no início! Todos que estavam presentes naquele dia souberam que tinham vivido um milagre. E disseram: "Sem dúvida, este é o Profeta que Deus tinha prometido enviar!" Jesus sabia o que eles estavam pensando e que desejariam torná-lo o seu rei, porém esse não era o motivo da sua vinda ao mundo. Portanto, ele mandou a multidão embora e retirou-se novamente, sozinho, para outra parte do monte.

Os judeus desejavam ter outro rei como Davi, que lutasse por eles e conquistasse Roma, o império que os dominava naquele tempo. No entanto, Jesus não veio ao mundo para começar uma guerra contra os romanos. Ele não veio para libertar as pessoas de seus inimigos terrenos. O Salvador veio ao mundo para lutar contra o reino de Satanás e nos libertar dos nossos inimigos espirituais, o pecado e a morte. Jesus poderia ter vencido os romanos em apenas um segundo, mas ele tinha um plano superior: nos salvar dos nossos pecados. E foi por isso que não permitiu que o povo o proclamasse seu rei.

Vamos conversar sobre esta história!

Observe a imagem. A multidão já comeu os pães e os peixes?
Qual foi o papel do menino na história?
Como pode ter sobrado tanto alimento, se no início havia apenas cinco pães e dois peixes?

HISTÓRIA 100
Jesus anda sobre o mar

MATEUS 14.22-36

Aquele havia sido um dia maravilhoso! Jesus tinha alimentado mais de cinco mil pessoas com apenas cinco pães e dois peixinhos! Algumas pessoas ficaram tão empolgadas que queriam que ele fosse o seu rei. No entanto, esse não era o plano de Deus. Jesus despediu a multidão e pediu que os discípulos entrassem no barco e fossem para o outro lado do lago. Ele não os acompanharia, pois desejava passar um tempo sozinho para orar. Ao anoitecer, o Mestre ainda estava só, com seu Pai celestial. Esses momentos de comunhão com Deus eram os preferidos de Jesus.

O barco dos discípulos já estava longe da terra, açoitado pelas ondas, pois o vento soprava contra ele. Por mais que os discípulos tentassem, não conseguiam impedir que a água entrasse na embarcação. Dessa vez, Jesus não estava com eles para acalmar a tempestade. Eles estavam sozinhos.

Já era madrugada quando Jesus terminou de orar. Ele caminhou até a beira da água e, milagrosamente, continuou andando lago adentro! Jesus se dirigiu até o barco dos discípulos, no meio da noite, andando sobre as águas. Depois de um tempo caminhando, ele se aproximou do barco, que lutava contra as fortes ondas.

Você acha que os discípulos ficaram felizes ao ver Jesus andando sobre o mar, em sua direção? Afinal, eles não precisariam mais ficar sozinhos no perigo, pois seu Mestre estava chegando para ajudá-los! Porém, não foi isso que aconteceu. Quando viram Jesus andando sobre as águas, os discípulos ficaram aterrorizados e disseram uns aos outros: "É um fantasma!" Eles começaram a gritar de medo.

Jesus disse: "Não tenham medo! Sou eu." Ao que Pedro respondeu: "Senhor, se és tu, manda-me ir ao teu encontro sobre as águas." "Venha", respondeu ele. Então Pedro saiu do barco, andou sobre a água e foi em direção a Jesus, andando entre as ondas sem afundar.

No entanto, Pedro começou a reparar no vento e nas ondas e se perguntou o que estava fazendo ali. Ele ficou com medo e logo começou a afundar. "Senhor, salva-me!", gritou. Imediatamente Jesus estendeu a mão e o segurou, dizendo: "Homem de pequena fé, por que você duvidou?" Jesus e Pedro entraram no barco, e assim que fizeram isso, o vento parou e as águas ficaram serenas. Então, os discípulos que estavam no barco o adoraram, dizendo: "Verdadeiramente, tu és o Filho de Deus" (Mateus 14.33).

Quando lemos uma história tão emocionante quanto essa, podemos deixar uma das partes mais importantes passar despercebida: os discípulos adoraram a Jesus! Eles estavam começando a perceber que ele não era um homem comum. Àquela altura, já se davam conta de que Jesus era Deus! O que chama a nossa atenção é que Jesus não se gabava sobre quem ele era. O Mestre não andava pelos lugares dizendo a todos que era Deus. Mas, naquela noite, no barco, quando os discípulos o adoraram, afirmando que ele era o Filho de Deus, Jesus não os impediu. Eles haviam presenciado o milagre dos pães e

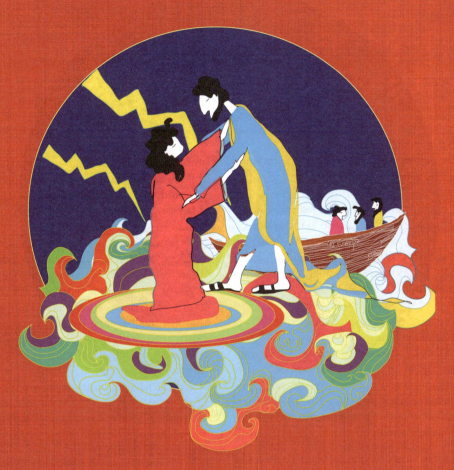

peixes e viram-no acalmar a tempestade e curar os enfermos. Agora, haviam presenciado Jesus andando sobre as águas. Jesus era mais do que um profeta, um grande mestre ou um homem comum. Jesus era Deus e merecia ser adorado! Pedro não sabia disso na hora, mas quando gritou: "Senhor, salva-me!", ele estava dizendo as palavras que todos precisam dizer a Jesus, o Filho de Deus.

Vamos conversar sobre esta história!

Aponte Pedro na imagem e explique o que está acontecendo com ele.

O que Jesus está fazendo na imagem?

Dê alguns exemplos de como podemos confiar em Deus na nossa vida.

HISTÓRIA 101

Tome a sua cruz

MATEUS 16.16-28; MARCOS 8.27-38; LUCAS 9.18-27

Certa vez, quando Jesus estava andando com os seus discípulos, ele fez a seguinte pergunta: "Quem as multidões dizem que eu sou?" (Lucas 9.18). Eles responderam: "Alguns dizem que és João Batista; outros, Elias; e, ainda outros, que és um dos profetas do passado que ressuscitou." Jesus, então, perguntou: "Mas quem vocês dizem que eu sou?" (Lucas 9.20).

Pedro respondeu imediatamente: "Tu és o Cristo, o Filho do Deus vivo" (Mateus 16.16). Ao ouvir a resposta de Pedro, Jesus disse: "Feliz é você, Pedro, por saber isto! Porque isto não lhe foi revelado por carne ou sangue, mas por meu Pai que está nos céus." Porém, Jesus os advertiu de que não contassem a mais ninguém quem ele realmente era.

Depois disso, Jesus passou a revelar aos seus discípulos tudo o que aconteceria com ele. Apesar de ser o Filho de Deus, ele morreria. Ele iria para Jerusalém, onde os líderes religiosos – os chefes dos sacerdotes e os mestres da lei – se voltariam contra ele e planejariam matá-lo. Isso realmente aconteceria, mas aquele não seria o fim, pois Jesus disse-lhes: "Eu voltarei à vida depois de três dias. Eu ressuscitarei dos mortos." Ao ouvir que Jesus morreria, Pedro o puxou para perto de si e o repreendeu: "Não diga essas coisas, Jesus! Isso nunca acontecerá com o Senhor!" Dessa vez, Jesus não elogiou Pedro pelo que ele disse – ao contrário, disse palavras muito duras contra ele: "Você é uma pedra de tropeço para

mim, Pedro, e está falando contra aquilo que Deus deseja que eu faça. Você não está pensando nas coisas como Deus pensa, mas está pensando como os homens pensam."

Depois de dizerem essas coisas, uma multidão se formou. Jesus, então, os chamou e disse: "Se alguém quiser acompanhar-me, negue-se a si mesmo, tome a sua cruz e siga-me. Pois, quem amar mais ao mundo do que a mim, perderá a sua vida; contudo, quem abrir mão de amar o mundo por minha causa será salvo. Pois, que adiantará ao homem ganhar o mundo inteiro e perder a sua alma, não podendo viver com Deus no céu?" Jesus alertou a todos de que um dia ele voltaria, vindo dos céus com os seus anjos, e que todos seriam julgados de acordo com o que haviam feito.

Não é interessante que Pedro tenha sido capaz de declarar algo tão verdadeiro e correto sobre Jesus em um momento e dizer algo completamente equivocado logo em seguida? Deus ajudou Pedro a ver que Jesus era o Messias, mas aquele discípulo, provavelmente, pensou que isso significava que Jesus derrotaria os romanos e governaria em um reino terreno. Mas Jesus não veio ao mundo para fazer isso. Ele veio para entregar a sua vida por nós e vencer a luta contra o pecado e a morte. Cristo tomou os nossos pecados na cruz e morreu em nosso lugar. Porém, Jesus não permaneceu morto; ele conquistou a maior vitória que existe: o triunfo sobre a morte, quando, ao terceiro dia, ressuscitou dos mortos!

Vamos conversar sobre esta história!

O que é um ídolo?
Por que há tantos ídolos embaixo da cruz na imagem?
O que Deus deseja que façamos com os nossos ídolos?

Vamos conversar sobre esta história!

Quem está com Jesus no alto do monte?
Como você acha que os discípulos se sentiram ao ver Jesus ser transfigurado?
O que esse acontecimento nos diz sobre Jesus?

HISTÓRIA 102

A transfiguração

MATEUS 17.1-13; MARCOS 9.1.13; LUCAS 9.28-36

Quando Jesus disse aos seus discípulos que ele teria de sofrer e morrer para, então, ressuscitar dos mortos, eles não entenderam o que tudo aquilo significava. Jesus lhes disse: "Alguns de vocês não morrerão até que vejam o Reino de Deus que vem com poder." Os discípulos também não entenderam o que ele quis dizer! Mas, cerca de uma semana depois, Jesus tomou Pedro, Tiago e João e os levou a um alto monte, para que eles tivessem um vislumbre do poder e da glória do Reino que estavam por vir. Ali, no alto do monte, Jesus foi transformado de um homem com aparência normal no glorioso Filho de Deus. A sua face brilhou como o sol, e as suas roupas se tornaram brancas como a luz!

Naquele mesmo momento, de repente, apareceram diante deles Moisés e Elias conversando com Jesus. Pedro, Tiago e João ficaram aterrorizados. Ninguém jamais tinha visto algo assim antes! Então, uma nuvem resplandecente os envolveu e dela saiu uma voz, que disse: "Este é o meu Filho amado. Ouçam-no!" (Marcos 9.7). Ao ouvirem a voz de Deus, os discípulos prostraram-se com o rosto em terra para adorá-lo e ficaram aterrorizados. Porém, Jesus se aproximou, tocou neles e mandou que se levantassem. Quando fizeram isso, eles ergueram os olhos e não viram mais ninguém, a não ser Jesus.

Enquanto desciam do monte, Jesus lhes ordenou: "Não contem a ninguém o que vocês viram, até que o Filho do homem tenha sido ressuscitado dos mortos." Os três discípulos guardaram aquilo entre eles, mas ainda não compreendiam o que Jesus queria dizer com "ressuscitar dos mortos". Eles perguntaram a Jesus por que os líderes religiosos diziam que era necessário que Elias viesse primeiro, antes do Messias. Jesus respondeu: "De fato, Elias vem primeiro para restaurar e preparar todas as coisas. Mas Elias já veio, e eles não o reconheceram, mas fizeram com ele tudo o que quiseram. Da mesma forma, o Filho do homem (um dos muitos nomes de Jesus) será maltratado por eles." Então, os discípulos se deram conta de que era de João Batista que Jesus estava falando.

Você consegue imaginar como deve ter sido, para os discípulos, ver Jesus se transformar de um homem de aparência comum no glorioso Filho de Deus, vestido com roupas brancas reluzentes? Por apenas alguns minutos, aqueles três homens pecadores tiveram essa oportunidade. Eles presenciaram um vislumbre da santidade, da glória e do poder de Jesus como Deus – algo que ninguém jamais tinha visto fora do céu. Não é de se admirar que tenham ficado aterrorizados! Eles conheciam Jesus, o homem que fazia e dizia coisas extraordinárias. Contudo, nada poderia prepará-los para ver Jesus, o Filho de Deus, brilhando com a glória celestial. E, no entanto, a transfiguração vista pelos discípulos foi apenas um pequeno vislumbre do poder que Jesus exibiria em sua ressurreição. Pois, na ressurreição, as suas palavras sobre a vinda do Reino de Deus em poder seriam cumpridas.

HISTÓRIA 103
Jesus cura dez leprosos
LUCAS 17.11-19

Enquanto viajava de um lugar a outro, Jesus realizava sinais e maravilhas e curava os enfermos. Quando as pessoas ouviam que estava chegando, elas se reuniam na estrada para esperá-lo. Certo dia, quando Jesus estava a caminho de Jerusalém, em algum lugar entre Samaria e Galileia, dez leprosos o esperavam na entrada de um povoado, pois desejavam ver Jesus. A lepra era uma doença terrível e incurável naquela época. Quando uma pessoa contraía essa doença, era obrigada a deixar a sua casa e a sua família, indo viver fora da cidade, longe das outras pessoas. A lei judaica ordenava que os leprosos gritassem: "Imundo, imundo!", para que as pessoas que se aproximavam soubessem que precisavam manter distância.

Quando os leprosos viram Jesus ainda do lado de fora do povoado, permaneceram a certa distância. Mas, em vez de gritarem "Imundo, imundo!", eles clamaram em alta voz: "Jesus, Mestre, tem piedade de nós!" (Lucas 17.13). Quando viu os leprosos e ouviu o seu pedido, Jesus disse-lhes: "Vão mostrar-se aos sacerdotes" (Lucas 17.14). Era isso, segundo a lei, que um leproso deveria fazer se fosse curado. Se o sacerdote comprovasse que a doença havia sido curada, então aquela pessoa poderia voltar para a sua casa e para o convívio de sua família. Quando ouviram a ordem de Jesus, os dez leprosos imaginaram que tinham sido curados e correram para lhe obedecer.

Enquanto estavam a caminho para mostrar-se aos sacerdotes, aqueles dez homens foram curados. Como eles devem ter ficado felizes! Mas você sabe o que aconteceu? Apenas um deles, ao perceber que estava curado, voltou para agradecer a Jesus pelo que ele havia feito. Aquele homem adorou e louvou a Deus em voz alta e, quando chegou até Jesus, prostrou-se aos seus pés, agradecendo-lhe repetidas vezes. O leproso que voltou era samaritano, um grupo de pessoas de quem os judeus não gostavam. De muito tempo, judeus e samaritanos não se davam bem. Jesus olhou para aquele homem grato e perguntou: "Não foram purificados todos os dez? Onde estão os outros nove? Não se

achou nenhum que voltasse e desse louvor a Deus, a não ser este estrangeiro?" Então, Jesus disse ao samaritano: "Levante-se e vá; a sua fé o salvou."

Você ficou surpreso ao saber que os leprosos judeus não voltaram para agradecer a Jesus, mas que somente o samaritano fez isso? No final, muitos judeus rejeitaram Jesus como o seu Messias. Nesta história, o samaritano que se prostrou aos pés do Filho de Deus recebeu muito mais do que apenas a cura de sua lepra; o Senhor também tocou o seu coração. Os outros nove encontraram cura para a sua lepra, mas o samaritano encontrou Jesus e perdão pelos seus pecados. Jesus o elogiou pela sua fé. Você e eu podemos não ter lepra, mas o nosso coração está doente por causa do pecado, exatamente como o coração e o corpo daquele samaritano estavam. Quando morreu na cruz, Jesus proporcionou uma maneira para que todos nós tivéssemos os nossos pecados perdoados – e este é um excelente motivo para sermos gratos a Deus!

Vamos conversar sobre esta história!

Quantos leprosos Jesus curou?
Quantos leprosos voltaram para agradecer-lhe?
Para onde foram os outros leprosos?

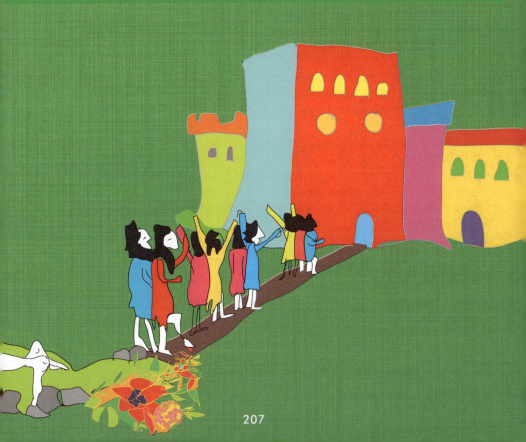

HISTÓRIA 104

Jesus testifica que é Deus

JOÃO 10

A Bíblia nos diz que Deus é um pastor e que ele cuida de seu povo como um pastor cuida de suas ovelhas. Por isso, o rei Davi disse, no Salmo 23: "O Senhor é meu pastor." Deus chamou os líderes de Israel de pastores também, porém eles não lideravam, alimentavam nem protegiam o seu rebanho da maneira como Deus desejava. Por causa disso, o Senhor os puniu e prometeu, um dia, enviar um Pastor que jamais falharia. No livro de Ezequiel, Deus disse que daria um Pastor como o seu servo Davi, que cuidaria das suas ovelhas e seria o seu Pastor (Ezequiel 34.23).

Certo dia, enquanto ensinava, Jesus disse que era o Pastor que Deus havia prometido no passado. Ele afirmou: "Eu sou o bom pastor. O bom pastor dá a sua vida pelas ovelhas" (João 10.11). E disse mais: "Eu não abandonarei as minhas ovelhas, se um lobo vier atacá-las. O empregado, quando vê o lobo se aproximando, abandona as ovelhas e foge. Eu, porém, ficarei para protegê-las", prometeu. Mais uma vez, Jesus disse ao povo: "Eu sou o bom pastor; conheço as minhas ovelhas, e elas me conhecem, assim como o Pai me conhece e eu conheço o Pai; e dou a minha vida pelas ovelhas." Jesus também afirmou que tinha poder para retomar a sua própria vida, se morresse. Aquelas pessoas nunca tinham ouvido Jesus falar essas coisas antes. Algumas até começaram a dizer que ele estava endemoninhado por causa disso. Outras diziam que Jesus tinha enlouquecido. No entanto, havia aquelas que discordavam, e diziam: "Essas palavras não são de um endemoninhado. Jesus curou os cegos."

Algum tempo depois, o povo perguntou a Jesus: "Por favor, nos diga se tu és o Messias." Jesus, porém, não os respondeu da maneira que eles desejavam. Em vez disso, afirmou, mais uma vez, que era o Pastor. Ele disse: "As minhas ovelhas ouvem a minha voz; eu as conheço, e elas me seguem. Eu lhes dou a vida eterna, e elas jamais perecerão; ninguém as poderá arrancar da minha mão. Meu Pai, que as deu para mim, é maior do que todos; ninguém as pode arrancar da mão de meu Pai. Eu e o Pai somos um" (João 10.27-30).

Depois de ouvir essas declarações, algumas pessoas pegaram pedras para atirar em Jesus, pois queriam matá-lo! Jesus, no entanto, perguntou, calmamente, por que elas desejavam fazer isso. Elas responderam: "Queremos apedrejá-lo pela blasfêmia, porque você é um simples homem e se apresenta como Deus." Jesus não fugiu daquelas pessoas; pelo contrário, ele tentou explicar: "Eu realizo as obras que Deus, o meu Pai, me deu para realizar. Vocês as viram, e por isso deveriam crer nas minhas palavras. E aquilo que viram deveria mostrar que o Pai está em mim e eu no Pai." Porém as pessoas, principalmente os líderes religiosos, não quiseram acreditar em Jesus. Eles queriam era prendê-lo! Mas Jesus se livrou das mãos deles e atravessou novamente o rio Jordão.

Quando Jesus disse que é ele quem dá a vida eterna e que é um com o Pai, os judeus ficaram muito irritados. Eles sabiam que Jesus estava afirmando ser Deus, e eles não acreditavam que isso era verdade. Por isso, tentaram matá-lo. Por fim, Jesus, de fato, entregou a sua vida na cruz e a retomou, quando ressuscitou dos mortos. Hoje, Jesus, o Bom Pastor, chama cada um de nós para fazer aquilo que as pessoas nesta história se recusaram a fazer: crer e segui-lo.

Vamos conversar sobre esta história!

O que os homens na imagem pretendem fazer com as pedras que têm nas mãos?

O que o reflexo de Jesus mostra a respeito dele?

Quem as ovelhas da história representam?

HISTÓRIA 105

O fariseu e o publicano

LUCAS 18.9-17

Um dia, quando Jesus estava ensinando aos seus discípulos, outras pessoas se reuniram para ouvi-lo. Jesus sabia que algumas daquelas pessoas pensavam que poderiam entrar no céu por causa de suas boas obras. Além disso, elas menosprezavam aqueles que, a seu ver, não consideravam boas como elas. Entretanto, Jesus sabia que elas estavam longe de serem boas como pensavam ser – afinal, ninguém é bom o suficiente para merecer a sua entrada no céu. Para ajudar todos os que estavam presentes a compreenderem melhor tudo isso, Jesus contou a parábola do fariseu e do publicano.

"Dois homens subiram ao templo para orar", começou Jesus. "Um era fariseu." Os fariseus eram líderes religiosos que acrescentavam muitas regras rígidas à lei de Deus, pois pensavam que essas regras os impediriam de violá-la. No entanto, com o passar do tempo, essas regras começaram a tornar os fariseus orgulhosos e arrogantes. O fariseu da parábola de Jesus era assim: ele estava de pé dentro do templo, orando: "Deus, eu te agradeço porque não sou como os outros homens, principalmente como aquele publicano que está ali." O fariseu continuou orando, mas, na verdade, ele só estava se gabando para Deus sobre todas as boas obras que achava que havia realizado.

"O outro homem", Jesus continuou, "era publicano". As pessoas, nos tempos de Jesus, não gostavam dos publicanos, que eram coletores de impostos, porque eles pegavam o dinheiro do povo para dar aos romanos. Isso já era uma coisa ruim. Mas, para piorar ainda mais, muitas vezes os publicanos cobravam do povo mais do que deveriam, para ficar com o dinheiro para eles. Ou seja, eles enriqueciam de forma corrupta, roubando do seu próprio povo. No entanto, o publicano da história contada por Jesus estava arrependido pelo que havia feito. Ele ficou a distância, no templo, e sequer ousava levantar a cabeça para orar. Antes, batia no peito para mostrar como estava arrependido e dizia: "Deus, tem misericórdia de mim, que sou pecador!" (Lucas 18.13). Jesus disse aos que o ouviam: "O publicano, e não o fariseu, foi para casa naquele dia justificado por Deus, pois quem se exalta será humilhado; mas, aquele que se humilha diante de Deus e confessa os seus pecados, será exaltado."

Enquanto Jesus ensinava, algumas pessoas começaram a se agitar no meio da multidão. Elas estavam trazendo criancinhas para que Jesus as tocasse. Os discípulos ficaram incomodados com isso e tentaram repreendê-las, mas Jesus os impediu e disse: "Deixem vir a mim as crianças e não as impeçam; pois o Reino de Deus pertence aos que são semelhantes a elas. Digo-lhes a verdade: Quem não receber o Reino de Deus como uma criança, nunca entrará nele."

O que significa receber o Reino de Deus como uma criança? Ora, as crianças dependem de seus pais para lhes darem tudo de que precisam, como comida, moradia, roupas e instrução. É assim que devemos confiar em Deus – especialmente para recebermos a nossa justiça e salvação. O fariseu da parábola de Jesus pensava que era justo por causa das boas obras que realizava. Já o publicano sabia que não havia nada que ele pudesse fazer para anular os seus pecados. Como uma criança, tudo o que ele podia fazer era confiar que Deus o perdoaria, se ele pedisse. Você e eu também somos pecadores, e Jesus nos oferece, hoje, a sua justiça. Se confiarmos nele, nossos pecados serão perdoados, assim como os daquele publicano.

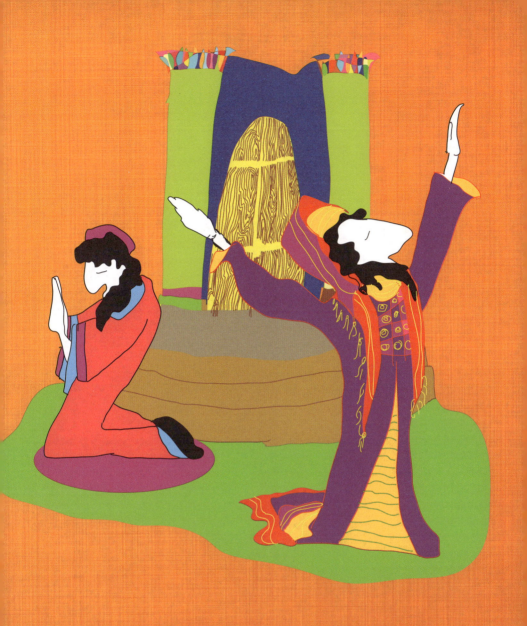

Vamos conversar sobre esta história!

Qual foi a oração do fariseu (o homem que está na frente na imagem)?
Qual é a diferença entre a oração dele e a do publicano?
Para qual pecado você precisa do perdão de Deus hoje?

HISTÓRIA 106

Lázaro

JOÃO 11.1-44

Muitos conheciam Jesus, mas apenas alguns se tornaram seus amigos íntimos. Um homem chamado Lázaro e as suas irmãs, Marta e Maria, eram pessoas que Jesus gostava de visitar. Eles viviam perto de Jerusalém, em um pequeno povoado chamado Betânia.

Um dia, Lázaro ficou muito doente. Então Marta e Maria enviaram uma mensagem a Jesus, para que ele fosse até lá ajudá-lo. Porém, quando recebeu o recado, Jesus não foi até a casa de Lázaro. Em vez disso, ele disse: "Essa doença não acabará em morte; ela será usada para revelar a glória do Filho de Deus." É claro que Jesus poderia ter curado Lázaro de onde ele estava, sem precisar ir até Betânia; contudo, ele tinha um plano melhor. Assim, o Filho de Deus ficou onde estava por mais dois dias, e, durante esse tempo, Lázaro morreu. Jesus disse aos seus discípulos: "Lázaro morreu, e para o bem de vocês estou contente por não ter estado lá, para que vocês creiam. Mas, vamos até ele."

Quando Jesus chegou ao povoado, Marta foi ao seu encontro na estrada, ainda distante da casa, e disse: "Senhor, se estivesses aqui, meu irmão não teria morrido" (João 11.21). Ela, porém, continuou: "Mas sei que, mesmo agora, Deus te dará tudo o que pedires." Jesus respondeu: "O seu irmão vai ressuscitar." Marta respondeu: "Eu sei que ele vai ressuscitar na ressurreição, no último dia." No entanto, não era disso que Jesus estava falando. Então, ele disse a Marta: "Eu sou a ressurreição e a vida. Aquele que crê em mim, ainda que morra, viverá; e quem vive e crê em mim,

não morrerá eternamente. Você crê nisso?" (João 11.25-26). Ela respondeu: "Sim, Senhor, eu tenho crido que tu és o Cristo, o Filho de Deus que devia vir ao mundo."

Depois de dizer isso, Marta foi para casa chamar a sua irmã, Maria. Quando viu Jesus, Maria prostrou-se aos seus pés e disse: "Senhor, se estivesses aqui, meu irmão não teria morrido" (João 11.32). Maria estava chorando, e, ao ver isso, Jesus também começou a chorar, pois viu como todos estavam tristes pela morte de seu amigo tão amado. Marta e Maria, então, levaram Jesus até o sepulcro onde o corpo de Lázaro estava. O túmulo estava fechado com uma grande pedra na entrada. "Tirem a pedra", disse Jesus. Marta não gostou muito dessa ideia. "Senhor, ele já cheira mal, pois já faz quatro dias", alertou. Mas Jesus respondeu: "Não lhe falei que, se você cresse, veria a glória de Deus?" (João 11.40). Em seguida, a pedra foi tirada e Jesus orou ao seu Pai no céu. Por fim, ele bradou em alta voz: "Lázaro, venha para fora!" (João 11.43). Imediatamente, Lázaro saiu da sepultura! O que esteve morto ficou de pé diante de todos, com as mãos e os pés envolvidos em faixas de linho e o rosto envolto em um pano, exatamente como havia sido enterrado. Agora, todos estavam chorando novamente, mas de alegria!

Quando Jesus disse: "Eu sou a ressurreição e a vida", ele estava dizendo a Marta que é ele quem dá a vida. Ao ouvir essas palavras, Marta soube exatamente o que responder: "Eu creio." Essas são as mesmas palavras que Deus quer ouvir de nós. Quando ressuscitou Lázaro dos mortos,

o Salvador nos deu um vislumbre daquilo que Jesus faz por qualquer pessoa que confia nele. Por causa do pecado, a morte chega para todos. Mas Jesus venceu a morte e o pecado, ao morrer na cruz. E, assim como Jesus ressuscitou Lázaro, ele ressuscitou a si mesmo, vencendo a batalha contra a morte em benefício de todo aquele que crê.

Vamos conversar sobre esta história!

Qual é o nome das três pessoas que estão com Jesus na imagem?

O que esta história nos ensina sobre Jesus?

O que a multidão que estava reunida na casa de Lázaro achou do que Jesus fez?

Vamos conversar sobre esta história!

Onde está Zaqueu na imagem?
O que Jesus disse a Zaqueu?
Por que a multidão não gostou quando Jesus foi à casa de Zaqueu?

HISTÓRIA 107

Jesus e Zaqueu

LUCAS 18.18 – 19.10

Jesus costumava falar sobre dinheiro, pois sabia que ele podia facilmente tomar o lugar de Deus no coração do homem. Certa vez, um jovem rico perguntou a ele: "O que eu preciso fazer para herdar a vida eterna?" Jesus respondeu: "Venda tudo o que você possui e dê o dinheiro aos pobres. Depois venha e siga-me." Mas, em vez de fazer isso, o jovem rico, infelizmente, foi embora frustrado. Ele era muito rico e desejava mais o dinheiro do que a Jesus. Jesus ficou triste ao vê-lo partir e disse: "Como é difícil aos ricos entrar no Reino de Deus!" Certa vez, ele chegou a dizer que é mais fácil passar um camelo pelo fundo de uma agulha do que um rico entrar no Reino dos céus. Mas ele também afirmou que qualquer pessoa que tenha deixado algo para seguir a Deus será ricamente recompensada no céu.

Pouco tempo depois disso, Jesus disse a seus discípulos que eles viajariam até Jerusalém, pois "tudo o que está escrito pelos profetas acerca do Filho do homem" estava para se cumprir (Lucas 18.31). Quando Jesus dizia "Filho do homem", estava se referindo a si mesmo. É que ele queria que os discípulos soubessem que ele era aquele sobre quem os profetas haviam falado. Jesus explicou que seria preso, açoitado e morto, mas que ressuscitaria ao terceiro dia. Embora os discípulos já tivessem ouvido isso antes, eles ainda não compreendiam o que Jesus queria dizer.

Quando estavam a caminho de Jerusalém, Jesus e os discípulos encontraram outro homem rico, chamado Zaqueu. Ele era cobrador de impostos, chefe dos publicanos, e havia enriquecido roubando o dinheiro do povo. Ele não era um homem bom, mas queria ver Jesus. Havia, no entanto, um problema: Zaqueu era baixinho e não conseguiu vê-lo no meio de toda a multidão! Então, ele correu e subiu em uma figueira, para ver Jesus de cima quando ele passasse por ali.

Quando passou pela figueira onde ele estava, Jesus parou. Ele olhou para cima e lhe disse: "Zaqueu, desça depressa. Quero ficar em sua casa hoje." Zaqueu mal podia acreditar! Ele desceu rapidamente e com alegria recebeu Jesus em sua casa. Mas a multidão que viu aquilo começou a se queixar. "Por que Jesus vai se hospedar na casa dele? Ele não sabe que Zaqueu é um pecador?" Contudo, Jesus sabia disso e foi justamente por esse motivo que foi à casa de Zaqueu. Em certo momento, aquele homem colocou-se diante de Jesus e prometeu dar a metade de tudo o que possuía aos pobres. "E, se de alguém extorqui alguma coisa", continuou, "devolverei quatro vezes mais". Jesus, então, disse a Zaqueu: "Hoje houve salvação nesta casa! [...] Pois o Filho do homem veio buscar e salvar o que estava perdido" (Lucas 19.9-10).

O jovem rico não quis deixar tudo o que tinha para seguir Jesus; porém, Zaqueu sequer esperou o Filho de Deus perguntar se ele faria isso! E aquele publicano não apenas prometeu dar a metade de tudo o que possuía aos pobres como, também, disse que iria devolver quatro vezes mais a todos de quem havia extorquido. Deus, sem dúvida, tocou o coração de Zaqueu. Quando a salvação o alcançou, ela transformou completamente a sua vida. Você sabia que isso também é verdade para a nossa vida? Quando Deus abre os nossos olhos para vermos como Jesus é maravilhoso, os tesouros deste mundo perdem todo o seu valor para nós.

HISTÓRIA 108
A entrada triunfal
LUCAS 19.28-44; JOÃO 12.12-19

Jesus e seus discípulos continuaram sua viagem a caminho de Jerusalém. Havia muitas pessoas com eles na estrada, pois se aproximava a celebração da Páscoa, festa em que eles se lembravam de quando Deus resgatou o povo de Israel da escravidão no Egito, centenas de anos antes. Todos os anos, milhares de pessoas viajavam para Jerusalém para celebrar a Páscoa.

Quando se aproximaram de Betânia, Jesus enviou dois de seus discípulos até o povoado adiante para pegar um jumentinho que estaria amarrado em determinado lugar. "Desamarrem-no e tragam-no aqui", disse Jesus. "Se alguém lhes perguntar: 'Por que o estão desamarrando?', digam-lhe: 'O Senhor precisa dele'." Os discípulos foram e encontraram o animal exatamente como Jesus havia dito. Quando estavam desamarrando o jumentinho, os seus donos lhes perguntaram o que eles estavam fazendo. Os discípulos responderam que o Senhor precisava dele, e os donos permitiram que eles o levassem.

Os discípulos levaram o jumentinho até Jesus e lançaram seus mantos sobre o animal para fazer uma sela. Jesus montou no jumento e entrou assim em Jerusalém. Isso cumpriu as palavras do profeta Zacarias, que disse que o Rei de Jerusalém viria montado em um jumentinho, cria de jumenta (Zacarias 9.9). A profecia de Zacarias estava se cumprindo bem diante dos seus olhos! No entanto, os discípulos não perceberam isso naquele momento. Só depois que Jesus ressuscitou dos mortos e foi glorificado é que eles se lembraram do que havia acontecido naquele dia, e finalmente compreenderam!

O povoado de Betânia ficava a cerca de três quilômetros de

distância de Jerusalém, e enquanto Jesus prosseguiu o caminho e passou pelo monte das Oliveiras, uma grande multidão se reuniu ao longo da estrada para vê-lo passar. Algumas das pessoas presentes tinham visto Jesus ressuscitar Lázaro. Outras tinham ouvido falar dos seus milagres, e todos estavam felizes em ver Jesus. Enquanto o Messias passava, o povo estendia os seus mantos pelo caminho, diante dele. Algumas pessoas pegaram ramos de palmeira e acenaram, gritando: "Bendito é o Rei que vem em nome do Senhor! Paz no céu e glória nas alturas!" (Lucas 19.38).

Todos os presentes estavam felizes e animados em ver Jesus. Sua chegada gerou expectativas. O que será que ele faria a seguir? Talvez estivesse chegando em Jerusalém para resolver todos os problemas do povo!

Mas nem todas as pessoas da cidade estavam felizes com a chegada de Jesus. Os fariseus não estavam gostando nada daquilo. É que o povo amava Jesus, mas não dava muita atenção aos fariseus. Portanto, eles reclamaram, dizendo: "Olhem como o mundo todo vai atrás dele!" (João 12.19). Quando ouviram o povo chamar Jesus de rei, os fariseus pediram que Jesus os repreendesse. Mas Jesus respondeu: "Eu lhes digo: se eles se calarem, as pedras clamarão."

Quando se aproximou e viu a cidade, Jesus chorou. O Filho de Deus sabia que aquelas pessoas que estavam celebrando a sua chegada não compreendiam quem ele realmente era ou por que tinha ido para Jerusalém. O povo desejava um rei terreno, que os salvasse das mãos de Roma, e não um Rei celestial que os salvasse de seus pecados. Além disso, Jesus também sabia que as mesmas pessoas que agora gritavam "Hosana!" gritariam "Crucifica-o!" alguns dias depois.

Vamos conversar sobre esta história!

- O que todas aquelas pessoas estão fazendo na imagem?
- O que aconteceria, em breve, com Jesus em Jerusalém?
- Que coisa terrível as mesmas pessoas que o receberam gritarão mais tarde?

HISTÓRIA 109
A oferta da viúva pobre

MARCOS 12.41 – 13.2; LUCAS 20.1 – 21.9

Durante todo o tempo em que esteve em Jerusalém, Jesus ensinou no templo. Muitos iam até lá para ouvi-lo, mas nem todos eram seus amigos. Os líderes religiosos – os escribas, os chefes dos sacerdotes, os mestres da lei, os anciãos e os saduceus – revezavam-se para fazer perguntas a Jesus. Eles queriam confundi-lo, para que ele dissesse algo que o colocasse em apuros. Entretanto, Jesus jamais poderia ser enganado. Quanto mais eles tentavam pegar Jesus em algum erro, mais as suas respostas evidenciavam sua sabedoria e mais o povo via como as suas palavras eram diferentes de tudo o que já tinham ouvido. Finalmente, Jesus alertou aos seus discípulos, bem alto e para que todos ouvissem, sobre esses líderes religiosos: "Cuidado com os mestres da lei, que se preocupam em parecer bons por fora, onde todos podem ver", ele disse, "mas que, secretamente, se aproveitam das viúvas e dos pobres, roubando o seu dinheiro. Eles serão punidos por suas maldades."

Jesus sentou-se em frente ao lugar onde eram colocadas as contribuições no templo e observou a multidão depositando o dinheiro nas caixas de ofertas. Muitos ricos estavam ofertando grandes quantias. Então, uma viúva pobre aproximou-se das caixas de ofertas e Jesus a viu depositar ali duas pequeninas moedas de cobre, de pouco valor. Jesus mostrou aquilo aos seus discípulos e disse: "Afirmo-lhes que esta viúva pobre colocou na caixa de ofertas mais do que todos os outros. Todos deram do que

lhes sobrava; mas ela, da sua pobreza, deu tudo o que possuía para viver."

Quando Jesus estava saindo do templo, um de seus discípulos lhe disse: "Olhe, Mestre! Que pedras enormes! Que construções magníficas!" (Marcos 13.1). E, de fato, as construções eram lindas, porque o rei Herodes havia mandado decorar tudo com ouro e mármore. Porém, Jesus olhou para o templo e disse: "Está se aproximando o dia em que tudo isso será destruído. Aqui não ficará pedra sobre pedra." Jesus estava certo. Alguns anos depois, enquanto muitos daqueles que o ouviram ainda estavam vivos, o templo foi completamente destruído.

Esta história fala sobre duas maneiras muito diferentes de viver. Os líderes religiosos queriam parecer bons por fora e os ricos que davam grandes quantias de dinheiro no templo para impressionar os outros. Mas era a viúva pobre que realmente confiava no Senhor. A sua beleza era interior, onde somente Deus podia ver. Da mesma forma, o templo era muito bonito por fora, com as suas belas decorações; porém, era apenas uma construção. Jesus, o nosso Salvador, andou no meio da multidão no templo, mas poucos reconheceram a sua beleza. E quanto a nós? Viveremos para a glória de Deus e confiaremos em Jesus ou preocupados em impressionar as pessoas? Assim como os fariseus, todos somos pecadores por dentro. Precisamos que Jesus tire os nossos pecados e abra os nossos olhos, para que possamos ver a sua beleza.

Vamos conversar sobre esta história!

Quem está colocando mais dinheiro na caixa de ofertas, o homem ou a mulher?

Quem tem mais dinheiro sobrando em casa, o homem ou a mulher?

Por que Jesus afirmou que a mulher ofertou mais do que qualquer outra pessoa?

HISTÓRIA 110

Jesus lava os pés dos discípulos

JOÃO 13.1-15

Agora que estavam em Jerusalém, Jesus e seus discípulos fizeram planos para celebrar a Páscoa. O Mestre disse a dois de seus discípulos: "Ao entrarem na cidade, vocês encontrarão um homem carregando um pote de água. Sigam-no até a casa em que ele entrar e digam ao dono da casa: 'O Mestre pergunta: Onde é o salão de hóspedes no qual poderei comer a Páscoa com os meus discípulos?'" Os discípulos assim o fizeram, e tudo aconteceu exatamente como Jesus havia dito. Jesus e seus seguidores, então, se reuniram em uma ampla sala no andar superior, onde todos poderiam comer juntos.

Naqueles dias, quando as pessoas se reuniam para uma refeição, era costume que um servo da casa lavasse os pés sujos de todos os convidados. Naquele tempo, as pessoas usavam sandálias, e não sapatos fechados, e as estradas de terra por onde andavam eram cheias de poeira e lama. Portanto, os seus pés ficavam muito sujos. Além disso, os convidados se sentiam bem-vindos quando chegavam à casa de alguém e um servo lavava os seus pés.

Naquela noite, porém, não havia servo algum para lavar os pés. E nenhum dos discípulos queria fazer isso. Eles estavam muito ocupados, discutindo sobre qual deles era o melhor! Embora Jesus já tivesse ensinado a eles que aquele que desejasse ser importante deveria ser servo de todos, os discípulos ainda não haviam compreendido o que isso significava. Por isso, Jesus achou melhor mostrar-lhes.

Jesus estava pensando em muitas coisas quando se levantou em frente à mesa. Ele sabia que, dentro de poucas horas, seria preso e morto. Ele sabia, também, que em pouco tempo retornaria para o seu Pai no céu, mas ainda havia muitas coisas que desejava ensinar aos seus amigos. Portanto, para ajudá-los a compreendê-las, Jesus pegou uma toalha e a colocou em volta da cintura, como um avental. Depois disso, derramou água em uma bacia e começou a lavar os pés dos seus discípulos, um por um, enxugando-os com a toalha que estava em sua cintura. Ali estavam os discípulos, vendo o seu Mestre fazer o serviço que eles não quiseram fazer, o serviço que, aliás, eles deveriam ter feito para ele. Aqueles homens devem ter ficado em completo silêncio, admirados ao ver Jesus lavar os pés de cada um.

Finalmente, chegou a vez de Pedro, mas ele não admitiu aquilo e explodiu, dizendo: "Senhor, tu não deverias estar lavando os meus pés!" Jesus sabia que o coração de Pedro estava tão sujo pelo pecado quanto os seus pés pela lama. Porém, Pedro estava com o coração cheio de orgulho e não queria que Jesus lavasse os seus pés. Logo, Jesus disse-lhe: "Se eu não lavar os seus pés, você não terá parte comigo." Pedro desejava muito estar com Jesus. "Então, Senhor, não lave apenas os meus pés, mas também as minhas mãos e a minha cabeça!", ele disse. Essa resposta foi muito melhor.

Quando terminou, Jesus tirou a toalha da cintura e sentou-se novamente à mesa. "Vocês entenderam por que eu lavei os seus pés?", perguntou. "Se eu, sendo Senhor e Mestre de vocês, lavei os seus pés, vocês devem seguir o meu exemplo e também devem lavar os pés uns dos outros."

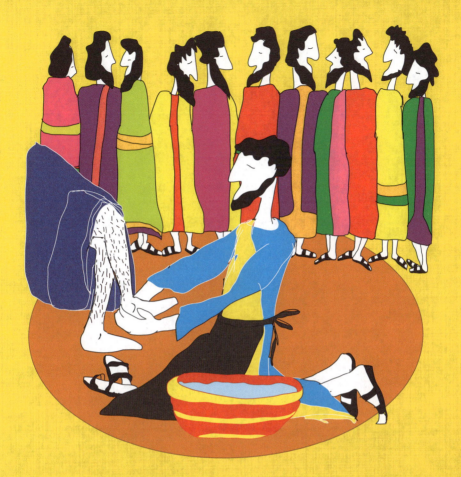

Pedro ficou surpreso ao ver Jesus realizando a tarefa de um servo, lavando os pés de seus discípulos. Ele não sabia que Jesus já havia oferecido infinitamente mais do que aquele simples gesto. Antes de vir ao mundo, Jesus vivia no céu como Deus, o Filho, em magnífico esplendor e glória. Jesus deixou de lado a sua glória para nascer como um bebê em uma manjedoura. O apóstolo Paulo nos conta que, quando Jesus se humilhou para se tornar homem, ele "esvaziou-se a si mesmo, vindo a ser servo" (Filipenses 2.7). Logo após essa refeição de Páscoa, Jesus seria preso, escarnecido, difamado, açoitado e morto. E foi por meio da sua morte que Jesus fez infinitamente mais do que simplesmente lavar pés – foi por meio dela que o Salvador limpou os nossos pecados.

Vamos conversar sobre esta história!

O que Jesus está fazendo na imagem e por que ele está fazendo isso?

Quem deveria lavar os pés dos convidados?

De que maneira Jesus ainda nos lava, nos dias de hoje?

HISTÓRIA 111

A última ceia

MATEUS 26.14-30; LUCAS 22.1-34

Quando os líderes religiosos observaram a entrada de Jesus em Jerusalém antes da Páscoa e viram como a multidão estava pronta para torná-lo seu rei, eles decidiram matá-lo. Portanto, os chefes dos sacerdotes e os mestres da lei começaram a procurar uma maneira para se livrar de Jesus. Isso, no entanto, não foi fácil, pois a multidão o seguia por toda parte. Mas aconteceu algo inesperado. Judas Iscariotes, um dos discípulos de Jesus, foi até os chefes dos sacerdotes e se ofereceu para fazer algo terrível. Ele entregaria Jesus a eles, quando não houvesse ninguém por perto. Aqueles homens, assim, poderiam capturá-lo, prendê-lo e fazer o que quisessem com Jesus. Os chefes dos sacerdotes ficaram muito animados com isso. Ficou acertado que eles pagariam trinta moedas de prata a Judas pela sua traição a Jesus. Depois disso, eles só precisavam esperar a hora certa.

Quando os discípulos se sentaram para a refeição de celebração da Páscoa com Jesus, Judas estava planejando em sua mente como faria para entregá-lo mais tarde. Imagine como ele deve ter se sentido reunido com todos, sentados em almofadas no chão, em volta daquela mesa. Será que alguém descobriria o seu plano? Será que alguém perceberia que ele estava nervoso? Jesus, então, tomou o pão e deu graças a Deus. Ele partiu o pão e o deu aos seus discípulos. "Tomem e comam", ele disse. "Isto é o meu corpo dado em favor de vocês; façam isto em memória de mim." Depois, Jesus pegou o cálice de vinho, deu graças a Deus e o ofereceu aos discípulos, dizendo: "Bebam dele todos vocês. Isto é o meu sangue da aliança, que é derramado em favor de muitos, para perdão de pecados" (Mateus 26.27-28).

Então, Jesus disse algo chocante: "Um de vocês – que está sentado comigo à mesa neste momento – me trairá." Os discípulos (exceto Judas) não conseguiram acreditar em algo tão terrível! "Quem poderia ser?", eles se perguntavam. Um deles perguntou a Jesus quem seria o traidor. "Eu molharei este pedaço de pão no prato e entregarei a um de vocês. Aquele a quem eu entregar será o traidor", disse Jesus. Ele fez isso e entregou o pão a Judas. No momento em que pegou o pão da mão de Jesus, Satanás entrou nele. Jesus, então, disse a Judas: "O que você está para fazer, faça depressa." Imediatamente, Judas se levantou e saiu. Ele sumiu na noite escura para trair o seu Mestre e entregá-lo nas mãos dos seus inimigos.

Você sabia que quando os cristãos participam da ceia aos domingos, na igreja, eles estão se lembrando da refeição especial que Jesus compartilhou com seus discípulos, na noite em que foi traído? Nós a chamamos de Santa Ceia. O apóstolo Paulo disse que quando celebramos a Santa Ceia, estamos lembrando a morte de Jesus na cruz, até o dia da sua volta. Sempre que os cristãos participam juntos da ceia, eles estão lembrando não apenas da última refeição de Páscoa que Jesus compartilhou com seus discípulos, mas também do seu sacrifício na cruz. Foi na cruz que o corpo de Jesus foi partido por nós e o seu sangue, derramado pelos nossos pecados. Os discípulos não perceberam isso naquele momento, mas quando Jesus partiu o pão e ofereceu o cálice, ele estava apontando para a sua própria morte na cruz.

Vamos conversar sobre esta história!

O que, segundo Jesus, o pão e o vinho representavam?
Onde está Judas na imagem? O que ele está prestes a fazer?
Como nos lembramos dessa refeição especial nos dias de hoje?

Vamos conversar sobre esta história!

O que há de diferente entre esta imagem e a imagem da história 111? (Dica: conte o número de discípulos).

O que Jesus ensinou aos seus discípulos depois da última ceia?

Quem Jesus enviará para ficar com os discípulos – e conosco – para sempre

HISTÓRIA 112

Jesus promete enviar o Espírito Santo

JOÃO 14

Depois que Judas saiu para trair Jesus, o Senhor permaneceu com os outros discípulos, a quem tanto amava, para encorajá-los, consolá-los e ensiná-los. Ele começou dizendo: "Não se perturbe o coração de vocês. Creiam em Deus; creiam também em mim." Depois, ele passou a falar sobre o céu, pois era o lugar para onde estava indo e para onde, um dia, os seus discípulos também iriam. "Na casa de meu Pai (era como Jesus chamava o céu) há muitos aposentos", ele disse. "Vocês podem ter certeza de que irei lhes preparar um lugar. Um dia, voltarei e os levarei para mim, para que vocês estejam onde eu estiver. Vocês conhecem o caminho para onde vou."

Tomé não entendeu aquelas palavras e perguntou: "Senhor, não sabemos para onde vais; como, então, podemos saber o caminho?" Jesus lhe respondeu: "Eu sou o caminho, a verdade e a vida. Ninguém vem ao Pai, a não ser por mim" (João 14.6).

Quando ouviu Jesus falar sobre o Pai, Filipe pediu: "Senhor, mostra-nos o Pai, e isso nos basta." Porém, Jesus respondeu a Filipe: "Você não me conhece, Filipe, mesmo depois de eu ter estado com vocês durante tanto tempo? Quem me vê, vê o Pai. O Pai e eu somos um. Eu estou no Pai e o Pai está em mim."

Jesus sabia o quanto era difícil para os discípulos compreenderem as coisas que ele lhes ensinava. Por isso, fez uma promessa maravilhosa: "Eu pedirei ao Pai, e ele lhes dará outro Conselheiro para estar com vocês para sempre. O Espírito Santo, que o Pai enviará em meu nome, lhes ensinará todas as coisas e lhes fará lembrar tudo o que eu lhes disse."

Jesus continuou: "Não os deixarei órfãos; voltarei para vocês. Dentro de pouco tempo o mundo já não me verá mais; vocês, porém, me verão" (João 14.18-19). Então, um dos discípulos perguntou: "Senhor, como saberemos que tu estás conosco?" Jesus respondeu: "Se alguém me ama, guardará a minha palavra. Meu Pai o amará, nós viremos a ele e faremos nele morada."

Jesus sabia que faltavam poucas horas para a sua morte. Por isso, desejava consolar os seus discípulos e fortalecer a sua fé. Ele disse: "Deixo-lhes a paz; a minha paz lhes dou. Não a dou como o mundo a dá. Não se perturbem os seus corações, nem tenham medo. Isso eu lhes disse agora, antes que aconteça, para que, quando acontecer, vocês creiam." Eles cantaram um hino juntos, e então Jesus disse: "Está na hora de partirmos." Logo, eles deixaram a sala onde estavam e foram até o monte das Oliveiras para orar.

As coisas que Jesus ensinou aos seus discípulos devem ter parecido confusas. Primeiro, o Mestre afirmou que iria embora, mas que o Pai enviaria o Espírito Santo para ficar com eles. Depois, Jesus disse que não os deixaria, pois viria buscá-los. O Filho de Deus também disse que ele e o Pai fariam morada dentro deles. Só havia uma maneira de todas essas coisas serem verdade ao mesmo tempo! Jesus, o Espírito Santo e o Pai são, todos, um só Deus – um Deus em três Pessoas diferentes. Nós chamamos isso de Trindade, que é um conceito difícil de entender. Em uma noite em que os discípulos estavam com medo e tristes, deve ter sido ainda mais difícil de entender o que Jesus estava falando.

HISTÓRIA 113

Jesus é preso

MATEUS 26.36-56; MARCOS 14.32-65; LUCAS 22.39-54; JOÃO 18.1-12

Jesus e seus discípulos foram até um grande jardim no topo do monte das Oliveiras para orar. Judas, o discípulo que planejava trair Jesus, sabia que eles estariam ali; portanto, enquanto o Senhor conversava e orava com seus discípulos, ele foi se encontrar com os soldados e guardas que prenderiam Jesus. Judas estava pronto para levá-los até o monte.

Jesus alertou os discípulos sobre a situação difícil que eles enfrentariam. "Vocês todos me abandonarão", ele disse. Mas Pedro não gostou de ouvir isso. Ele achava que seria diferente! "Ainda que todos te abandonem, eu não te abandonarei", declarou, cheio de orgulho. Porém, Jesus sabia que isso não era verdade e disse: "Satanás já me pediu permissão para testá-lo, Pedro. Eu orei para que a sua fé seja forte." Mas Pedro não queria ouvi-lo. "Estou pronto para ir para a prisão e até mesmo para morrer com o Senhor!", ele insistiu. Jesus, então, respondeu calmamente: "Asseguro-lhe que ainda hoje, esta noite, antes que o galo cante, você me negará três vezes." Mais uma vez, Pedro garantiu que não negaria Jesus, e todos os outros disseram o mesmo.

Quando chegaram a um lugar chamado Jardim do Getsêmani, Jesus pediu que os discípulos se sentassem para orar. Então, ele levou Pedro, Tiago e João para um lugar mais distante e lhes disse: "A minha alma está profundamente triste, em uma tristeza mortal. Fiquem aqui e vigiem comigo." Então, indo um pouco mais adiante, Jesus prostrou-se com o rosto em terra e orou: "Meu Pai, se

for possível, afasta de mim este cálice; contudo, não seja como eu quero, mas sim como tu queres." O "cálice" a que Jesus se referiu era o cálice da ira de Deus, cheio do seu castigo pelos nossos pecados. Jesus sabia como esse castigo por todos os nossos pecados seria pesado e como seria algo difícil de suportar, até mesmo para ele. Jesus fez essa oração três vezes, e Deus enviou um anjo para fortalecê-lo. A cada oração que fazia, Jesus voltava para onde estavam os seus discípulos, e todas as vezes os encontrou dormindo, pois não conseguiram permanecer acordados para orar.

Na terceira vez, Jesus os acordou e disse: "Chegou a hora! Aí vem aquele que me trai!" Então, chegou Judas com os soldados e guardas enviados pelos líderes religiosos. "Quem vocês estão procurando?", perguntou Jesus aos soldados. "A Jesus de Nazaré", responderam eles. "Sou eu", disse Jesus.

Quando Jesus disse quem era, os soldados recuaram e caíram por terra. Quando eles se levantaram, Judas foi até Jesus e o beijou. Esse era o sinal que ele havia combinado para trair o Senhor. Então, os soldados agarraram Jesus e o prenderam, mas Pedro puxou a sua espada e feriu o soldado do sumo sacerdote, decepando-lhe a orelha. "Guarde a espada!", Jesus disse a Pedro, enquanto curava a orelha do soldado. "Você acha que eu não posso pedir a meu Pai, e ele não colocaria imediatamente à minha disposição mais de doze legiões de anjos? Mas se isso acontecesse, a Palavra de Deus não se cumpriria." Naquela hora Jesus disse à multidão: "Por que vocês

vieram me prender com espadas e varas? Todos os dias, eu estava ensinando no templo, e vocês não me prenderam! Mas tudo isso aconteceu para que se cumprissem as Escrituras dos profetas." Então, exatamente como Jesus havia falado, todos os discípulos o abandonaram e fugiram.

Coisas terríveis estavam acontecendo com Jesus, mas o pior ainda estava por vir. Porém, é importante lembrarmos de que todo o seu sofrimento fazia parte dos planos de Deus. Centenas de anos antes, o profeta Isaías escreveu sobre a prisão de Jesus, dizendo que, embora fosse tratado com crueldade, ele não revidaria ou diria qualquer coisa para se livrar da mão de seus opressores (Isaías 53.7-8). Jesus poderia ter chamado os anjos do céu para resgatá-lo, mas não fez isso. Ele permitiu que os soldados o levassem sem oferecer qualquer resistência para que, assim, ele pudesse morrer na cruz pelos nossos pecados.

Vamos conversar sobre esta história!

O que está acontecendo com Jesus?
Por que ele não resistiu ou usou os seus anjos para derrotar os soldados?
Onde estão os seus discípulos?

HISTÓRIA 114

Pedro nega Jesus

MATEUS 26.57-75; MARCOS 14.43-72; LUCAS 22.54-71; JOÃO 18.15-27

Depois de prenderem Jesus, os soldados amarraram as suas mãos e o levaram até o sumo sacerdote. João e Pedro o seguiram a distância. João conhecia o sumo sacerdote, por isso pôde entrar com Jesus no pátio da casa, mas Pedro teve que ficar esperando do lado de fora da porta até que o colega voltasse para fazê-lo entrar. Fazia frio naquela noite, e algumas pessoas estavam ao redor de uma fogueira que haviam feito no pátio para se aquecerem. A moça encarregada da porta olhou para Pedro e o reconheceu. "Você não é um dos discípulos de Jesus, o galileu?", ela perguntou. "Eu não sei do que você está falando!", respondeu Pedro, mentindo. Essa foi a primeira vez que ele negou a Cristo. Um pouco mais tarde, outro servo do local disse à multidão: "Este homem estava com Jesus de Nazaré!" "Eu juro que não o conheço!", disse Pedro, negando a Jesus pela segunda vez.

Enquanto isso, dentro da casa, Anás, o sumo sacerdote, interrogava Jesus a respeito dos seus ensinamentos. "Muitas pessoas me ouviram ensinar no templo. Por que você não pergunta a elas?", disse Jesus. Essa resposta irritou tanto as pessoas que estavam ali, que algumas lhe deram tapas no rosto. Então, Anás enviou Jesus ao outro sumo sacerdote, chamado Caifás. Jesus ficou diante dele ouvindo as mentiras que as pessoas diziam sobre ele. O problema era que todos que falavam diziam coisas diferentes – ninguém concordava com ninguém! Jesus permaneceu o tempo todo em silêncio. Por fim, o sumo sacerdote pediu: "Diga-nos se você é o Messias, o Filho de Deus!" Jesus respondeu: "Tu mesmo o disseste. Mas eu digo a todos vós: chegará o dia em que vereis o Filho do homem assentado à direita do Todo-Poderoso e vindo sobre as nuvens do céu" (Mateus 26.64). Ao ouvir essas palavras, o sumo sacerdote rasgou as próprias vestes e disse: "Blasfemou! Ele merece morrer pelo que disse!" Algumas pessoas, então, lhe cuspiram no rosto e lhe deram murros. Outras lhe davam tapas e zombavam de Jesus.

Do lado de fora, no pátio, Pedro continuava sentado diante da fogueira. Um dos servos do sumo sacerdote, parente do homem cuja orelha Pedro tinha decepado, perguntou-lhe: "Eu não o vi com Jesus no Jardim do Getsêmani?" Mais uma vez, Pedro negou, dizendo: "Eu não conheço o homem de quem você está falando!" No mesmo instante em que disse isso, um galo cantou, e Jesus, voltando-se, olhou diretamente para Pedro. Então, o discípulo se lembrou do que o Senhor lhe tinha dito: "Antes que o galo cante hoje, você me negará três vezes." Em seguida, Pedro correu para fora do pátio e chorou amargamente, como se o seu coração estivesse despedaçado. Enquanto ele chorava, os líderes judeus levaram Jesus até o palácio do governador romano, Pôncio Pilatos. Eles haviam tomado uma decisão: Jesus deveria morrer, e eles queriam que Pilatos desse a ordem para matá-lo.

Antes de Jesus ser preso, Pedro estava bastante confiante em si mesmo. No Jardim do Getsêmani, ele puxou a sua espada e decepou a orelha de um soldado para defender seu Mestre. Porém, quando Jesus se entregou sem revidar ou resistir, Pedro ficou com medo. Ele perdeu a coragem e negou conhecer Jesus três vezes. O que aconteceu

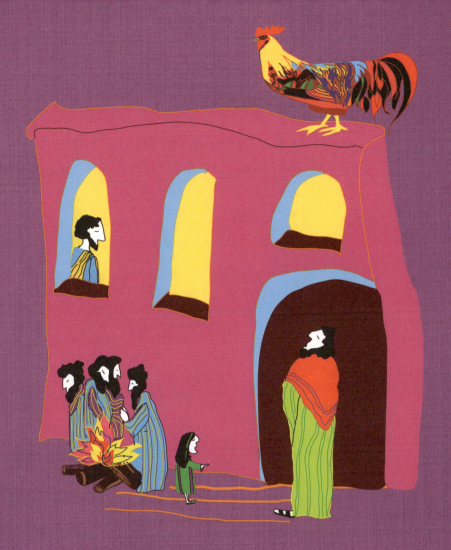

de errado? É que a confiança de Pedro estava nele mesmo, e não em Jesus. Pedro era pecador. Mas a boa notícia era que Jesus morreria na cruz pelos pecados de Pedro. Ele levou sobre si o castigo que seu discípulo merecia por negá-lo três vezes. Assim como Pedro, nós, muitas vezes, confiamos em nossas próprias forças, quando deveríamos confiar em Jesus. Isso é muito importante, pois não somos capazes de vencer a luta contra o pecado por conta própria.

Vamos conversar sobre esta história!

Onde está o galo na imagem?
Qual é o papel do galo na história?
Qual foi o pecado de Pedro naquela noite?

HISTÓRIA 115
A crucificação e os dois ladrões

MATEUS 27.1-38; MARCOS 15.1-22; LUCAS 23.1-43; JOÃO 18.28 – 19.22

Durante toda aquela noite, após a prisão de Jesus, o sumo sacerdote o interrogou e o povo inventou mentiras sobre ele. No início da manhã seguinte, ele foi levado até o palácio do governador Pôncio Pilatos. Os judeus disseram a Pilatos que Jesus havia cometido crimes contra Roma ao alegar ser rei, mas Pilatos não queria se envolver nessa história. Quando soube que Jesus era da Galileia, ele o enviou até o rei Herodes, que vivia em Jerusalém na época. Pilatos esperava que Herodes resolvesse aquele problema. Quando estavam diante de Herodes, os líderes judeus acusaram Jesus novamente, mas o rei não achou que ele havia cometido qualquer crime. Por isso, enviou-o de volta a Pilatos. O governador romano, então, interrogou Jesus pela segunda vez e, novamente, o considerou inocente das acusações. Ele sabia que os líderes religiosos estavam com ciúmes de Jesus, e tudo o que ele queria era libertá-lo.

Todos os anos, durante a Páscoa, os romanos tinham a tradição de libertar um prisioneiro. Pilatos, portanto, perguntou à multidão: "Querem que eu solte Jesus, o rei dos judeus?" "Não, ele não!", gritou a multidão. "Queremos Barrabás!" (Barrabás era um bandido que estava preso). "O que devo fazer com Jesus, então?", perguntou Pilatos. "Crucifica-o! Crucifica-o!", os líderes religiosos e o povo gritaram. "Por quê?", perguntou Pilatos. "Que crime este homem cometeu? Não encontrei nele nada digno de morte." O povo, porém, gritou ainda mais alto: "Crucifica-o! Crucifica-o!"

Pilatos, então, desistiu e resolveu fazer a vontade deles, enviando Jesus para ser açoitado pelos soldados romanos. Depois de espancá-lo até sangrar, os soldados colocaram uma coroa de espinhos na cabeça de Jesus. Eles também o vestiram com uma capa de púrpura, ridicularizaram-no, zombaram dele e bateram em seu rosto. Quando Jesus saiu vestindo a capa e usando a coroa de espinhos, os chefes dos sacerdotes e os oficiais gritaram: "Crucifica-o! Crucifica-o!" Ainda assim, Pilatos buscava uma maneira de libertar Jesus, mas os judeus gritaram: "Se deixares esse homem livre, não és amigo de César." Então, finalmente, Pilatos entregou Jesus a eles para ser crucificado.

Os soldados levaram Jesus até uma colina para crucificá-lo. Eles o pregaram em uma cruz de madeira e a levantaram, para que ele ficasse ali até morrer. Pilatos mandou preparar uma placa e pregá-la na cruz, com a seguinte inscrição: "Jesus Nazareno, o rei dos judeus" (João 19.19). Dois ladrões foram crucificados com Jesus, um de cada lado. Um deles zombou de Jesus, dizendo: "Se você é mesmo Cristo, o Messias, então salve-se a si mesmo e a nós também!" Porém, o outro criminoso o repreendeu, dizendo: "Nós estamos sendo punidos com justiça, porque estamos recebendo o que os nossos atos merecem. Mas Jesus não cometeu nenhum mal." Então, ele pediu a Jesus: "Jesus, lembra-te de mim quando entrares no teu Reino" (Lucas 23.42). Jesus deu uma resposta maravilhosa ao ladrão: "Eu lhe garanto: Hoje você estará comigo no paraíso" (Lucas 23.43).

Dois ladrões foram pendurados ao lado de Jesus na cruz. Um deles acreditou, enquanto o outro apenas zombou. A Bíblia nos diz que o braço do Senhor não é tão curto que não possa salvar qualquer pessoa (Isaías 59.1). Até mesmo o ladrão desta história, que levou uma vida pecaminosa até o fim, foi salvo do seu pecado pouco antes de sua morte. Todos nós, assim como os dois ladrões, devemos fazer a mesma escolha. Nós podemos rejeitar Jesus, como o ladrão que zombou dele, ou podemos depositar nele a nossa fé, como o criminoso que pediu que o Senhor se lembrasse dele. Estas são as nossas escolhas: ou cremos em Jesus ou o rejeitamos. Quando confiamos nele, não há pecado grave demais que não possa ser perdoado. Assim como o ladrão que se arrependeu, todos nós começamos como inimigos de Deus, por causa dos nossos pecados. Contudo, a morte de Jesus na cruz nos traz de volta a um bom relacionamento com Deus (Romanos 5.10-11).

Vamos conversar sobre esta história!

Quantos ladrões foram crucificados junto com Jesus?

Por que um dos ladrões está com o rosto virado para o lado oposto de Jesus?

De que maneira nós somos como aqueles ladrões?

HISTÓRIA 116

A morte de Cristo

MATEUS 27.33-66; MARCOS 15.23-47; LUCAS 23.33-56; JOÃO 19.23-42

Quando Jesus estava pregado na cruz, muitas pessoas pensaram que ele era apenas mais um criminoso recebendo o castigo que merecia. Até suas roupas foram tomadas pelos sodados, que sortearam quem ficaria com elas. Enquanto sofria pregado naquela cruz, Jesus orou em voz alta: "Pai, perdoa-lhes, pois não sabem o que estão fazendo" (Lucas 23.34). Maria, a mãe de Jesus, e alguns de seus amigos estavam ali vendo tudo, assim como João, o seu discípulo. Quando os viu ali, Jesus disse a Maria que considerasse João como seu filho e pediu que ele cuidasse dela como se ela fosse sua própria mãe. Daquela hora em diante, o discípulo a levou para casa.

O povo ridicularizava Jesus. Alguns diziam: "Por que você não desce da cruz, se é mesmo o Filho de Deus?" Outros o desafiavam: "Você confia em Deus – por que, então, ele não o salva agora?" Eram muitas as zombarias: "Você salvou os outros, mas não é capaz de salvar a si mesmo?", perguntou um homem. "Se você é o rei de Israel, então desça agora da cruz, e creremos nisso", disseram outros. Como Jesus estava morrendo, eles não acreditavam que ele fosse o Messias. No entanto, Jesus não os respondeu, mas permaneceu em silêncio.

Com o passar das horas, Deus fez desaparecer a luz do sol e densas trevas cobriram toda a terra. No meio da tarde, Jesus bradou em alta voz: "Meu Deus! Meu Deus! Por que me abandonaste?" (Mateus 27.46). Finalmente, chegou ao fim o seu sofrimento terrível, e Jesus exclamou: "Está consumado!" (João 19.30). "Pai, nas tuas mãos entrego o meu espírito", disse. Com isso, Jesus curvou a cabeça e morreu. Naquele exato momento, a terra tremeu e até as rochas se partiram. O véu do santuário rasgou-se em duas partes, de alto a baixo. Sepulcros se abriram, e os corpos de muitos santos que tinham morrido foram ressuscitados. Quando o centurião e os que com ele vigiavam Jesus viram o terremoto e tudo o que havia acontecido, ficaram aterrorizados e exclamaram: "Verdadeiramente, este era o Filho de Deus!" (Mateus 27.54).

Mais tarde, alguns soldados foram enviados para ver se os homens crucificados ainda estavam vivos. Se estivessem, eles deveriam quebrar as suas pernas, para que morressem mais rápido. Quando, porém, viram que Jesus já estava morto, apenas perfuraram a lateral de seu corpo para se certificarem de que ele, de fato, não estava vivo. Então, saíram sangue e água de dentro de Jesus. Ele estava morto.

José de Arimateia, um discípulo de Jesus, pediu permissão a Pilatos para levar o seu corpo e sepultá-lo. Ele estava acompanhado de Nicodemos, aquele fariseu que havia visitado Jesus à noite, e ambos tiraram seu corpo da cruz. Aqueles homens o envolveram em faixas de linho, juntamente com especiarias, e o colocaram em um sepulcro novo, que pertencia a José. Depois disso, uma grande pedra foi colocada na entrada para fechar o sepulcro. E assim terminou o dia mais triste e sombrio que já existiu.

As duas palavras mais importantes ditas por Jesus na cruz foram: "Está consumado!" A dor da crucificação a tornava uma das piores maneiras de se morrer. Porém, o sofrimento experimentado por Jesus foi muito pior. Enquanto ele estava pregado na cruz, o Pai lhe deu as costas. Deus precisou derramar toda sua ira pelos nossos pecados sobre o seu próprio Filho. Apesar de ser santo e de jamais ter pecado, Jesus se tornou pecado por nós, recebendo assim o castigo que nos era devido, como um substituto. Ao bradar "está consumado", Jesus estava dizendo que o castigo estava terminado, que a dívida estava paga e que a ira de Deus pelos pecados daqueles que creem em seu Filho Jesus não existe mais.

Vamos conversar sobre esta história!

Por que a morte de Jesus é tão importante?
O que Deus, o Pai, fez quando Jesus estava pregado na cruz?
Onde os amigos de Jesus colocaram o seu corpo?

HISTÓRIA 117

A ressurreição

MATEUS 27.62 – 28.16; MARCOS 16.1-13;
LUCAS 24.1-12; JOÃO 20.1-18

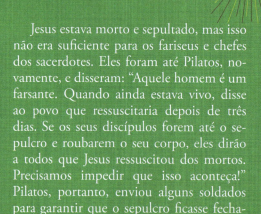

Jesus estava morto e sepultado, mas isso não era suficiente para os fariseus e chefes dos sacerdotes. Eles foram até Pilatos, novamente, e disseram: "Aquele homem é um farsante. Quando ainda estava vivo, disse ao povo que ressuscitaria depois de três dias. Se os seus discípulos forem até o sepulcro e roubarem o seu corpo, eles dirão a todos que Jesus ressuscitou dos mortos. Precisamos impedir que isso aconteça!" Pilatos, portanto, enviou alguns soldados para garantir que o sepulcro ficasse fechado e que ninguém roubasse o corpo. Na presença dos líderes religiosos, foi colocado um selo romano sobre a pedra de entrada e montada guarda diante do túmulo.

Bem cedo, na manhã do terceiro dia após a morte de Jesus, algumas mulheres que o amavam levaram especiarias para ungir o seu corpo. Durante o caminho, elas perguntaram umas às outras: "Quem removerá para nós a pedra da entrada do sepulcro?" Mas elas nem precisariam se preocupar com isso, pois, pouco tempo antes, enquanto os guardas vigiavam, dois anjos desceram do céu. Os seus corpos brilhavam como um relâmpago, e suas vestes eram brancas como a neve. Os soldados tremeram de medo e caíram ao chão, como se estivessem mortos. Um dos anjos removeu a pedra e se sentou sobre ela, enquanto sobreveio um grande terremoto. Logo em seguida, as mulheres chegaram ao sepulcro e viram os anjos e a pedra removida! O que teria acontecido ali? O anjo, então, disse às mulheres: "Não tenham medo! Sei que vocês estão procurando Jesus, que foi crucificado. Ele não está aqui. Ressuscitou, como tinha dito. Venham ver o lugar onde ele jazia" (Mateus 28.5-6). Então, os anjos instruíram as mulheres a contarem aos discípulos que Jesus os encontraria na Galileia.

Quando as mulheres entraram no sepulcro, viram que estava mesmo vazio, pois o corpo de Jesus não estava mais ali! Portanto, elas correram para contar aos discípulos, porém eles acharam aquela história difícil de acreditar. Pedro e João foram apressadamente até o sepulcro para verem com os seus próprios olhos. Eles entraram e viram somente as vestes de Jesus, pois o seu corpo, de fato, não estava mais ali! Depois disso, eles creram em tudo o que as mulheres haviam contado. Depois que os discípulos foram para casa, Maria Madalena, uma das mulheres, ficou na entrada do sepulcro, chorando. Dois anjos foram até ela e perguntaram: "Mulher, por que você está chorando?" "Levaram embora o meu Senhor", respondeu ela, "e eu não sei onde o puseram". Maria havia levado aos discípulos a mensagem de que o corpo de Jesus não estava mais no sepulcro, porém ela não havia compreendido o que tinha acontecido. Então, ela se voltou e viu um terceiro homem ao lado dos anjos. Ela não o identificou,

a princípio; no entanto, quando ele falou o seu nome, ela reconheceu a sua voz e imediatamente soube que aquele era o Senhor Jesus. Maria caiu aos seus pés e o adorou. Jesus disse: "Não me segure, pois ainda não voltei para o Pai. Vá, porém, a meus irmãos e diga-lhes: Estou voltando para meu Pai e Pai de vocês, para meu Deus e Deus de vocês" (João 20.17). Imediatamente Maria Madalena foi até os discípulos e lhes contou que tinha visto o Senhor.

Você sabia que a morte e a ressurreição de Jesus são a parte mais importante de toda a Bíblia? Todas as histórias presentes na Palavra de Deus, antes da vinda de Jesus, apontam para a sua morte e ressurreição. E todas as histórias que vêm após a sua morte e ressurreição recordam aquele dia e celebram as boas-novas do Evangelho! O apóstolo Paulo afirmou que a ressurreição de Cristo é tão importante que nós estaríamos perdidos sem ela (1Coríntios 15.14-17).

Vamos conversar sobre esta história!

O que está acontecendo na imagem?
O que aconteceu com os soldados que estavam vigiando o sepulcro?
Por que a ressurreição de Jesus é tão importante?

HISTÓRIA 118

A incredulidade de Tomé

JOÃO 20.19-29

Já era noite, no dia em que Jesus havia ressuscitado, quando dois de seus discípulos caminhavam e falavam sobre tudo o que havia acontecido. Enquanto conversavam, o próprio Jesus se aproximou e começou a caminhar com eles, no entanto os discípulos não o reconheceram. "Sobre o que vocês estão conversando?", Jesus perguntou. Um dos discípulos, chamado Cleopas, respondeu, com tristeza: "Você é o único visitante em Jerusalém que não sabe das coisas que ali aconteceram nestes dias? Jesus, o homem de Deus, que todos esperavam ser aquele que salvaria Israel, foi crucificado por causa dos planos malignos dos chefes dos sacerdotes e das nossas autoridades. Agora, três dias depois de ter acontecido tudo isso, algumas das mulheres entre nós foram hoje, bem cedo, até o seu sepulcro. Elas contaram que ele estava vazio e que dois anjos disseram que Jesus está vivo! Outros discípulos também foram até o sepulcro e o encontraram vazio, porém não viram Jesus."

Jesus, então, lhes disse: "Como vocês custam a entender e como demoram a crer em tudo o que os profetas falaram! Não devia o Cristo sofrer estas coisas, para entrar na sua glória?" O tempo passou muito rápido enquanto Jesus explicava sobre como todas as promessas de Deus presentes na Bíblia levaram à sua vida, morte e ressurreição. Ao se aproximarem do povoado para o qual estavam indo, os discípulos pediram que aquele novo companheiro de viagem ficasse com eles. Ele aceitou, e, quando estavam à mesa, Jesus tomou o pão, deu graças e o partiu. Foi só aí que os olhos daqueles homens foram abertos e eles o reconheceram. Durante todo aquele tempo, era Jesus que estava com eles! Mas logo ele desapareceu de suas vistas. Os discípulos, então, voltaram imediatamente para Jerusalém, a fim de contar aquela notícia maravilhosa.

Eles encontraram os outros discípulos reunidos a portas trancadas, pois estavam com medo dos líderes judeus. Enquanto contavam, cheios de alegria, tudo o que haviam presenciado, o próprio Jesus apresentou-se entre eles e disse: "Paz seja com vocês!" (João 20.19). Os discípulos ficaram tão espantados, que não sabiam o que pensar. "Talvez seja um espírito", disseram alguns. Mas Jesus disse: "Por que vocês duvidam? Olhem as minhas mãos e os meus pés – sou eu mesmo! Toquem em meu corpo, pois um espírito não teria carne e ossos como eu." Os discípulos ficaram maravilhados e muito felizes! Jesus perguntou: "Vocês têm algo para comer?" Eles ofereceram peixe a Jesus, que comeu na frente de todos. Não restava dúvida: Jesus havia realmente ressuscitado dos mortos. Ele estava vivo de novo!

Jesus os lembrou de tudo quanto havia lhes ensinado antes. Ele mostrou como a sua morte e a sua ressurreição cumpriram todas as promessas feitas na Bíblia. Antes de tudo isso acontecer, os discípulos tinham muita dificuldade para compreender os ensinamentos de seu Mestre. Agora, porém, a mente deles estava aberta para entender a Palavra de Deus. Jesus, portanto, disse-lhes: "Paz seja com vocês! Assim como o Pai me enviou, eu os envio" (João 20.21). Depois disso, Jesus soprou sobre eles e disse: "Recebam o Espírito Santo" (João 20.22).

Tomé não estava com os discípulos naquela noite, e quando eles lhe contaram o que havia acontecido, não acreditou. "Se eu não vir as marcas dos pregos nas suas mãos, não colocar o meu dedo onde estavam os pregos e não puser a minha mão no seu lado, eu não crerei", ele disse, teimosamente. Uma semana mais tarde, Tomé e os discípulos estavam novamente reunidos a portas trancadas quando Jesus apareceu mais uma vez e disse a Tomé: "Coloque o seu dedo aqui; veja as minhas mãos. Estenda a mão e coloque-a no meu lado. Pare de duvidar e creia!" Naquele momento, Tomé sentiu-se um tolo por ter duvidado e tudo o que conseguiu dizer foi: "Senhor meu e Deus meu!" (João 20.28). Então Jesus lhe disse: "Porque me viu, você creu? Felizes os que não viram e creram."

Muitas pessoas, hoje, ainda não acreditam que Jesus é Deus. Elas dizem que ele foi apenas um grande mestre, ou um filósofo, ou, ainda, alguém que veio ao mundo só para ensinar o amor. Porém, se isso fosse verdade, Jesus teria corrigido Tomé, dizendo: "Tomé, não me chame de Deus." No entanto, Jesus não fez isso – porque ele é, verdadeiramente, Deus! Portanto, Tomé agiu corretamente ao adorá-lo. Aquele discípulo acreditou apenas quando viu Jesus face a face. Porém, Jesus afirmou: "Felizes os que não viram e creram" (João 20.29). Nós somos esses que não o viram, mas creram que Jesus é Deus, por meio da fé na Palavra do Senhor.

Vamos conversar sobre esta história!

Por que Tomé ficou famoso por precisar "ver para crer"?
Na imagem, o que Tomé está dizendo a Jesus?
Segundo Jesus, quem são os felizes?

HISTÓRIA 119

Outra pesca milagrosa

JOÃO 21

Os discípulos estavam cheios de alegria, após terem visto Jesus ressurreto. Eles, agora, compreendiam muitas coisas que antes não podiam entender. Mesmo assim, porém, ainda tinham muitas dúvidas. Quando veriam Jesus novamente? Ninguém sabia. O que deveriam fazer agora, que o Mestre não estava mais presente, ensinando às multidões todos os dias? Eles também não tinham a resposta para isso. Então, certo dia, Pedro decidiu sair para pescar, que era o que ele sempre fazia antes de Jesus chegar e dizer: "Venha, siga-me." Pedro chamou alguns dos outros discípulos para acompanhá-lo. Tomé, Natanael, Tiago, João e alguns outros entraram no barco e saíram para pescar. Eles jogaram as redes durante aquela noite inteira, mas não pegaram nada.

Ao amanhecer, eles viram um homem na praia. Era Jesus. Os discípulos, porém, não o reconheceram. Já estavam próximos à praia, quando Jesus lhes perguntou: "Filhos, vocês têm algo para comer?" "Não", responderam eles. Jesus disse: "Lancem a rede do lado direito do barco e vocês encontrarão." Os discípulos fizeram isso, e depois de lançarem a rede ao mar, não conseguiram recolhê-la, pois ela estava muito pesada, tal era a quantidade de peixes! "É o Senhor!", João percebeu. Pedro, ao ouvir isso, não perdeu tempo e lançou-se ao mar para ir nadando em direção a Jesus, enquanto os outros discípulos arrastavam a rede cheia de peixes até a praia.

Quando os discípulos finalmente desembarcaram, viram Jesus ao lado de uma fogueira. Nela havia um peixe sobre as brasas e um pouco de pão. "Tragam alguns dos peixes que acabaram de pescar", disse Jesus. Pedro entrou no barco e arrastou a rede para a praia. Os discípulos contaram os peixes e havia cento e cinquenta e três! Embora fossem peixes grande, a rede não se rompeu. Jesus e os discípulos comeram juntos os peixes e o pão. Essa foi a terceira vez que Jesus apareceu aos discípulos depois de ter ressuscitado dos mortos. Jesus não disse aos discípulos em momento algum que era ele que estava ali; eles, no entanto, sabiam que era o Senhor.

Quando acabaram de comer, Jesus perguntou a Pedro, enquanto ainda estavam sentados com os outros discípulos: "Simão, filho de João, você me ama realmente mais do que estes?" Pedro respondeu: "Sim, Senhor, tu sabes que te amo." Jesus, então, disse: "Cuide dos meus cordeiros." Mas Jesus perguntou novamente: "Simão, filho de João, você realmente me ama?" Pedro respondeu: "Sim, Senhor, tu sabes que te amo." E o Mestre disse: "Pastoreie as minhas ovelhas." Pela terceira vez, Jesus perguntou: "Simão, filho de João, você me ama?" Pedro ficou magoado por Jesus lhe ter perguntado isso pela terceira vez. "Senhor, tu sabes todas as coisas, e sabes que te amo", respondeu Pedro. Disse-lhe, então, Jesus: "Cuide das minhas ovelhas." Depois disso, Jesus disse a Pedro que ele morreria a serviço de Deus. E, mais uma vez, assim como havia feito no início, Jesus disse a Pedro: "Siga-me."

Você se lembra de quando Pedro disse a Jesus que estava disposto a segui-lo até à prisão ou à morte? Mas, logo que Jesus foi capturado, a confiança de Pedro se transformou em medo. Antes do fim daquela noite e antes de o galo cantar, Pedro

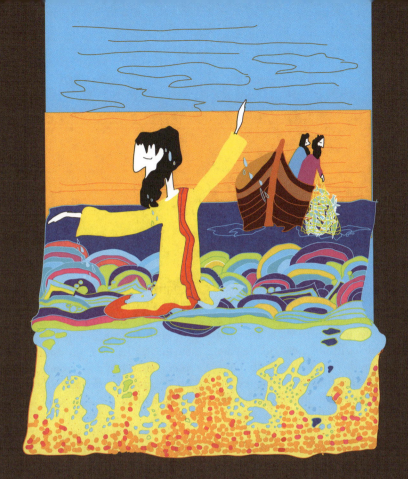

negou conhecer Jesus três vezes. Então, depois da sua ressurreição, Jesus perguntou a Pedro, por três vezes, se ele o amava. Jesus não fez essa pergunta exatamente três vezes por acaso – aquele foi o mesmo número de vezes que Pedro o havia negado. Essa foi a maneira usada por Jesus para restaurar o seu relacionamento com Pedro e chamá-lo para alimentar e cuidar do povo de Deus, isto é, as suas ovelhas. Durante essa conversa, Pedro foi perdoado e restaurado a Cristo. Além disso, Jesus apagou qualquer dúvida que pudesse ainda permanecer na mente de seu discípulo ao repetir as palavras: "Siga-me" (João 21.19). O sacrifício de Jesus na cruz possibilitou o perdão de Pedro e, da mesma maneira, a cruz nos oferece perdão pelos nossos pecados. A pergunta que precisamos responder é a mesma feita por Jesus a Pedro: "Você me ama?" Nós amamos Jesus?

Vamos conversar sobre esta história!

O que será que Pedro estava pensando quando se lançou ao mar para ir até a praia ao encontro de Jesus?

O que Jesus disse, mais tarde, a Pedro?

Quem são as ovelhas às quais Jesus se refere?

HISTÓRIA 120
A Grande Comissão
MATEUS 28.11-20; LUCAS 24.45-49

Quando os soldados romanos que guardavam o sepulcro de Jesus foram derrubados pelo terremoto que atingiu a terra e pela forte luz no momento da sua ressurreição, alguns deles foram até a cidade para contar aos chefes dos sacerdotes tudo o que havia acontecido. Alarmados, os chefes dos sacerdotes logo se reuniram com os líderes religiosos e elaboraram um plano.

Eles pagaram os soldados para mentirem, dizendo ao povo que os discípulos de Jesus tinham roubado o seu corpo durante a noite, enquanto eles dormiam. Os chefes dos sacerdotes prometeram aos soldados que não permitiriam que eles entrassem em apuros por terem, supostamente, dormido em serviço caso essa história chegasse aos ouvidos de Pilatos. Assim, os soldados concordaram, receberam o dinheiro e fizeram como tinham sido instruídos, espalhando essa história falsa entre o povo judeu. No entanto, todos aqueles que tinham visto Jesus depois da sua ressurreição sabiam que aquilo era mentira.

Certo dia, os discípulos foram para um monte na Galileia a fim de se encontrarem com Jesus novamente. Quando o viram, os discípulos o adoraram. Porém, nem todos creram. Alguns ainda duvidavam. Logo em seguida, Jesus se aproximou e deu a eles uma ordem, a qual chamamos de Grande Comissão. Ele disse: "Vão e façam discípulos de todas as nações, batizando-os em nome do Pai e do Filho e do Espírito Santo, ensinando-os a obedecer a tudo o que eu lhes ordenei. E eu estarei sempre com vocês, até o fim dos tempos." Os discípulos obedeceram a essa ordem de Jesus até o fim da vida deles.

Você consegue perceber a promessa feita por Deus a Abraão nas palavras de Jesus? Leia novamente. Jesus ordenou que seus discípulos levassem a mensagem do Evangelho às pessoas de todas as nações. Deus havia prometido que a família de Abraão seria uma bênção para todos os povos (Gênesis 18.18). Jesus, descendente distante de Abraão, foi quem cumpriu essa promessa maravilhosa. O fato é que ele não morreu na cruz somente pelos judeus. O Salvador deu sua vida para salvar pessoas de todas as nações. O sacrifício de Jesus trouxe salvação para judeus e gentios. Por causa do Filho de Deus, pessoas de todas as tribos, línguas e nações podem, juntas, adorar ao Senhor. Muitos judeus não gostaram dessa mensagem, pois tiveram medo de que a sua religião estivesse em perigo. No entanto, nenhuma mentira sobre a ressurreição, o ministério de Jesus ou a Igreja Primitiva poderia ser capaz de impedir que o Evangelho alcançasse as pessoas e transformasse o coração delas.

Vamos conversar sobre esta história!

Com quem Jesus está conversando na imagem?

Veja as setas na imagem e explique por que elas estão saindo dos discípulos e indo em direção ao mundo.

Qual é a mensagem que Jesus ordena que seus discípulos espalhem?

Vamos conversar sobre esta história!

O que está acontecendo com Jesus na imagem?

Por que Jesus consegue se elevar até o céu?

Qual foi a exortação dos anjos acerca do que os discípulos deveriam se lembrar?

HISTÓRIA 121

A ascensão de Jesus

LUCAS 24.50-53; ATOS 1.1-11

Durante os quarenta dias após a sua ressurreição, Jesus apareceu muitas vezes aos seus discípulos. Ele falou muito sobre o Reino de Deus e explicou a eles como o Antigo Testamento apontava para a sua morte e ressurreição. Agora, havia chegado o momento de os discípulos compartilharem as boas-novas da salvação com o resto do mundo. Jesus, então, ordenou que seus discípulos – os que tinham visto tudo com os seus próprios olhos – pregassem o Evangelho a todas as pessoas. Porém, Jesus não os enviou imediatamente. Ele explicou que eles deveriam esperar pela vinda do Espírito Santo, conforme prometido, pois por meio dele receberiam poder do céu para pregar. Jesus disse: "João batizou com água, mas dentro de poucos dias vocês serão batizados com o Espírito Santo" (Atos 1.5). Depois de dizer essas coisas, Jesus os levou até Betânia, uma pequena cidade perto do monte das Oliveiras.

Os discípulos perguntaram a Jesus: "Senhor, é neste tempo que vais restaurar o reino a Israel?" Jesus respondeu que não seria permitido que eles soubessem os dias estabelecidos pelo Pai para que tais coisas acontecessem, porém afirmou: "Mas receberão poder quando o Espírito Santo descer sobre vocês, e serão minhas testemunhas em Jerusalém, em toda a Judeia e Samaria, e até os confins da terra" (Atos 1.8).

Tendo dito isso, Jesus levantou as mãos e abençoou os seus discípulos. Ao fazer isso, foi elevado às alturas, diante dos olhos de todos que ali estavam. Em seguida, quando já havia subido bastante ao céu, uma nuvem o encobriu da vista deles. Enquanto ainda olhavam para o alto, surgiram de repente, diante deles, dois homens vestidos de branco, que disseram: "Galileus, por que vocês estão olhando para o céu? Este mesmo Jesus, que dentre vocês foi elevado ao céu, voltará da mesma forma como o viram subir." Os discípulos, então, adoraram a Jesus e voltaram para Jerusalém, cheios de alegria. Eles passaram grande parte do tempo no templo, louvando e agradecendo a Deus por tudo o que haviam presenciado.

Você notou algo diferente nos discípulos ao longo desta história? Nenhum deles duvidou! No início, logo após a ressurreição de Jesus, aqueles homens duvidaram e não acreditaram que Jesus tinha ressuscitado dos mortos. Mas, com o passar do tempo, todos eles vieram a crer. Finalmente, depois de verem Jesus ser elevado ao céu, eles o adoraram e se encheram de alegria. Poderíamos imaginar que ficariam tristes por perderem Jesus, mas não foi isso que aconteceu! Jesus havia prometido preparar um lugar para eles no céu e disse que voltaria para buscá-los. Os dois homens de vestes brancas também os lembraram de que Jesus voltaria um dia. Atualmente, ainda estamos esperando pelo dia glorioso em que Jesus voltará. Sim, um dia ele voltará em meio às nuvens, com grande som de trombeta, e todos os cristãos que estiverem vivos nesse dia serão reunidos para encontrá-lo no céu (Mateus 24.30-31).

HISTÓRIA 122

Pentecoste

ATOS 1.12 – 2.13

Depois que Jesus subiu ao céu, os onze apóstolos restantes voltaram a Jerusalém. Eles se reuniram em um aposento junto com Maria, a mãe de Jesus, os seus irmãos e os seus outros seguidores. Eles queriam orar juntos enquanto esperavam pela vinda do Espírito Santo. Durante aquele período, Pedro sugeriu que eles escolhessem alguém para substituir Judas, que havia traído o Senhor. "Nós devemos escolher", disse Pedro, "um dos homens que estiveram conosco durante todo o tempo em que o Senhor viveu entre nós, desde o batismo de João." Dois nomes foram sugeridos: José, chamado Barsabás, e Matias. Os apóstolos, então, oraram pedindo que Deus guiasse a sua escolha. Após fazerem isso, eles tiraram a sorte para ver quem o Senhor havia escolhido. A sorte caiu sobre Matias. Assim, ele foi acrescentado aos onze apóstolos a partir daquele dia.

O grupo esperou pacientemente e orou pelo cumprimento da promessa de Jesus. Então, no dia de Pentecoste, a sua espera chegou ao fim. De repente, veio do céu um som, como de um vento muito forte, que encheu toda a casa na qual estavam assentados. Em seguida, pequenas chamas, como línguas de fogo, apareceram e pousaram sobre cada pessoa, e todas elas ficaram cheias do Espírito Santo. Naquele momento, o Espírito Santo capacitou cada uma daquelas pessoas a falarem em outras línguas. O Espírito que Jesus prometeu tinha descido!

Enquanto isso, pessoas de muitas nações do mundo estavam reunidas em Jerusalém por causa da festa da colheita. Elas ouviram o alto som vindo daquele aposento e aproximaram-se. Ao fazerem isso, ficaram perplexas e maravilhadas, pois cada uma os ouvia falar em sua própria língua! "Acaso não são galileus todos estes homens que estão falando?", elas se perguntavam. "Então, como os ouvimos, cada um de nós, em nossa própria língua materna?" Aquela multidão era composta por povos de nações vizinhas – partos, medos e elamitas; habitantes da Mesopotâmia, Judeia e Capadócia; cidadãos de Ponto e da província da Ásia, Frígia e Panfília, bem como Egito e partes da Líbia próximas a Cirene; além de visitantes vindos de Roma, cretenses, árabes e, claro, judeus. Pois todos eles ouviram os apóstolos falarem sobre os poderosos feitos de Deus em suas próprias línguas. Como isso pode ter acontecido?

A maioria das pessoas ficou impressionada com o que estavam ouvindo e se perguntavam o significado daquilo tudo. Algumas delas, no entanto, deram um palpite sobre o que poderia estar acontecendo. "Eles estão bêbados!", diziam, com desprezo. "Beberam vinho demais" (Atos 2.13), elas continuavam, embora fosse ainda muito cedo, pela manhã. É claro que aquelas pessoas não poderiam estar mais enganadas.

O derramamento do Espírito Santo no dia de Pentecoste marcou o princípio do plano de Deus para alcançar as nações com o Evangelho. O livro de Atos nos diz que pessoas de pelo menos quinze nações diferentes estavam presentes naquele dia. Jesus veio para cumprir a promessa feita por Deus a Abraão, muitos séculos antes, de que ele seria uma bênção para as nações. Com a vinda do Espírito Santo, o cumprimento dessa promessa – de alcançar as nações com as boas-novas da salvação – havia começado!

Vamos conversar sobre esta história!

O que está acontecendo com os discípulos na imagem?
Quem é o Espírito Santo e por que Jesus o enviou a todos nós?
O que os discípulos começaram a fazer depois
de receberem o Espírito Santo?

Vamos conversar sobre esta história!

O que Pedro está contando a todas aquelas pessoas da imagem?

De que maneira o Espírito Santo transformou Pedro desde a noite em que ele negou Jesus?

De que maneira o Espírito Santo pode nos transformar?

HISTÓRIA 123
Pedro e o profeta Joel
ATOS 2. 14 – 36

Quando o Espírito Santo foi derramado sobre os cristãos no dia de Pentecoste, eles receberam coragem para contar às pessoas sobre Jesus e propagar a história do evangelho sobre a sua morte e ressurreição. Especialmente Pedro. Lembre-se de que, depois de ter cortado a orelha do servo do sumo sacerdote, toda a coragem de Pedro transformou-se em medo quando ele viu Jesus ser preso. Ele ficou tão assustado que, temendo perder a própria vida, negou três vezes conhecer o Senhor. Sem a ajuda do Espírito Santo, a coragem de Pedro durou pouco tempo.

Agora, no entanto, cheio do Espírito Santo, a coragem de Pedro foi fortalecida e ele sentiu-se preparado para contar a todos sobre Jesus! Então, ali mesmo, em meio a toda aquela euforia e confusão, enquanto os discípulos falavam cada um em uma língua diferente, Pedro levantou-se e dirigiu-se à multidão: "Ouçam o que digo com atenção", começou ele. "Estes homens não estão bêbados, como vocês supõem. Ainda são nove horas da manhã! O que está acontecendo diante de vocês é o que foi predito pelo profeta Joel".

Pedro, então, citou o livro de Joel e disse: "Nos últimos dias, diz Deus, derramarei do meu Espírito sobre todos os povos. Os seus filhos e as suas filhas profetizarão, os jovens terão visões, os velhos terão sonhos. Sobre os meus servos e as minhas servas derramarei do meu Espírito. Mostrarei maravilhas em cima no céu e sinais em baixo, na terra e todo aquele que invocar o nome do Senhor será salvo". Pedro proclamou o evangelho com ousadia. Ele continuou:

"Vocês se lembram dos milagres realizados por Jesus quando Ele vivia entre nós. Vocês os viram com os próprios olhos! Fazia parte do plano de Deus entregar o seu Filho para morrer, porém homens perversos mataram o Senhor da glória, pregando-o na cruz. Mas esse não foi o Seu fim". Pedro continuou: "A morte não pôde manter Jesus na sepultura, pois ela não tinha poder sobre ele. Deus ressuscitou Jesus dos mortos!"

Pedro citou o salmo 16 e dirigiu-se à multidão: "Quando Davi disse que Deus não permitiria que o Seu 'Santo visse corrupção', ele estava se referindo a Jesus. O rei Davi morreu, porém ele previu o dia em que Deus colocaria um de seus descendentes em seu trono. Davi profetizou a ressurreição de Cristo. Este Jesus – aquele que vocês crucificaram – é o cumprimento de todas as promessas de Deus".

Que diferença o Espírito Santo fez na vida de Pedro! O mesmo homem que teve medo de confessar conhecer Jesus a uma criada do sumo sacerdote quando ele foi preso, estava ali desafiando corajosamente os homens que ajudaram a crucificar o Senhor! Aconteceu exatamente como Jesus disse que seria quando falou aos Seus discípulos que em pouco tempo eles receberiam poder do céu para serem Suas testemunhas, primeiro em Jerusalém e, depois, no resto do mundo. Nós podemos ver que Pedro certamente recebeu esse poder quando falava à multidão sobre as boas novas da vida, morte e ressurreição de Jesus. O medo de Pedro se foi, sendo substituído pela coragem do Espírito Santo para contar a todos sobre Cristo.

HISTÓRIA 124
Novos convertidos

ATOS 2.36-47

Depois que o Espírito Santo foi derramado sobre Pedro, ele se levantou diante de toda a multidão e disse: "Que todo Israel fique certo disto: Este Jesus, a quem vocês crucificaram, Deus o fez Senhor e Cristo." Enquanto Pedro pregava o Evangelho, o Espírito Santo começou a agir no coração das pessoas que o ouviam. De repente, elas perceberam que pecaram ao crucificar Jesus, o Filho de Deus. Aflitas e conscientes de seu pecado, elas perguntaram a Pedro e aos outros apóstolos: "Irmãos, que faremos?" (Atos 2.37).

"Arrependam-se, e cada um de vocês seja batizado em nome de Jesus Cristo, para perdão dos seus pecados", respondeu Pedro. "Então, vocês receberão o dom do Espírito Santo." E continuou: "Pois a promessa é para vocês, para os seus filhos e para todos os que estão longe, para todos quantos o Senhor, o nosso Deus, chamar" (Atos 2.39). Pedro continuou pregando, convidando as pessoas a confiarem em Jesus para que pudessem receber a salvação pelos seus pecados. Naquele mesmo dia, cerca de três mil pessoas acreditaram nas boas-novas do Evangelho. Elas foram batizadas e tornaram-se membros da primeira igreja cristã que existiu.

Centenas de anos antes, o profeta Joel escreveu as seguintes palavras, proferidas pelo próprio Deus: "Mostrarei maravilhas em cima no céu e sinais em baixo, na terra [...] E todo aquele que invocar o nome do Senhor será salvo!" (Atos 2.19, 21). Essas palavras estavam se cumprindo, pois muitas pessoas depositaram a sua fé em Jesus e foram salvas naquele dia. Depois de pregarem, os apóstolos realizaram muitos sinais e maravilhas entre o povo. E, depois de terem o coração tocado por Deus, muitas pessoas desejavam aprender mais e mais sobre Jesus. Elas passavam os seus dias orando, ouvindo as pregações dos apóstolos e dedicando-se à comunhão com todos os que criam.

Esses novos convertidos compartilhavam tudo o que tinham uns com os outros. Alguns vendiam os seus bens e propriedades para distribuir o dinheiro a quem precisava. Todos se reuniam no templo e em suas casas, para adorar ao Senhor. Eles comiam e participavam juntos das refeições, com alegria e sinceridade de coração. E todos os

dias, mais e mais pessoas eram salvas. Esses novos cristãos formaram a primeira igreja cristã. A sua adoração e o seu amor uns pelos outros faziam com que os de fora percebessem a diferença maravilhosa que Deus pode fazer na vida de uma pessoa.

Não é incrível como o poder de Deus transforma as pessoas? Todos nós nascemos pecadores egoístas, que desejam guardar o que possuem apenas para si mesmos. Até mesmo crianças pequenas não gostam de dividir os seus brinquedos com os amiguinhos. Porém, essa história nos mostra que Deus pode transformar, até mesmo, o coração das pessoas que crucificaram Jesus! Você sabia que o Espírito de Deus opera da mesma maneira em nós hoje? Primeiro, Deus nos ajuda a enxergar quão pecadores nós somos. Depois, ele nos ajuda a crer que Jesus morreu em nosso lugar para nos salvar de nossos pecados. Então, quando cremos, somos transformados pelo Espírito de Deus e o nosso coração se enche de alegria por ter sido perdoado! Quando, finalmente, entendemos que o nosso verdadeiro tesouro é encontrado em Jesus, adquirimos um desejo natural de compartilhar aquilo que temos com quem precisa.

Vamos conversar sobre esta história!

O que está acontecendo na imagem da esquerda?

O que acontece de diferente na imagem da direita?

O que você acha que aconteceu?

HISTÓRIA 125
A cura do mendigo paralítico

ATOS 3.1 – 4.22

Certo dia, Pedro e João subiram ao templo para orar. Quando se aproximaram da porta do templo, estava sendo levado em uma maca um homem aleijado de nascença. Ele nunca havia andado em toda a sua vida. Aquele pobre homem era colocado ali todos os dias para pedir esmolas aos que entravam no templo. Ao ver Pedro e João aproximando-se, ele fez o que sempre fazia: pediu-lhes esmola.

Pedro e João pararam e olharam bem para ele. "Olhe para nós!", disse Pedro. O homem olhou para eles com atenção, esperando receber algum dinheiro. No entanto, em vez de dar esmolas, Pedro disse: "Não tenho prata nem ouro, mas o que tenho, isto lhe dou. Em nome de Jesus Cristo, o Nazareno, ande!" (Atos 3.6). Pedro tomou-o pela mão direita e ajudou-o a levantar-se. Imediatamente, os pés e os tornozelos debilitados daquele homem ficaram firmes. Depois disso, ele entrou com eles no templo, andando, saltando e louvando a Deus! Todos que o viram fazendo isso ficaram perplexos e admirados, pois reconheceram que aquele era o mesmo homem que costumava mendigar, sentado à porta do templo. Agora, ali estava ele curado, andando e pulando, como se nunca tivesse sido aleijado!

Ao ver a reação do povo, Pedro disse: "Por que isto os surpreende? Por que vocês estão olhando para nós, como se tivéssemos feito este homem andar por nosso próprio poder? Este homem foi curado pelo poder de Jesus – aquele a quem vocês entregaram para Pilatos, para ser morto. Vocês negaram publicamente o Santo e Justo e pediram que lhes fosse libertado um assassino. Vocês mataram o autor da vida, mas Deus o ressuscitou dos mortos. E nós somos testemunhas disso – nós vimos Jesus ressurreto! Foi o nome de Jesus, e a fé no nome dele, que curou este homem que vocês veem e conhecem." Pedro, então, pediu que o povo se arrependesse de seus pecados e entregassem sua vida a Jesus. Ele ensinou sobre os profetas do Antigo Testamento e mostrou como eles apontaram para a vinda do Messias. Muitos dos que ouviram naquele dia creram.

Porém, nem todos ficaram felizes. O ensino dos apóstolos perturbou muito os sacerdotes e saduceus que foram, junto com o capitão da guarda do templo, prender Pedro e João. No dia seguinte, ambos foram interrogados pelos líderes religiosos. Eles perguntaram: "Com que poder ou em nome de quem vocês curaram aquele mendigo?" Então Pedro, cheio do Espírito Santo, disse-lhes: "Eu quero que saibam os senhores e todo o povo de Israel que, por meio do nome de Jesus Cristo, o Nazareno, a quem os senhores crucificaram, mas a quem Deus ressuscitou dos mortos, este homem está aí curado diante dos senhores." Essa não era a resposta que os líderes religiosos desejavam ouvir. Eles esperavam ter assustado Pedro e João, fazendo com que eles se calassem e parassem de pregar aquela

mensagem. Por isso, aquelas autoridades religiosas os ameaçaram e ordenaram que João e Pedro não falassem a mais ninguém sobre Jesus. No entanto, os discípulos de Jesus se recusaram a fazer isso. "Não podemos deixar de falar do que vimos e ouvimos", eles responderam. Diante disso, os líderes religiosos os deixaram ir, pois todo o povo estava louvando a Deus pela cura do mendigo paralítico.

Pedro desafiou, ainda mais uma vez, os líderes religiosos naquele dia, dizendo: "Este Jesus é 'a pedra que vocês, construtores, rejeitaram, e que se tornou a pedra angular'. Não há salvação em nenhum outro, pois debaixo do céu não há nenhum outro nome dado aos homens pelo qual devamos ser salvos." As palavras de Pedro continuam sendo tão verdadeiras hoje quanto naquele dia em que ele as proferiu. Crer em Jesus e em sua morte pelos nossos pecados é o único caminho para qualquer pessoa ser salva.

Vamos conversar sobre esta história!

Quem são os dois homens na frente da imagem?
Por que o homem da esquerda está com as mãos para o alto?
O que as pessoas da multidão acharam do que aconteceu com ele?

HISTÓRIA 126
Ananias e Safira

ATOS 4.32. – 5.16

Conforme o Evangelho se espalhava por Jerusalém e a primeira igreja crescia cada vez mais, a obra de Deus no coração dos novos convertidos podia ser vista por meio das coisas maravilhosas que eles passaram a fazer. Muitas pessoas que possuíam casas ou terras vendiam as suas propriedades para dar o dinheiro aos apóstolos. Elas queriam que seus recursos fossem usados para ajudar a quem precisasse. José, que também era chamado Barnabé, vendeu um campo que possuía e entregou o dinheiro aos apóstolos, como uma oferta aos pobres.

Havia, porém, um casal, Ananias e Safira, que pensava diferente. Eles queriam que todos vissem que tinham vendido a sua propriedade para dar o dinheiro aos pobres, mas não queriam entregar todo o dinheiro da venda. Quando Ananias recebeu a quantia pela venda da sua propriedade, ficou com uma parte para si e entregou apenas o restante aos apóstolos. Acontece que Ananias fingiu que tinha dado todo o dinheiro; ele e Safira, porém, sabiam que isso não era verdade.

Deus, é claro, também sabia disso! Portanto, Deus fez com que Pedro dissesse: "Ananias, como você permitiu que Satanás enchesse o seu coração, a ponto de mentir ao Espírito Santo e guardar para si uma parte do dinheiro que recebeu pela propriedade?" Ananias não tinha como responder. Pedro, então, falou firme com ele: "Ninguém o forçou a vender a sua propriedade e ninguém o forçou a dar o dinheiro da venda aos pobres. Você poderia ter ficado com tudo para você! Você pecou ao fazer o que fez. Você não mentiu aos homens, mas sim a Deus." Ao ouvir as palavras de Pedro, Ananias caiu no chão e morreu. Todos que ouviram o que havia acontecido foram tomados de grande temor pela seriedade do pecado e pelo julgamento de Deus. Então, alguns dos homens mais jovens vieram, envolveram o corpo de Ananias, levaram-no para fora e o sepultaram.

Cerca de três horas mais tarde, sua mulher, Safira, entrou no local onde os apóstolos estavam reunidos sem saber o que havia acontecido com o seu marido. Pedro lhe perguntou: "Diga-me, foi esse o preço que vocês conseguiram pela propriedade?" Ele estava dando a Safira uma oportunidade de dizer a verdade. Porém, assim como o seu marido, Safira mentiu. Em vez de dizer, simplesmente, que receberam uma quantia maior do que disseram quando venderam a propriedade, ela mentiu a Pedro, dizendo que tinham dado aos apóstolos tudo o que receberam. Pedro, então, lhe disse: "Por que vocês entraram em acordo para tentar o Espírito do Senhor? Veja! Estão à porta os pés dos que sepultaram seu marido, e eles a levarão também." Naquele mesmo instante, ela caiu aos pés dele e morreu. Então os moços entraram e, encontrando-a morta, levaram-na e a sepultaram ao lado de seu marido. E, mais uma vez, um grande temor

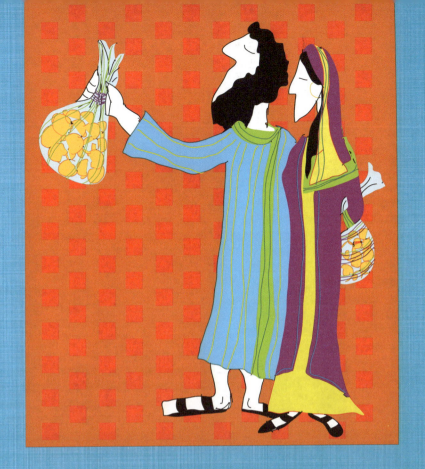

apoderou-se de toda a igreja e de todos os que ouviram falar desses acontecimentos.

Pedro afirmou que, quando Ananias e Safira mentiram, eles estavam pecando contra Deus. Eles tentaram enganar Pedro também; porém, é muito mais sério o fato de terem mentido para o próprio Deus. Enquanto Jesus ainda estava na terra, ele disse a Pedro que edificaria a sua Igreja e que as portas do inferno não prevaleceriam contra ela. A mentira de Ananias e Safira ameaçou a propagação do Evangelho, a saúde e a força da nova Igreja. O Senhor não permitiria que algo prejudicasse a sua Igreja. O julgamento de Deus sobre Ananias e Safira ajudou a fazer com que os novos convertidos percebessem quão sério é pecar contra o Senhor, e isso os ajudou a seguir e obedecer a Deus.

Vamos conversar sobre esta história!

O que Ananias e sua mulher disseram que fariam com o dinheiro da venda da sua propriedade?

Qual foi a mentira que eles contaram?

Contra quem Pedro disse que eles pecaram?

HISTÓRIA 127

A morte de Estêvão

ATOS 6 – 7

À medida que a Igreja crescia em Jerusalém, cada vez mais pessoas pobres, principalmente viúvas, precisavam de ajuda para se alimentar e para outras necessidades básicas da vida. Os apóstolos sabiam que o Senhor queria que eles passassem o seu tempo orando e ensinando a Palavra de Deus. Eles, portanto, pediram que a Igreja escolhesse sete homens para cuidar das viúvas e se certificar de que todos eram tratados de forma justa. "Escolham homens cheios do Espírito Santo e de sabedoria", eles disseram. Um dos escolhidos foi Estêvão, um homem cheio do Espírito Santo e de fé.

O Espírito Santo também estava usando Estêvão para pregar o Evangelho por meio de grandes sinais e maravilhas. Cada vez mais pessoas passaram a prestar atenção no que Estêvão dizia e fazia, só que os líderes religiosos judeus não estavam gostando disso. Eles começaram a fazer perguntas difíceis e desafiadoras, quando Estêvão pregava em público, na tentativa de fazê-lo parecer tolo. No entanto, a sabedoria de Estêvão não podia se comparar com a deles, pois o Espírito Santo estava com ele.

Os líderes, portanto, tentaram outra estratégia. Eles subornaram alguns homens para dizerem que Estêvão estava espalhando blasfêmias contra Moisés e contra Deus. Esses homens contaram essa mentira aos líderes religiosos e aos mestres da lei, agitando o povo contra Estêvão. Em pouco tempo, Estêvão foi preso e levado perante o conselho judeu, onde foram apresentadas falsas testemunhas afirmando que ele pregava contra o templo e contra a lei de Moisés. Contudo, Estêvão sabia que estava apenas pregando as boas-novas do Evangelho de Jesus. Apesar de todas as mentiras proferidas contra ele, Estêvão confiou no Senhor. Todos os que estavam sentados no conselho viram que o seu rosto parecia o rosto de um anjo.

Quando chegou a hora de Estêvão se defender, ele respondeu a todas as acusações simplesmente pregando o Evangelho a todas as pessoas presentes naquele lugar. Ele começou falando sobre Abraão. Depois, mencionou José, Moisés, Davi e Salomão. Estêvão lembrou a todos os ouvintes das promessas de Deus, do pecado de Israel e da sua resistência para crer e confiar em Deus. Finalmente, disse: "Povo rebelde, obstinado de coração e de ouvidos! Vocês são iguais aos seus antepassados: sempre resistem ao Espírito Santo! Vocês traíram e mataram Jesus, o Justo de Deus!"

Quando ouviram essas palavras, todos ficaram furiosos! Estêvão, no entanto, continuou falando, pois Deus lhe deu uma visão: "Vejo o céu aberto e a glória de Deus. Vejo Jesus de pé, à direita do Pai." Ao ouvirem isso, todos se juntaram, arrastaram Estêvão para fora da cidade e começaram a apedrejá-lo. O povo o apedrejou até a morte, enquanto um jovem fariseu, chamado Saulo, assistia à cena, satisfeito com o que via. Daquele dia em diante, as coisas ficaram muito difíceis para a igreja em Jerusalém. A morte de Estêvão marcou o início de uma grande perseguição. Iniciou-se um tempo em que os cristãos foram maltratados, presos e até mortos pelos seus inimigos. Muitos cristãos precisaram fugir de Jerusalém e se espalhar pelas regiões próximas, pois não era mais seguro que todos permanecessem juntos em um mesmo lugar.

Quando lemos pela primeira vez sobre a morte de Estêvão e a perseguição da Igreja, pode parecer que os cristãos foram totalmente derrotados. Porém, Deus sempre age para o cumprimento de seus planos. Os cristãos que foram espalhados e dispersos por causa da perseguição começaram a pregar o Evangelho nas regiões próximas a Jerusalém. Por causa disso, muitas pessoas que não viviam naquela cidade puderam ouvir o Evangelho e receber a salvação. Lucas contou: "A mão do Senhor estava com eles, e muitos creram e se converteram ao Senhor" (Atos 11.21). Desde aqueles dias até hoje, ninguém jamais conseguiu impedir o avanço do Evangelho!

Vamos conversar sobre esta história!

O que as pessoas da imagem estão fazendo e por quê?

O que aconteceu com os outros cristãos?

Como Deus usou a perseguição aos cristãos para propagar as boas-novas do Evangelho de Jesus?

HISTÓRIA 128

Saulo é derrubado no chão

ATOS 8. 1-8 – 26-40; 9.1-28; 22.4-21; 26.9-18

Após a morte de Estêvão, Saulo, o fariseu, assumiu a liderança pela prisão e punição de cristãos, simplesmente por crerem em Jesus. Ele fez tudo o que podia para destruir a nova Igreja. Saulo ia de casa em casa à procura de homens e mulheres que fossem seguidores de Jesus. Quando os encontrava, arrastava-os e os lançava na prisão, para que esperassem pelo dia do julgamento. Quando eram considerados culpados, Saulo votava para que fossem punidos com a morte.

Apesar de tudo isso, as boas-novas sobre Jesus eram compartilhadas com cada vez mais pessoas. Os cristãos que fugiam da perseguição de Jerusalém pregavam o Evangelho a todos que conheciam. Um homem chamado Filipe pregou em Samaria, e muitas pessoas creram na mensagem de Deus. Algum tempo depois, ele conheceu um oficial etíope na estrada e compartilhou com ele as boas-novas de Jesus. O etíope creu e deu ordem para que parassem a carruagem em que estava, a fim de que pudesse ser batizado imediatamente. A partir dali, Filipe partiu pregando o Evangelho até a Cesareia.

Enquanto as boas-novas se espalhavam, Saulo continuava a perseguir os discípulos de Jesus. O desejo do seu coração era matar todos eles. Ele recebeu permissão do sumo sacerdote de Damasco para prender os cristãos daquele lugar e levá-los para Jerusalém. No entanto, Deus tinha outros planos para Saulo. Durante a sua viagem, quando ele se aproximava de Damasco para realizar o seu plano maligno, de repente brilhou ao seu redor uma luz fortíssima, vinda do céu. Ele caiu por terra e ouviu uma voz, que lhe dizia: "Saulo, Saulo, por que você me persegue?" (Atos 9.4). Saulo perguntou: "Quem és tu, Senhor?" Na verdade, ele não sabia que era Jesus. O Senhor respondeu: "Eu sou Jesus, a quem você persegue" (Atos 9.5). "Levante-se! Eu estou enviando você como minha testemunha aos gentios, para que eles se voltem da escuridão para a luz, sejam perdoados de seus pecados e creiam em mim." Jesus mandou Saulo entrar na cidade, porém ele estava cego por causa da forte luz que o atingiu e precisou ser guiado pela mão até Damasco pelos homens que viajavam com ele.

Na cidade de Damasco, o Senhor deu uma visão a um cristão chamado Ananias, e nela Jesus disse: "Vá e encontre um homem chamado Saulo. Ele estará orando e verá em uma visão que um homem chamado Ananias vai chegar e impor-lhe as mãos para que volte a ver." Mas Ananias tinha medo de Saulo e disse: "Senhor, tenho ouvido muita coisa a respeito desse homem e de todo o mal que ele tem feito aos teus santos em Jerusalém." O Senhor confortou Ananias, respondendo: "Este homem é meu instrumento escolhido para levar o meu nome perante os gentios. Mostrarei a ele o quanto deve sofrer pelo meu nome." Ananias, então, obedeceu ao Senhor e foi até a casa onde Saulo estava. Ele impôs as mãos sobre Saulo e disse: "Irmão Saulo, o Senhor Jesus, que lhe apareceu no caminho por onde vinha, enviou-me para que você volte a ver e seja cheio do Espírito Santo" (Atos 9.17). Imediatamente, algo parecido com escamas caiu dos olhos de Saulo e ele passou a ver novamente. Em seguida, ele se levantou e foi batizado.

A partir daquele dia, Saulo, em vez de perseguir e prender os cristãos, passou a pregar o Evangelho a todos que encontrava. Por causa disso, os judeus planejaram matá-lo! Porém, Saulo conseguiu escapar, pois os seus discípulos o levaram de noite e o fizeram descer num cesto através de uma abertura na muralha da cidade.

Você sabia que Saulo e o apóstolo Paulo são a mesma pessoa? Depois que se tornou cristão, Saulo mudou o nome para Paulo - e, exatamente como Jesus havia dito, o Senhor usou Paulo para espalhar o Evangelho aos gentios por todo o mundo. A conversão de Saulo nos mostra que Deus pode salvar qualquer pessoa, não importa quão pecadora ela seja. Saulo planejava destruir a Igreja, mas ele não era páreo para Jesus. Ninguém pode impedir a propagação do Evangelho. Muitas vezes, quando os cristãos são perseguidos, a Palavra de Deus se espalha ainda mais.

Vamos conversar sobre esta história!

O que está acontecendo com Saulo na imagem?
Por que Ananias tinha medo de Saulo?
Como Deus transformou Saulo?

HISTÓRIA 129
A conversão dos gentios
ATOS 10.1 – 11.18

Quando começou a perseguição aos cristãos em Jerusalém, eles se espalharam por toda parte. Os judeus cristãos passaram a compartilhar as boas-novas de Jesus com todas as pessoas que conheciam. Foi assim que os gentios – aqueles que não eram judeus – começaram a ouvir sobre o Evangelho. Mas havia um problema: muitos judeus cristãos não queriam se envolver com os gentios. Eles acreditavam que os gentios eram impuros. Alguns até achavam que aquela gente não deveria fazer parte da família de Deus!

Em uma cidade portuária chamada Cesareia, que ficava a cerca de noventa quilômetros de Jerusalém, vivia um centurião chamado Cornélio. Ele era gentio, mas adorava ao Deus dos judeus e orava a ele fielmente. Certo dia, um anjo do Senhor veio a ele em uma visão. "As suas orações foram ouvidas, Cornélio", disse o ser celestial. "Agora, mande alguns homens a Jope para trazerem um homem chamado Pedro. Ele está hospedado na casa de Simão, o curtidor de couro." Cornélio, imediatamente, chamou dois dos seus servos e um soldado para irem buscar Pedro.

No dia seguinte, enquanto os homens viajavam e se aproximavam da cidade, Pedro subiu ao terraço da casa de Simão para orar. Deus deu a ele uma visão na qual viu o céu aberto e algo semelhante a um grande lençol que descia à terra, preso pelas quatro pontas. Dentro do lençol, havia toda espécie de animais impuros, cujo consumo era proibido aos judeus segundo a lei de Deus. Então, uma voz lhe disse: "Levante-se, Pedro; mate e coma" (Atos 10.13). Pedro, porém, respondeu: "De modo nenhum, Senhor! Jamais comi algo impuro ou imundo!" (Atos 10.14). Mas a voz falou pela segunda vez: "Não chame impuro

ao que Deus purificou" (Atos 10.15). Isso aconteceu três vezes, e em seguida o lençol foi recolhido ao céu.

Enquanto Pedro ainda estava refletindo sobre o significado da visão, os três homens enviados por Cornélio chegaram à casa de Simão e o chamaram. Nesse momento, o Espírito de Deus falou com Pedro: "Três homens estão procurando por você. Portanto, levante-se e desça. Não hesite em ir com eles, pois eu os enviei." Pedro, então, desceu e ouviu tudo o que os três homens tinham a contar sobre a visão de Cornélio. No dia seguinte, o discípulo viajou com eles até a casa daquele homem, que o esperava na companhia de sua família e de amigos mais íntimos. Quando os encontrou, Pedro disse: "Vocês sabem muito bem que é contra a nossa lei um judeu associar-se a um gentio, ou mesmo visitá-lo. Mas Deus me mostrou que eu não deveria chamar impuro ou imundo a homem nenhum" (Atos 10.28). Era exatamente isso que a visão de Deus deveria ensinar a Pedro.

Pedro contou a história da morte e ressurreição de Jesus a Cornélio, aos seus parentes e amigos. Enquanto ele ainda estava pregando, o Espírito Santo foi derramado sobre todos que estavam ouvindo, e eles começaram a falar em línguas! Os judeus convertidos que vieram de Jope com Pedro, ficaram admirados de que o dom do Espírito Santo fosse derramado até sobre os gentios, pois não tinham dúvida de que era isso que havia acontecido! Pedro viu que aquelas pessoas criam em Jesus e ordenou que elas fossem batizadas. Mais tarde, quando Pedro retornou a Jerusalém, algumas pessoas o criticaram por ele ter comido com os gentios. Porém, quando ele lhes contou toda a história, eles louvaram a Deus, pois se deram conta de que o Senhor tinha dado a vida eterna aos gentios, assim como aos judeus, por meio do sacrifício de Jesus.

Antes da vinda de Jesus, os gentios não faziam parte do povo de Deus, mas a cruz mudou isso. Os apóstolos estavam aprendendo que a promessa feita por Deus, primeiro a Abraão, para abençoar todas as nações, foi cumprida por meio do Evangelho de Jesus. Aquela foi uma grande mudança de pensamento. Jesus, descendente distante de Abraão, não morreu apenas pelos judeus: ele veio ao mundo pelas pessoas de todas as tribos, línguas e nações. O sangue de Jesus tem poder para salvar todos os seres humanos de seus pecados, tanto os judeus quanto todos os gentios. A porta da salvação foi aberta para todos, por meio do sangue de Cristo.

Vamos conversar sobre esta história!

Quais animais estão na imagem?

Por que Pedro não quer obedecer a Deus e comer aqueles tipos de animais?

O que Deus está tentando ensinar a Pedro?

HISTÓRIA 130

O fruto do Espírito

GÁLATAS

À medida que as boas-novas sobre Jesus se espalhavam para os gentios, novas igrejas foram sendo formadas na Judeia, em Samaria e na Ásia. O apóstolo Paulo viajou por toda a região da Ásia, pregando o Evangelho por onde quer que andasse. Em pouco tempo, havia igrejas em cidades ao longo de todo o mar Mediterrâneo. Paulo também levou a mensagem de Jesus para áreas do interior, como Galácia e Macedônia, e para Roma, capital do império. Contudo, Paulo não ficava muito tempo no mesmo lugar. Depois de edificar as igrejas nos locais por onde passava, ele escolhia alguns homens, treinados e discipulados por ele próprio, para pastorear aquelas congregações. Paulo treinou homens como Tito e Timóteo para ajudá-lo a supervisionar os líderes das novas igrejas. Como havia muitas congregações de cristãos espalhadas pelo mundo de sua época, o apóstolo Paulo não conseguia voltar para visitar todas elas – por isso, ele escrevia cartas para ensinar, encorajar e auxiliar o seu crescimento.

Muitas das cartas do apóstolo Paulo fazem parte da Bíblia que temos hoje, como, por exemplo, a carta que ele enviou às igrejas das cidades da Galácia. O Espírito Santo inspirava Paulo a escrever essas cartas, portanto as palavras nelas contidas não são do apóstolo, mas do próprio Deus. Embora, em tais cartas, Paulo escrevesse a um grupo específico, os textos, por se tratarem de palavras inspiradas por Deus, podem ensinar e ajudar qualquer pessoa. Em suas cartas aos gálatas, por exemplo, Paulo advertiu sobre os falsos mestres, que tentavam alterar o Evangelho. Esses mestres estavam ensinando aos gálatas que somente crer em Jesus não era suficiente, mas que também precisavam seguir as leis judaicas, se quisessem ser salvos. O apóstolo Paulo sabia que isso não era verdade, e por isso afirmou que acrescentar qualquer coisa ao Evangelho é transformá-lo em algo completamente diferente. Se alguém diz: "Eu preciso que Jesus morra pelos meus pecados, mas também preciso cumprir todas as leis judaicas para ser um cristão verdadeiro e ser salvo", então essa pessoa não está confiando verdadeiramente no sacrifício de Jesus na cruz. Essa advertência é muito boa e útil a todos os cristãos, de todos os tempos. Por isso, Deus garantiu que as cartas de Paulo fossem preservadas como parte da Bíblia que temos hoje. Foi isso que aconteceu com a carta aos cristãos da Galácia, que se tornou o livro de Gálatas.

Nessa carta, o apóstolo Paulo ensina que os nossos pecados não são perdoados por causa das coisas boas que fazemos para Deus. Nossas transgressões só podem ser perdoadas por causa da obra perfeita que Deus fez por nós, ao enviar o seu Filho Jesus para morrer na cruz pelos nossos pecados. Quando confiamos em Jesus, o Espírito Santo nos liberta do poder do pecado e transforma a nossa vida de maneira completa e evidente. Quando Deus salva uma pessoa irritada e impaciente, por exemplo, ela começa a se tornar amorosa, paciente e bondosa. Paulo chamou essas mudanças na vida dos cristãos de "fruto do Espírito" e deu aos gálatas uma lista de exemplos de quais são eles. Ele escreveu: "O fruto do Espírito é amor, alegria, paz, paciência, amabilidade, bondade, fidelidade, mansidão

260

e domínio próprio. Contra essas coisas não há lei" (Gálatas 5.22-23). O fruto do Espírito é muito diferente dos atos de nossa natureza pecaminosa, como a raiva e a inveja. Dessa forma, quando vemos o fruto do Espírito em alguém, podemos perceber que Deus está operando naquela pessoa.

O fruto do Espírito não é uma lista de coisas que devemos fazer para merecer o amor de Deus. Afinal de contas, o Senhor nos amou quando ainda éramos seus inimigos! O fruto do Espírito flui de nossa vida à medida que Deus transforma o nosso coração e passamos a viver para ele. Nesta vida, nós ainda cometeremos pecados, mas o nosso objetivo é nos tornarmos mais parecidos com Jesus. Portanto, todas as vezes que não conseguirmos ser pacientes, bondosos, gentis ou quando não conseguirmos ter domínio próprio, não devemos desistir. Precisamos nos lembrar de que todos os nossos pecados foram pagos por Jesus na cruz. E, quando conseguimos fazer aquilo que devemos, precisamos agradecer a Deus pela ajuda do seu Espírito Santo. Paulo terminou a sua carta dizendo aos gálatas que a única coisa na qual devemos nos gloriar é no sacrifício de Jesus por nós na cruz.

Vamos conversar sobre esta história!

Mostre, na imagem, os frutos crescendo de dentro do coração e leia cada um deles.

Quem faz esses frutos nascerem no nosso coração?

O que a cruz tem a ver com o fruto do Espírito?

HISTÓRIA 131
O corpo de Cristo
ATOS 18.1-11; 1CORÍNTIOS 12

O apóstolo Paulo fez muitas viagens missionárias para levar as boas-novas sobre Jesus àqueles que nunca haviam ouvido. Em uma dessas jornadas, Paulo foi para uma cidade grega chamada Corinto. Todos os sábados, ele visitava uma sinagoga para tentar convencer judeus e gregos de que Jesus era o Messias. No entanto, os judeus de Corinto recusaram-se a acreditar. Paulo, portanto, sacudiu a roupa, saiu da sinagoga e disse: "Já que se recusam a crer, vocês não têm ninguém a culpar além de si mesmos." Ele continuou: "Estou livre da minha responsabilidade. De agora em diante irei para os gentios" (Atos 18.6).

Paulo saiu dali e foi recebido na casa de Tício Justo, um homem temente a Deus que morava ao lado da sinagoga. O apóstolo pregou aos gentios daquele lugar, e muitos creram em Jesus. E como ele estava pregando próximo da sinagoga, muitos judeus ouviam os seus ensinos e se convertiam também. Até mesmo o chefe da sinagoga creu e foi salvo ao ouvir a sua pregação. Certa noite, o Senhor falou a Paulo por meio de uma visão: "Não tenha medo, continue falando e não fique calado, pois estou com você, e ninguém vai lhe fazer mal ou feri-lo, porque tenho muita gente nesta cidade" (Atos 18.9-10). O apóstolo Paulo, portanto, ficou um ano e meio naquele lugar ensinando aos coríntios.

Anos depois, Paulo recebeu a notícia de que a igreja de Corinto estava passando por dificuldades. Os seus membros estavam cometendo muitos pecados! Os coríntios haviam se tornado bastante orgulhosos por causa dos muitos dons que Deus os concedera, em vez de terem uma postura de humildade e gratidão. Além disso, maridos e mulheres não estavam sendo fiéis uns aos outros e havia muitas discussões e brigas entre os membros da igreja. Alguns chegaram até a levar os seus conflitos ao tribunal, em vez de resolverem amigavelmente, entre si, na própria igreja. Em vez de estarem unidos

em Cristo, aqueles cristãos estavam divididos. Alguns diziam que seguiam Paulo, enquanto outros diziam que eram seguidores de Pedro ou de Apolo. Então, o apóstolo Paulo, guiado pelo Espírito Santo, escreveu uma carta para encorajá-los e corrigi-los. Como o Espírito Santo orientou Paulo, nós dizemos que a sua carta foi inspirada por Deus. Por isso, a sua carta aos coríntios nos ajuda, ainda nos dias de hoje, quando também lutamos contra o pecado.

Nessa carta, Deus falou por meio de Paulo sobre como o seu povo deveria viver em unidade. O apóstolo disse que a Igreja de Cristo é como um corpo humano composto de muitos membros diferentes, como mãos, braços, pernas e olhos. Paulo escreveu: "Se o pé disser: 'Porque não sou mão, não pertenço ao corpo', nem por isso deixa de fazer parte do corpo" (1Coríntios 12.15). Com isso, ele queria que os coríntios percebessem que, embora nós sejamos diferentes uns dos outros e tenhamos dons espirituais diversos, todos pertencemos a Cristo e fazemos parte de seu corpo, a Igreja. Paulo perguntou: "Se todo o corpo fosse olho, onde estaria a audição? Se todo o corpo fosse ouvido, onde estaria o olfato?" Ele queria que seus leitores percebessem que todos precisam uns dos outros. Ora, o olho não pode dizer à mão: "Eu não preciso de você!", nem a cabeça desmerecer os pés, dizendo que não precisa deles. Um corpo precisa de todas as suas partes! Se todos os cristãos são salvos pela morte de Jesus na cruz, somos chamados a espalhar as boas-novas de Jesus e a usar os nossos dons para ajudar os outros. Contudo, Deus deu a cada um de nós um dom diferente. Ele quer que os pontos fortes de uns sirvam para ajudar os outros em suas fraquezas. Então, em vez de nos gloriarmos de nossos talentos e dons, ou de brigarmos uns com os outros, devemos usá-los para nos servirmos uns aos outros. Os dons especiais de cada um devem trabalhar juntos para edificar a Igreja e espalhar as boas-novas do Evangelho. Na verdade, Jesus afirmou que as pessoas do mundo saberiam que somos seus discípulos por meio do nosso amor uns pelos outros (João 13.34-35).

Vamos conversar sobre esta história!

Por que todas essas pessoas diferentes da imagem precisam umas das outras?

Quais são os dons dados pelo Senhor às pessoas diferentes da sua família?

Quais são os dons que ele deu a você?

Vamos conversar sobre esta história!

O que está acontecendo na imagem?
De que maneira a mulher da imagem está demonstrando amor para com o menino?
Como Jesus nos mostrou o amor de Deus?

HISTÓRIA 132

Amor

1 CORÍNTIOS 13

Todos desejam ser amados, mas nem sempre querem amar os outros. Era exatamente este o problema da igreja de Corinto: eles se gabavam de seus dons espirituais, porém não eram bondosos uns com os outros. Por causa disso, o apóstolo Paulo ressaltou em sua carta o maior dom espiritual de todos – o dom do amor.

Os coríntios pensavam que dons espirituais, como falar em línguas, eram mais importantes do que o amor. Talvez eles nem considerassem o amor como um dom espiritual! O amor, no entanto, é um dom maravilhoso, e quando combinado aos outros dons do Espírito, ele os torna ainda melhores. Se uma pessoa tiver todos os outros dons, mas usá-los sem amor, eles se tornam inúteis. Deus nos concedeu dons espirituais para abençoarmos os outros, e não para nos enchermos de orgulho e arrogância. E é o amor que garante que os dons sejam usados da maneira correta.

Inspirado pelo Espírito Santo, Paulo escreveu aos irmãos de Corinto: "Ainda que eu fale as línguas dos homens e dos anjos, se não tiver amor, serei como o sino que ressoa ou como o prato que retine. Ainda que eu tenha uma fé capaz de mover montanhas, mas não tiver amor, nada serei. Ainda que eu dê aos pobres tudo o que possuo, mas não tiver amor, nada disso me valerá." Com efeito, você pode ter mais dons do que qualquer outra pessoa; isso, no entanto, não significa nada se esses dons forem usados apenas para si próprio, e não para abençoar os outros. E era exatamente esse o problema dos coríntios.

Para se certificar de que a igreja de Corinto entendesse a mensagem de Deus, o apóstolo Paulo escreveu uma longa lista sobre o que é o amor. Ele fez isso porque o Senhor desejava que eles soubessem que o amor é mais do que um sentimento; é algo que devemos fazer. Quando somos pacientes e bondosos com os outros, isso é amor. Por outro lado, se somos orgulhosos e grosseiros, isso não é amor. Nós demonstramos amor aos outros quando fazemos as suas vontades, em vez das nossas. Segundo Paulo escreveu, o amor não se chateia ou magoa facilmente, nem guarda rancor. Ele não se alegra quando coisas ruins acontecem com outras pessoas; antes, se alegra quando a verdade é revelada. Paulo disse: "O amor não desiste. Ele persiste em esperança e fé. O amor está disposto a enfrentar dificuldades ao longo do caminho." Quando terminaram de ler a lista feita pelo apóstolo Paulo, os coríntios devem ter se envergonhado de todas as suas brigas e discussões.

O amor é o único dom que dura para sempre. Os outros dons espirituais, como os de conhecimento, línguas e profecias, chegarão ao fim; afinal, não precisaremos deles quando estivermos face a face com Deus, na eternidade. O amor, porém, ainda permanecerá para sempre.

Em sua opinião, qual foi a maior demonstração de amor que o mundo já viu? Foi quando Deus enviou o seu único Filho, Jesus, para morrer pelos nossos pecados na cruz. Deus enviou Jesus para morrer por nós quando ainda éramos seus inimigos, quando ainda o odiávamos e pecávamos contra ele. Deus foi paciente e bondoso ao enviar Jesus. Ele não pensou em si mesmo ao se sacrificar – ele pensou em nós. O Senhor não usou os nossos pecados contra nós. Jesus perdoou até mesmo os homens que o pregaram na cruz. Isso é amor!

HISTÓRIA 133

A obra de Paulo em Éfeso

ATOS 19.1 – 20.24

Em outra de suas jornadas missionárias, Paulo viajou ao longo da costa da Ásia e parou em uma cidade chamada Éfeso. Ali, ele encontrou um grupo de homens que eram discípulos de João Batista. Ao conversar com eles, o apóstolo logo descobriu que aquelas pessoas não conheciam Jesus e nunca tinham ouvido falar do Espírito Santo. Paulo, então, explicou que João Batista foi apenas um mensageiro enviado por Deus a fim de preparar o caminho para Jesus. Quando esses discípulos ouviram sobre o Salvador, eles creram na mensagem de Paulo, que os batizou no nome de Jesus. Depois, quando Paulo lhes impôs as mãos, veio sobre eles o Espírito Santo, e eles também começaram a falar em línguas e a profetizar.

O apóstolo Paulo decidiu ficar em Éfeso para anunciar o Evangelho. Ele pregou na sinagoga durante três meses, ensinando às pessoas sobre Jesus e tentando convencê-las sobre o Reino de Deus. Algumas daquelas pessoas, no entanto, eram teimosas e se recusavam a acreditar. Mais que isso, elas começaram a falar mal dos cristãos na frente de todos na sinagoga. Paulo, então, parou de pregar ali e encontrou outro lugar para ensinar os seus seguidores. Ele fez isso por mais dois anos, e a Palavra de Deus sobre Jesus se espalhou entre todos os judeus e gregos que viviam na província da Ásia. Pessoas eram curadas de muitas doenças e os espíritos malignos, expulsos por meio do ministério do apóstolo Paulo. Aquelas que eram salvas confessavam os seus pecados e abandonavam seus falsos deuses. Até os que praticavam ocultismo reuniram seus livros e os queimaram publicamente, tornando-se seguidores de Jesus.

Passados esses dois anos, o Espírito Santo mandou Paulo viajar pela Macedônia, onde os filipenses e os coríntios viviam. O apóstolo, portanto, enviou seus auxiliares, Timóteo e Erasto, à Macedônia, enquanto ele permaneceu mais um pouco em Éfeso para concluir o seu ministério naquele lugar.

Então, quando o apóstolo Paulo estava prestes a partir, começou um grande tumulto entre os cristãos. Tudo teve início com um ourives chamado Demétrio. Esse homem fazia ídolos de prata para vender aos viajantes que iam até a cidade de Éfeso para adorar a deusa Ártemis, também conhecida como Diana. Insatisfeito com a pregação de Paulo, ele reuniu os outros trabalhadores dessa profissão e disse: "Senhores, vocês sabem que temos uma boa fonte de lucro por meio dos adoradores de Diana. No entanto, este Paulo está convencendo e desviando um grande número de pessoas a abandonarem os outros deuses e a seguirem Jesus. Se não fizermos algo para impedi-lo, ninguém mais comprará de nós. A grande deusa Diana e o seu lindo templo também serão esquecidos. Precisamos fazer alguma coisa!" As palavras de Demétrio causaram um grande tumulto em toda a cidade. Dois amigos de Paulo foram presos e a multidão começou a gritar a uma só voz durante cerca de duas horas: "Grande é Diana dos efésios!" (Atos 19.34). Finalmente, um homem chamado Alexandre

conseguiu tomar o controle da situação. Ele acalmou a multidão e os convenceu a irem para casa. "Caso contrário, podemos ser presos por perturbar a ordem pública", advertiu. Depois disso, Paulo conseguiu se despedir de seus discípulos e partir para a Macedônia.

Como costumava fazer sempre que partia, Paulo deixou a igreja de Éfeso nas mãos dos homens que ele mesmo havia treinado e preparado para liderá-la. Como apóstolo, ele foi chamado para levar o Evangelho a lugares onde as pessoas jamais tinham ouvido sobre Jesus e para edificar igrejas locais junto àqueles que criam. Por isso, Paulo passou a sua vida compartilhando o Evangelho, muitas vezes deixando para trás pessoas que amava. Ele teve a oportunidade de visitar a igreja de Éfeso novamente, e uma carta que escreveu para os seus membros faz parte da Bíblia que temos hoje. Ela se chama "livro de Efésios".

Vamos conversar sobre esta história!

Quem está pregando para as pessoas na imagem?
O que Paulo está ensinando a elas?
Aponte para Demétrio, na imagem. Por que ele está de cara feia?

HISTÓRIA 134

Uma nova criação

2 CORÍNTIOS 5.11 – 6.2; 7.5-13

Durante a segunda viagem missionária do apóstolo Paulo, ele viajou para um lugar chamado Trôade, cidade que ficava ao longo da costa do mar Egeu. Paulo esperava encontrar Tito ali e ouvir sobre a sua visita à igreja de Corinto. No entanto, as coisas não saíram como o apóstolo planejava. Primeiro, ele não conseguiu encontrar Tito. Depois, quando tentou ensinar sobre Jesus, as pessoas daquele lugar não quiseram ouvir. Paulo, portanto, decidiu seguir viagem em direção à Macedônia, na esperança de encontrar Tito e ouvir sobre os coríntios. Quando finalmente chegou, o apóstolo Paulo estava cansado da viagem e um pouco desanimado. Mas, em pouco tempo, ele encontrou Tito, e o seu amigo tinha boas notícias sobre a igreja de Corinto.

Tito contou a Paulo que os coríntios estavam indo muito bem. Isso trouxe grande consolo ao apóstolo, pois ele havia escrito uma carta, algum tempo antes, justamente para corrigi-los por causa de graves pecados que estavam acontecendo entre eles. Tito ficou muito feliz em contar que os membros daquela igreja tinham abandonado os seus pecados, e o apóstolo Paulo ficou mais feliz ainda ao ouvir isso! Ele havia, na verdade, ficado triste por ter precisado escrever uma carta de correção. Não foi algo que ele gostou de fazer, mas foi necessário. Portanto, essa boa notícia trazida por Tito fez com que Paulo desejasse escrever outra carta, dessa vez uma mensagem feliz. Na nova carta (que é o livro de 2Coríntios, na nossa Bíblia), Paulo encorajou os seus amigos a continuarem seguindo os caminhos de Deus.

Ao escrever pela segunda vez aos coríntios, o Espírito Santo guiou Paulo a ensiná-los sobre Jesus. O apóstolo sabia que nem todos que liam as suas cartas eram cristãos e que era importante que todos os cristãos sempre se lembrassem do Evangelho. Portanto, ele lembrou aos coríntios que Jesus morreu e ressuscitou para que todo aquele que nele cresse passasse a viver para Deus, e não mais para si. Paulo escreveu que, quando as pessoas se tornam cristãs, tudo em sua vida é transformado em algo novo: "Portanto, se alguém está em Cristo, é nova criação. As coisas antigas já passaram; eis que surgiram coisas novas!" (2Coríntios 5.17). Além disso, ele afirmou que os que foram reconciliados com Cristo tornaram-se seus embaixadores, ou mensageiros. Deus chamou todos que o conhecem a compartilhar sobre Jesus com as outras pessoas – e isso vale para os dias de hoje também. Nós somos embaixadores de Cristo, aqueles que devem levar as boas-novas do Evangelho a todos. Deus fala com as pessoas por meio da mensagem que compartilhamos.

Você sabia que ocorrem mudanças incríveis na vida daqueles que se tornam cristãos? Eles podem até parecer as mesmas pessoas por fora, mas, por dentro, muita coisa mudou. Por isso, o Espírito Santo inspirou o apóstolo Paulo a descrever o cristão como "nova criação" (2Coríntios 5.17), em quem as coisas antigas passaram e as novas surgiram. Todas as pessoas começam como pecadoras em seu interior, essa é a coisa antiga à qual Paulo se refere. Nós não seguíamos a Deus, tampouco fazíamos a sua vontade. Ao contrário – antes de nos convertermos, éramos escravos do pecado e incapazes de mudar por nossas próprias forças. Porém, quando Deus faz de nós uma nova criação, ele quebra as correntes da nossa escravidão ao pecado e nos liberta. Quando o Senhor nos transforma em sua nova criação, ele nos traz de volta à vida, perdoa os nossos pecados e nos dá a justiça de Cristo, para que sejamos completamente novos em nosso interior. Então, dia após dia, Deus começa a nos transformar por fora também! Isso não significa que nunca mais cometeremos pecados, mas sim que podemos confessá-los e receber o perdão do Senhor. E, então, nos levantamos e tentamos de novo! Em vez de viver para o pecado, passamos a viver para Deus. Em vez de correr atrás dos prazeres deste mundo, passamos a correr em direção a Jesus.

Vamos conversar sobre esta história!

O que aconteceu com o coração endurecido do homem, na imagem?

Quem transformou o seu coração?

Você conhece alguém que Deus tenha transformado em uma "nova criação"?

HISTÓRIA 135

Deus ama quem dá com alegria

1CORÍNTIOS 16.1-4; 2CORÍNTIOS 8-9

Um número cada vez maior de gentios estava ouvindo as boas-novas e decidindo seguir Jesus, mas os cristãos de Jerusalém estavam passando por dificuldades. Os seguidores de Jesus continuavam sendo maltratados pelos judeus, e muitos deles eram pobres. Portanto, para ajudá-los, o apóstolo Paulo resolveu coletar dinheiro das igrejas dos gentios da Ásia, Macedônia e Roma. Em sua primeira carta aos coríntios, Paulo disse que todas as pessoas deveriam separar uma quantia em dinheiro aos domingos para que, quando voltasse para visitá-los, o apóstolo pudesse recolher a sua oferta para ajudar os cristãos que passavam por dificuldades em Jerusalém.

O apóstolo Paulo contou às outras igrejas da Macedônia o que os coríntios estavam fazendo, e os seus membros, ao ouvirem sobre o que acontecia com seus irmãos em Jerusalém, também quiseram ajudar. Na verdade, apesar dessas igrejas serem extremamente pobres, os seus membros imploraram para que Paulo permitisse que eles participassem da oferta. Quando o dinheiro de todas essas igrejas foi recolhido, o apóstolo ficou muito feliz ao ver quanto os cristãos haviam ofertado. Era muito mais do que ele poderia ter imaginado!

Depois disso, o Espírito Santo guiou o apóstolo Paulo a escrever aos coríntios para avisá-los de que estava na hora de coletar todo o dinheiro que haviam economizado no ano anterior. Paulo disse que Tito iria até lá, em breve, para pegar a oferta e levá-la para Jerusalém. O apóstolo Paulo queria que eles estivessem preparados quando Tito chegasse para lhe dar a oferta que haviam prometido.

Paulo sabia que Deus desejava que as pessoas ofertassem pelos motivos certos. O Senhor queria que o coração delas estivesse cheio de amor ao compartilharem o que tinham com quem precisava. Então, o Espírito Santo inspirou o apóstolo a escrever em sua carta que cada um deveria dar conforme o que havia determinado em seu coração. Ninguém deveria se sentir forçado a ofertar, pois "Deus ama quem dá com alegria" (2Coríntios 9.7). A oferta deles era importante porque serviria para ajudar a cuidar dos cristãos pobres de Jerusalém, e isso seria para o louvor e para a glória de Deus.

Não é bom lermos sobre o povo de Deus compartilhando o seu dinheiro para ajudar os pobres? Paulo nos diz que foi o Evangelho que operou no coração dos coríntios e que os fez desejarem ser generosos. Antes de conhecermos e amarmos a Jesus, desejávamos os tesouros deste mundo. Mas quando Deus nos ajuda a ver o quanto Jesus nos deu – o perdão pelos nossos pecados e a vida eterna no céu –, as coisas deste mundo deixam de parecer tão importantes. Em 2Coríntios 8.9, Paulo lembrou os seus leitores de que Jesus fez o mesmo por eles: "Pois vocês conhecem a graça de nosso Senhor Jesus Cristo que, sendo rico, se fez pobre por amor de vocês, para que, por meio de sua pobreza, vocês se tornassem ricos." E quando entendemos que tudo o que temos vem de Deus – inclusive o nosso dinheiro –, fica mais fácil compartilhá-lo com quem precisa. Além disso, sabemos que Deus suprirá todas as nossas necessidades.

Vamos conversar sobre esta história!

O que o homem da imagem está entregando?
Como ele parece estar se sentindo? Por quê?
Quando ofertamos, qual deve ser a nossa atitude,
de acordo com a Bíblia?

HISTÓRIA 136

A justificação pela graça

ROMANOS 1 – 3

O trabalho missionário de Paulo na Ásia e na Macedônia o havia impedido de ir antes a Roma. Porém, agora ele estava planejando uma visita às igrejas de lá. Por isso, ele escreveu uma carta para avisá-los de que estava chegando: "Espero visitá-los de passagem quando for à Espanha. E espero que vocês possam me ajudar em minha viagem para lá, depois de ter desfrutado um pouco da companhia de vocês" (Romanos 15.24). Primeiro, o apóstolo Paulo iria até Jerusalém para entregar a oferta coletada pelas igrejas gentias para os cristãos pobres que viviam lá. Depois disso, ele disse que iria para Roma.

No entanto, a carta de Paulo aos cristãos romanos foi muito mais do que um recado para anunciar sua visita. Ele encheu o texto com ensinamentos sobre Jesus. Como os romanos não o conheciam ainda, tudo o que sabiam sobre o apóstolo Paulo era por causa das histórias e dos relatos que tinham ouvido. Mas nem todas as histórias sobre ele eram boas; por isso, Paulo dedicou algumas linhas para contar sobre o seu ministério. Ainda mais importante do que isso, ele queria contar aos romanos sobre o Evangelho que estava pregando. Paulo sabia que, depois de ouvirem os seus ensinamentos, os cristãos romanos o receberiam de braços abertos. Primeiro, ele explicou que foi Jesus quem o chamou para ser um apóstolo. Depois, passo a passo, explicou como o Evangelho salva as pessoas de seus pecados. Dessa forma, quando terminassem de ler a carta de Paulo, os romanos saberiam exatamente o que ele ensinava e em que acreditava.

Paulo citou o Antigo Testamento para explicar que todos são pecadores e precisam de Jesus. Usando as palavras do rei Davi, ele escreveu: "Como está escrito: 'Não há nenhum justo, nem um sequer; não há ninguém que entenda, ninguém que busque a Deus. Todos se desviaram, tornaram-se juntamente inúteis; não há ninguém que faça o bem, não há nem um sequer'" (Romanos 3.10-12). O apóstolo ensinou que todos somos pecadores e que nem um de nós pode agradar a Deus por meio de suas obras. Um dia, todos nós estaremos diante de Deus como nosso Juiz, que saberá exatamente todas as leis que foram desobedecidas por nós – todas as mentiras, todas as palavras ruins e todas as maldades cometidas.

Tudo o que Paulo escreveu sobre o pecado deve ter deixado os romanos bastante desencorajados. Porém, a sua carta não parou nesse assunto: ele também compartilhou as boas-novas do Evangelho. É verdade que somos todos pecadores e que não podemos merecer o perdão por meio de boas obras, mas Deus nos oferece a sua própria justiça como um dom gratuito! Cristo veio ao mundo para viver uma vida sem pecados, a fim de que pudesse dar a sua justiça perfeita como um presente para todos os que confiam nele. Então, Jesus morreu em nosso lugar para que pudéssemos receber o seu perdão. Essa é a boa-nova do Evangelho!

O apóstolo Paulo estava ansioso para pregar o Evangelho em Roma, mas ele não conseguiu esperar chegar lá para dar as boas-novas pessoalmente! Por isso, escreveu tudo em sua

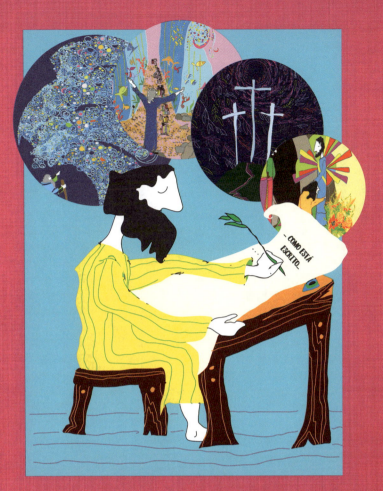

carta, para que eles pudessem crer em Jesus também. Paulo escreveu que não se envergonhava do Evangelho, pois ele é o poder de Deus para a salvação de todo aquele que crê (Romanos 1.16). Você sabia que Deus guardou a carta de Paulo aos romanos e ela faz parte da nossa Bíblia? Assim, nós também, no século 21, podemos desfrutar da carta escrita pelo apóstolo Paulo aos romanos há tanto tempo e ler a sua explicação maravilhosa do Evangelho. A carta de Paulo aos romanos também é a carta de Deus para nós!

Vamos conversar sobre esta história!

Para quem o apóstolo Paulo está escrevendo na imagem?

Observe as imagens dentro dos círculos e diga sobre o que ele está escrevendo.

Quem ajudou Paulo a saber, exatamente, o que escrever?

HISTÓRIA 137
Justificados pela fé

ROMANOS 4:1-25

Quando o Espírito de Deus estava ajudando o apóstolo Paulo a escrever a sua carta aos romanos, ele o lembrou da história de Abraão. Paulo sabia que falsos mestres estavam ensinando que as pessoas podiam ser salvas apenas por obedecerem à lei, mas ele sabia que isso não era verdade, pois o Senhor salva as pessoas pela sua fé no sacrifício de Jesus. Portanto, ele ensinou aos romanos que, desde os tempos de Abraão, Deus chamava as pessoas a depositarem a sua confiança naquilo que o Senhor fazia por elas, e não no que elas faziam para ele. Deus chamou Abraão para segui-lo pela fé muito antes de dar os Dez Mandamentos a Israel. Isso significa que Abraão não poderia ter merecido e conquistado o seu caminho para a salvação pela mera obediência da lei, porque, afinal, ela nem havia sido escrita ainda! O apóstolo seguiu escrevendo a sua carta para explicar que nenhum de nós pode chegar ao céu por meio de boas obras. Mesmo se tentássemos obedecer aos Dez Mandamentos perfeitamente, ainda assim cometeríamos erros e pecaríamos contra Deus. Um único pecado é suficiente para nos afastar de Deus, e não pecar é algo impossível para todos, exceto para Jesus.

Se Abraão tivesse sido salvo pelas suas boas obras, então ele poderia se gabar de que fez por merecer o seu lugar na eternidade com Deus. Mas não foi isso que aconteceu. Foi Deus que chamou Abraão para segui-lo; foi Deus que deu um filho a Abraão quando ele estava velho demais para isso; e foi Deus que prometeu que os descendentes daquele patriarca seriam tão numerosos quanto as estrelas do céu e os grãos de areia da praia. Se Deus fez tudo isso, então o que Abraão fez? A resposta é muito simples, e Paulo a explicou em Romanos 4.3: Abraão acreditou na promessa de Deus, e isso fez com que ele fosse justificado diante do Senhor. Deus fez todo o trabalho, e tudo o que Abraão fez foi colocar a sua confiança na obra do Senhor. Quando Deus viu que seu servo acreditava na promessa e tinha fé nele, Abraão foi aceito na sua família e no seu Reino. Por exemplo, quando Abraão tinha cem anos de idade, ou seja, quando já era velho demais para ter filhos, ele acreditou que o Senhor cumpriria a sua promessa e lhe daria um descendente. Quando Deus viu que ele confiava em seu plano (que um dia levaria até Jesus), ele considerou a fé de Abraão como justiça. Isso significa que, quando morreu na cruz, Jesus morreu pelos pecados de Abraão também.

O povo judeu considera Abraão como seu pai espiritual. Paulo, porém, explicou que Abraão não é apenas o pai dos judeus – ele é o pai de todo aquele que crê no plano de Deus e deposita a sua fé em Jesus. Assim, por meio da fé em Jesus, pessoas de todas as nações podem ser aceitas por Deus e chamadas de filhas de Abraão. Foi dessa maneira que o Senhor cumpriu a sua promessa, fazendo de Abraão o pai de muitas nações.

Mas, e quanto a nós? Precisamos obedecer à lei e tentar ganhar a nossa salvação?

Precisamos nos esforçar para chegar ao céu, cumprindo as leis de Deus e sem cometer nenhum pecado? A resposta para essas perguntas é, não, O Senhor deseja que sigamos o exemplo de Abraão e depositemos a nossa fé no plano de salvação de Deus em Cristo! Deus usou a carta de Paulo aos romanos para deixar isso muito claro: ele nos aceita da mesma maneira que aceitou Abraão. Nós somos salvos quando colocamos a nossa fé no plano de Deus. Quando acreditamos que Jesus morreu na cruz pelos nossos pecados e que ele ressuscitou dos mortos para nos salvar, Deus considera a nossa fé como justiça, exatamente como fez com Abraão.

Vamos conversar sobre esta história!

Que personagem do Antigo Testamento Paulo citou em sua carta?

O que as estrelas da imagem representam?

Sobre qual palavra importante (que começa com a letra "F") Paulo estava ensinando?

HISTÓRIA 138

Creia e confesse

ROMANOS 9 – 10

Em sua carta aos romanos, o Senhor usou Paulo para explicar uma coisa muito importante: as boas-novas de que nós somos salvos pela graça de Deus. Isso significa que a salvação é um dom divino e gratuito, e não algo que podemos merecer pelas nossas boas obras. De muitas maneiras diferentes, Paulo mostrou aos romanos que não somos salvos pelas coisas boas que fazemos, mas pelas coisas boas que Jesus fez por nós. Desde o começo, o plano de Deus era enviar o seu Filho Jesus para morrer na cruz pelos nossos pecados. Além disso, sempre fez parte do plano de Deus que judeus e gentios – ou seja, pessoas de todas as nações – fossem salvos ao depositarem a sua fé e confiança na obra de Jesus na cruz. Isso continua sendo verdade para nós hoje.

Para ajudar os romanos a entenderem isso, o apóstolo Paulo os lembrou da história de Jacó e Esaú. Apesar de Esaú ter nascido primeiro, Deus disse à sua mãe, Rebeca, que o filho mais velho (Esaú) serviria a seu irmão mais novo, Jacó. E foi exatamente isso que aconteceu. Quando os irmãos cresceram, Esaú vendeu a sua primogenitura, isto é, o seu direito de filho mais velho, por uma tigela de ensopado. Algum tempo depois, Jacó roubou a bênção de Esaú, disfarçando-se para se parecer com ele. Deus, então, concedeu a Jacó – e não a Esaú – as promessas que havia feito a Abraão. E foi a partir das famílias dos filhos de Jacó que se formaram as doze tribos de Israel. Jesus é descendente da tribo de Judá, um dos filhos de Jacó. Paulo contou aos romanos que o Senhor escolheu Jacó, em vez de Esaú, a fim de cumprir a promessa para que todos soubessem que as escolhas de Deus não dependem das tradições dos homens nem das nossas obras, boas ou más.

Na carta do apóstolo Paulo aos romanos, o Senhor nos ensina que ninguém pode ser salvo por obedecer à lei de Moisés. Se tentássemos fazer isso, precisaríamos cumprir todos os mandamentos perfeitamente, e ninguém, a não ser Jesus, jamais foi capaz de fazer isso. Somos salvos dos nossos pecados ao confiar em Jesus e em seu sacrifício na cruz por nós. Deus continua falando com cada um de nós, hoje, por meio da carta de Paulo aos romanos, quando ele diz: "Se você confessar com a sua boca que Jesus é Senhor e crer em seu coração que Deus o ressuscitou dentre os mortos, será salvo" (Romanos 10.9). Todo aquele que pedir perdão a Deus pelos seus pecados, com fé no sacrifício de Jesus, será salvo. Não importa se são judeus ou gentios. Quando ouvimos as boas-novas do que Jesus fez por nós, o Espírito Santo ajuda nosso coração a crer.

Por isso é tão importante contar a todos sobre o Evangelho. Como alguém pode acreditar em Jesus, se nunca ouviu falar sobre ele, sobre a sua morte na cruz e a sua ressurreição? Alguém precisa contar a eles; caso contrário, eles nunca saberão. Por isso, o Espírito Santo guiou Paulo a citar as palavras de Isaías, que disse: "Como são belos os pés dos que anunciam boas-novas!" (Romanos 10.15).

Algumas pessoas pensam que as boas novas sobre Jesus são boas demais para serem verdade. "Não pode ser tão simples assim", elas dizem. "Como posso ser salvo apenas

por crer em Jesus? A salvação não pode ser tão fácil!" No entanto, não há nada de simples no que Jesus fez. Ele abriu mão da sua glória eterna para vir ao mundo como homem. Ele morreu uma morte terrível na cruz, quando Deus derramou sobre ele a sua ira pelos nossos pecados. Contudo, o povo que ele veio salvar o recusou. Nada disso, portanto, foi fácil. Mas tudo mudou quando Jesus ressuscitou no terceiro dia! Depois disso, ele nos ofereceu a vitória sobre o pecado, se crermos em sua morte e ressurreição. Pode parecer fácil para nós quando Deus nos concede fé para acreditar, mas não foi fácil para Jesus tomar sobre si o castigo que os nossos pecados mereciam.

Vamos conversar sobre esta história!

O que você acha que a mulher da imagem está fazendo?

Aponte para a cruz.

Por que é importante que o sepulcro atrás da cruz esteja vazio?

HISTÓRIA 139
A prisão de Paulo

ATOS 21 – 28

Quando os cristãos de Jerusalém começaram a sofrer perseguição por causa da sua fé e ficaram pobres, os cristãos da Ásia ficaram sabendo e quiseram ajudar. Eles, então, coletaram dinheiro e entregaram a Paulo para levar até Jerusalém, que havia se transformado em um lugar perigoso naquele tempo. Porém, Deus disse ao apóstolo Paulo que era ele quem deveria levar a oferta. Assim, o apóstolo embarcou e partiu para Jerusalém. Ao longo do caminho, o navio de Paulo parava em diferentes cidades para fazer as entregas e negociar com os comerciantes locais. Quando o navio parou em Tiro para deixar sua carga, os cristãos daquela cidade foram falar com Paulo. Eles estavam preocupados com a segurança do apóstolo e pediram que ele não seguisse para Jerusalém. Em outra de suas paradas, o profeta Ágabo disse que Paulo seria preso, amarrado e entregue aos gentios pelos judeus. Por isso, os cristãos daquele lugar imploraram para que ele não seguisse viagem para Jerusalém, mas o apóstolo Paulo sabia que precisava seguir seu caminho até lá. Ele afirmou: "Estou pronto não apenas para ser amarrado, mas também para morrer em Jerusalém pelo nome do Senhor Jesus" (Atos 21.13).

Quando ele chegou a Jerusalém, as coisas pareciam estar tranquilas – a princípio. Tiago, irmão de Jesus, e os outros pastores da igreja o receberam calorosamente. Eles contaram, cheios de alegria, tudo o que Deus estava realizando entre o povo. Paulo, por sua vez, contou-lhes sobre como o Senhor o havia usado para pregar o Evangelho aos gentios. Os outros irmãos também contaram que milhares de judeus tinham sido salvos naquela cidade. No entanto, esse tempo de alegria não durou muito. Pouco tempo depois, judeus não convertidos viram o apóstolo Paulo no templo e passaram a espalhar mentiras sobre ele, deixando a multidão tão irada, que todos se juntaram para prendê-lo e matá-lo. Quando os oficiais romanos ficaram sabendo do tumulto, eles tiraram Paulo das mãos da multidão enfurecida e o prenderam. Eles teriam espancado o apóstolo por ter causado tamanho distúrbio entre o povo, mas quando ele contou aos oficiais que era cidadão romano, desistiram. Eles, então, mantiveram Paulo preso, até que pudesse ser levado ao tribunal.

No entanto, a prisão de Paulo não agradou os líderes judeus enfurecidos. Eles queriam mesmo era matá-lo! Na verdade, mais de quarenta homens prometeram não comer ou beber qualquer coisa até que o apóstolo Paulo fosse morto, e bolaram um plano para matá-lo. Quando o sobrinho do apóstolo soube disso, alertou os soldados romanos, que enviaram Paulo, escoltado por duzentos soldados, até o governador. Uma vez diante do governador romano, os judeus o acusaram de promover tumultos entre o povo. Paulo, no entanto, explicou ao governador que havia retornado a Jerusalém a fim de trazer ofertas para os pobres. Mesmo assim, a autoridade romana decidiu manter Paulo na prisão até o dia do seu julgamento. Algum tempo depois, quando finalmente chegou o dia do julgamento, os romanos estavam prontos para libertar o apóstolo Paulo. Todavia, os judeus foram contra essa decisão, pois queriam-no morto. Só que Paulo sabia que o propósito de

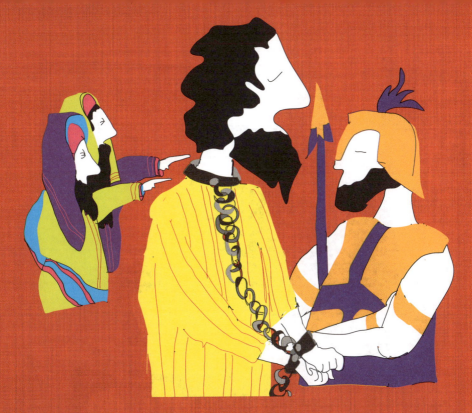

Deus era que ele fosse para Roma, e por isso pediu ao governador por um julgamento em Roma, diante de César. Como Paulo era um cidadão romano, o governador aceitou o seu pedido. O apóstolo foi, então, levado em um navio, como prisioneiro, até a capital do império. Aquela foi uma viagem muito difícil, pois eles enfrentaram uma terrível tempestade e o navio afundou. Mesmo assim, três meses depois, Paulo chegou, em segurança, à cidade de Roma.

Já em Roma, o apóstolo Paulo disse aos cristãos daquele lugar que era um prisioneiro do Senhor. Mesmo nessas condições, Deus usou Paulo para espalhar as boas-novas sobre Jesus. Você sabe como ele fez isso? Em vez de ficar em uma cela de prisão normal, Paulo foi colocado em prisão domiciliar. Isto é, ele ficou detido em uma casa, com apenas um guarda para vigiá-lo. Então, embora estivesse preso, o apóstolo Paulo ainda podia pregar! Os romanos permitiram que ele recebesse visitas, e assim, de manhã até a noite, Paulo pregava o Evangelho àqueles que iam até a casa onde ele estava para visitá-lo. Dessa maneira, muitos se converteram a Jesus. Até mesmo os guardas que se revezavam para vigiar Paulo ouviam a sua mensagem. Viu só? Até mesmo a prisão do apóstolo Paulo fazia parte do plano de Deus!

Vamos conversar sobre esta história!

O que Paulo tem em volta do pescoço e dos pulsos?
Por que o apóstolo foi preso?
Você acha que Paulo estava com medo? Por quê?

Vamos conversar sobre esta história!

Quem são os dois homens da imagem?
Por que eles estão presos?
Por que Paulo está escrevendo para os colossenses?

HISTÓRIA 140

A supremacia de Cristo

COLOSSENSES 1 – 2

Enquanto o apóstolo Paulo estava preso em Roma, outro prisioneiro, chamado Epafras, foi colocado junto dele. Epafras também era cristão, chamado por Deus para falar de Jesus às pessoas. Ele havia começado uma pequena igreja na cidade de Colossos, depois de pregar o Evangelho ali. Posto na prisão junto com Paulo, ele contou ao apóstolo sobre os seus amigos daquela cidade, os colossenses, que haviam se convertido. Paulo e Epafras oraram juntos por esses irmãos da igreja colossense.

Certo dia, Paulo decidiu enviar a eles uma carta. Apesar de não poder visitá-los, já que estava preso, ele ainda podia encorajá-los e ensinar verdades importantes sobre Jesus e as boas-novas da salvação por escrito. O apóstolo sabia que o ensino sólido e verdadeiro poderia ajudá-los caso surgisse algum falso ensinamento.

Paulo começou a sua carta contando aos colossenses que estava orando para que aquela igreja aprendesse mais sobre Deus. Em seguida, ele passou a ensinar-lhes tudo sobre Jesus. O apóstolo ensinou tudo o que havia aprendido pelo Espírito Santo, que o ajudou a escrever aquela carta. Paulo afirmou que Jesus é Deus e que "todas as coisas foram criadas por ele e para ele" (1Colossenses 1.16). Além disso, afirmou que é Jesus quem sustenta toda a criação e que ele é o líder da Igreja. Paulo também escreveu bastante sobre o Evangelho, afirmando: "Jesus nos resgatou do domínio das trevas e nos transportou para o seu Reino." Ele explicou ainda que, quando morreu, Jesus tomou sobre si o castigo que merecíamos pelos nossos pecados. Graças a isso, nós temos paz com Deus e não cairemos sob o seu julgamento. Embora Paulo não tenha conhecido pessoalmente os cristãos colossenses, queria que eles soubessem como ele estava preocupado com eles, e por isso escreveu: "Apesar de eu não estar presente fisicamente, estou com vocês em espírito. Estou cheio de alegria por saber de sua firme fé em Jesus."

O apóstolo Paulo alertou os colossenses: "Não se deixem enganar pelos falsos mestres, que querem afastá-los de Cristo e ensinar filosofias vãs e enganosas, que se fundamentam nas tradições humanas e nos princípios deste mundo e acrescentar à obra de Jesus – e ninguém pode fazer isso!" Paulo explicou: "No início, vocês estavam mortos por causa do pecado, mas Deus os vivificou por meio de Cristo, que perdoou todos os seus pecados, pregando-os na cruz. Isso é tudo de que vocês precisam! Não é necessário que sigam leis especiais sobre o que comer ou beber e coisas desse tipo. Essas leis antigas serviam apenas para apontar para Jesus. Agora que ele já veio, vocês não precisam dar ouvidos a ninguém que pregue ser necessário seguir tais leis para obter a salvação. Isso nunca, jamais, funcionará!"

A carta de Paulo aos colossenses foi passada de igreja a igreja. Mais tarde, ela se tornou parte da Bíblia Sagrada, assim como muitas outras cartas escritas por ele. Nós, hoje, lemos essas cartas e vemos como o apóstolo Paulo compartilhou o Evangelho com pessoas diferentes. Nesta mensagem aos colossenses, nós podemos ver que, embora Jesus tenha criado o mundo e seja ele quem o sustenta com todo o seu poder, o Salvador escolheu abrir mão da sua glória para se tornar homem e morrer na cruz para nos salvar.

HISTÓRIA 141

Escolhidos antes da criação do mundo

EFÉSIOS 1

Enquanto Paulo estava preso em Roma, ele pensava muito na igreja que havia fundado em Éfeso. No começo, Deus tinha abençoado aquela congregação com grande poder. O Senhor realizava milagres incríveis em seu meio: os lenços e aventais usados pelo apóstolo Paulo eram levados até os doentes, que só de tocá-los eram curados e libertos de demônios. Paulo não podia mais visitar os cristãos efésios porque estava preso, mas orava por eles o tempo todo. Ele queria ter certeza de que eles estavam bem e de que continuavam confiando em Jesus.

Certo dia, os amigos de Paulo levaram notícias sobre os efésios. "A igreja continua forte em sua fé", eles contaram. O apóstolo Paulo ficou tão encorajado por esse relato que decidiu escrever uma carta à igreja. Ele queria se certificar de que os irmãos de lá continuariam crendo em Jesus como fonte única de perdão pelos pecados e salvação eterna.

Paulo começou a sua carta com muitas palavras de louvor e adoração a Deus, o Pai; Deus, o Filho; e Deus, o Espírito Santo. Mais uma vez, era o Espírito Santo que falava por meio do apóstolo Paulo, mostrando-lhe coisas que ele jamais poderia saber sem essa ajuda. Por exemplo, Paulo escreveu que, antes da criação do mundo, Deus já nos enxergava no futuro e havia nos escolhido para sermos adotados como seus filhos. Paulo também não perdeu a oportunidade de compartilhar o Evangelho – de que Jesus morreu na cruz para tomar sobre si o castigo pelos nossos pecados, a fim de que nós pudéssemos receber o seu perdão e sermos recebidos na família de Deus. O apóstolo Paulo disse que Deus controla tudo o que acontece, no céu e na terra, de acordo com o seu plano. Além disso, ele lembrou os efésios de que, quando eles creram na história do Evangelho, o Espírito Santo os encheu e agora habitava neles, como garantia de que, um dia, eles iriam para o céu viver com Jesus.

Paulo queria que seus amigos soubessem o quanto ele orava pela vida deles, então escreveu: "Não deixo de dar graças por vocês, mencionando-os em minhas orações. Peço que o Deus de nosso Senhor Jesus Cristo, o glorioso Pai, lhes dê espírito de sabedoria e de revelação, no pleno conhecimento dele." O apóstolo encorajou os irmãos efésios, lembrando-os de que o mesmo poder que ressuscitou Jesus dos mortos agora operava neles, para que se mantivessem próximos do Senhor. Só de pensar sobre essas coisas, Paulo ficou tão feliz que começou a escrever maravilhosas palavras de louvor a Jesus. Ele disse que Deus colocou o Filho assentado no céu, à sua direita, dando a ele uma autoridade infinitamente maior do que qualquer governo que já tenha existido no mundo. Com efeito, Deus colocou Jesus no controle de tudo e o fez cabeça da Igreja (Efésios 1.20-23).

Você sabia que o apóstolo Paulo morou com os efésios e os ensinou sobre Jesus durante dois anos? Mesmo assim, passado algum tempo, ele quis se certificar de que

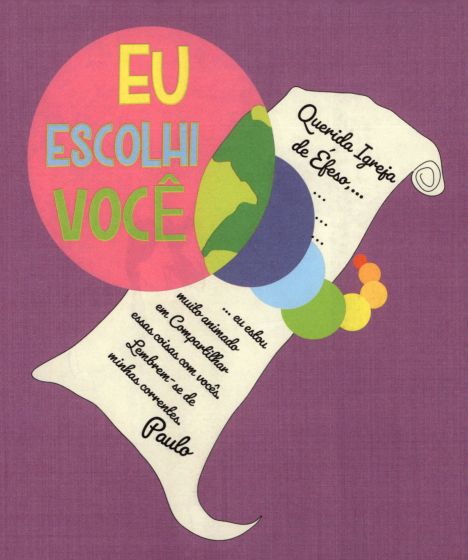

aqueles irmãos ainda acreditavam na verdade do Evangelho ensinada por ele. Sabe por quê? Porque o Evangelho não é algo que ouvimos uma vez, cremos e, depois, não precisamos ouvir novamente. Todos nós precisamos ouvir a verdade sobre Jesus várias vezes. Por isso, Paulo nunca se cansou de compartilhar o Evangelho e de ensinar às pessoas sobre Jesus e sobre a sua morte na cruz pelo perdão dos nossos pecados.

Vamos conversar sobre esta história!

Segundo o apóstolo Paulo, quando Deus nos escolheu?
Você consegue encontrar o mundo na imagem?
Como Deus poderia saber quem nós éramos, antes mesmo de nascermos?

Vamos conversar sobre esta história!

Qual escolha as pessoas da imagem precisam fazer?

O que a cruz e a estátua representam?

Você consegue se lembrar de ter precisado fazer uma escolha como essa em sua vida?

HISTÓRIA 142
Da morte para a vida
ATOS 19; EFÉSIOS 2

Quando o apóstolo Paulo visitou a igreja de Éfeso pela primeira vez, descobriu que os efésios adoravam ídolos. Eles prestavam culto à deusa Diana e haviam construído um templo para ela – uma construção enorme, do tamanho de um campo de futebol e com mais de cinco andares. Ele tinha cem colunas de quinze metros de altura, alinhadas do lado de fora, para sustentá-lo. Muitas pessoas que passavam pela cidade de Éfeso, em suas viagens pela região, paravam ali para visitar o templo e adorar Diana. Ela, porém, era apenas um ídolo e, portanto, não podia fazer nada por ninguém. A única maneira pela qual aquelas pessoas poderiam ser salvas de morrerem perdidas em seus pecados seria ouvir e crer na mensagem de Jesus.

Em sua carta aos efésios, Paulo os lembrou de como eles estavam perdidos antes de conhecerem Jesus. O apóstolo disse que, antes, estavam mortos em seus pecados, seguindo os caminhos do mundo e do Diabo. Ele não estava se referindo aos seus corpos, mas, sim, à sua morte espiritual, pois estavam mortos por dentro. Os efésios daquele tempo, assim como nós, não podiam fazer nada para serem salvos de seus pecados, da mesma forma que um médico, por exemplo, nada pode fazer por um paciente morto. Os efésios estavam felizes com sua adoração aos ídolos, desfrutando dos prazeres do mundo e fazendo tudo o que tinham vontade. Eles sequer pensavam no único Deus verdadeiro, o Deus da Bíblia. Paulo, portanto, os lembrou, em sua carta, de que eles eram "filhos da ira, assim como o resto mundo" (Efésios 2.3). Isso significa que eles mereciam o juízo e a ira de Deus, por causa dos seus pecados.

Logo, o apóstolo Paulo, inspirado pelo Espírito Santo, os lembrou das boas-novas do Evangelho. Ele escreveu que Deus, que é rico em misericórdia, os salvou dos seus pecados. Embora estivessem mortos em seus pecados e não pudessem clamar ao Senhor por socorro, Deus lhes concedeu a vida novamente, por meio de Cristo, para que pudessem crer e ser salvos pela sua graça (Efésios 2.4-5). Ser "salvo pela graça" significa que a salvação de Deus é um dom gratuito. O apóstolo explicou essa realidade da seguinte maneira: "Pois vocês são salvos pela graça, por meio da fé, e isto não vem de vocês, é dom de Deus; não por obras, para que ninguém se glorie" (Efésios 2.8-9).

Paulo escreveu aos efésios que, sem Jesus, eles estariam separados das promessas e do povo de Deus. Aquelas pessoas não faziam parte de Israel; elas eram gentias. No entanto, quando Jesus morreu na cruz, a separação que havia entre judeus e gentios foi eliminada. A partir de então, todas as pessoas, de todas as tribos e raças, poderiam ser salvas da mesma maneira: por meio da fé em Jesus. Assim, judeus e gentios que creem em Jesus fazem parte da mesma família da fé, a Igreja de Jesus Cristo.

Você sabia que, antes de Deus tocar o nosso coração, nós estamos espiritualmente mortos e separados do Senhor, assim como os efésios estavam? Se Deus não tocasse o nosso coração, jamais o seguiríamos. Faríamos apenas as nossas vontades, seguindo os prazeres do mundo, como os cristãos de Éfeso agiam antes de sua conversão. Mas porque Deus nos ama, ele envia o seu Espírito Santo para despertar o nosso coração e nos fazer crer em Jesus. Então, assim como aconteceu com os efésios, aos poucos, nós nos afastamos de nossos ídolos e passamos a seguir o Senhor. E tudo isso só é possível por causa do dom gratuito da salvação de Deus, por meio da morte do seu Filho Jesus.

HISTÓRIA 143

A dádiva do homem

ATOS 20.17-38; EFÉSIOS 4.1-24

O apóstolo Paulo permaneceu em Éfeso por dois anos, ensinando aos novos cristãos sobre Jesus e sobre como viver para ele. Mais tarde, ele retornou àquela região quando estava a caminho de Jerusalém para distribuir o dinheiro aos cristãos necessitados, coletado pelas igrejas gentias por onde havia passado. O seu navio parou na cidade de Mileto. Como Éfeso ficava a três dias de distância, o apóstolo mandou chamar os presbíteros efésios para encontrá-lo em Mileto, a fim de que pudessem passar algum tempo juntos.

Quando os pastores da igreja de Éfeso chegaram, Paulo lhes disse: "O Espírito Santo está me enviando para Jerusalém, mas eu não sei o que me acontecerá ali, senão que, em todas as cidades, o Espírito Santo me avisa que prisões e sofrimentos me esperam." Paulo disse aos irmãos efésios que eles nunca mais o veriam. Como foi triste aquele dia para eles! Os efésios amavam o apóstolo Paulo. Afinal, foi ele quem implantou a igreja de Éfeso, ensinou-lhes sobre Jesus e os treinou para liderar a comunidade quando ele partisse. Agora, havia chegado a hora de dizer adeus. Paulo, porém, queria se certificar de que eles estariam preparados para os desafios que estavam por vir. Por isso, deixou para eles algumas instruções finais.

O apóstolo queria que eles estivessem atentos. "Cuidem de vocês mesmos e de todo o rebanho sobre o qual Deus os colocou para pastorearem", ele disse, e continuou: "Jesus derramou o seu sangue por cada um de vocês." Depois, alertou os presbíteros sobre os falsos mestres, que eram tão perigosos que Paulo os chamou de "lobos ferozes" (Atos 20.29). Esses falsos mestres se infiltrariam e tentariam convencê-los a deixar de seguir Jesus e a abandonar a igreja.

Quando terminou de dizer essas coisas, o apóstolo Paulo se despediu de seus amigos. Eles oraram juntos e, depois, o acompanharam até o navio. As palavras de Paulo foram verdadeiras – ele nunca mais viu seus amigos de Éfeso. Mas, depois que foi preso em Jerusalém e colocado em uma prisão em Roma, ele escreveu uma carta aos cristãos de Éfeso, que faz parte da Bíblia que temos hoje. Agora, todos nós podemos aprender e amadurecer em nossa fé por meio dessa carta.

Ao lermos a carta do apóstolo Paulo, podemos perceber que ele, realmente, desejava que os membros da igreja de Éfeso soubessem que os seus líderes eram dádivas do Senhor. Por isso, mencionou que Deus designou alguns para apóstolos; outros, para profetas; outros, para evangelistas; e outros, para pastores e mestres, a fim de ensinar e treinar os irmãos para realizarem a obra que o Senhor deseja de cada um. Paulo explicou que Deus deu esses líderes à sua igreja para ensinar e ajudar o seu povo a amadurecer. Dessa forma, os cristãos em Jesus não seriam confundidos e enganados pelos falsos mestres – os lobos ferozes sobre os quais Paulo alertou os pastores.

Você sabia que o pastor da sua igreja é uma dádiva de Deus para a sua vida, assim como os líderes efésios eram uma dádiva para eles? O apóstolo Paulo afirmou que o Senhor nos deu esses homens para que eles nos ajudassem a nos tornarmos mais parecidos com Jesus. Nós vivemos, hoje, milhares de anos depois dos tempos de Paulo, mas

Deus continua cuidando do seu povo ao nos conceder os líderes em nossas igrejas. Pastores ainda são chamados por Deus, nos dias de hoje, para nos ensinar sobre Jesus e a sua Palavra. Dessa forma, não seremos enganados quando ouvirmos mentiras e blasfêmias sobre o Senhor. Se prestarmos atenção ao que os nossos pastores nos ensinam a partir da Bíblia, nossas igrejas podem aprender a seguir a Jesus cada vez melhor, assim como aconteceu com a igreja de Éfeso.

Vamos conversar sobre esta história!

Quem o apóstolo Paulo está abraçando na imagem?
Qual é a parte triste desta história?
Quais são as pessoas que Deus nos deu como dádivas?

HISTÓRIA 144
Despindo-se do velho homem
EFÉSIOS 4.1-6; 17-32; 5.1-2

Em sua carta aos efésios, o apóstolo Paulo os lembrou de tudo o que Deus havia feito por eles e os exortou a viverem para o Senhor, ao escrever: "Rogo-lhes que vivam de maneira digna da vocação que receberam. Sejam completamente humildes e dóceis, e sejam pacientes, suportando uns aos outros com amor. Façam todo o esforço para conservar a unidade do Espírito pelo vínculo da paz. Há um só corpo e um só Espírito, assim como a esperança para a qual vocês foram chamados é uma só; há um só Senhor, uma só fé, um só batismo, um só Deus e Pai de todos, que é sobre todos, por meio de todos e em todos" (Efésios 4.1-6).

Tudo isso era muito diferente da maneira como os gentios não convertidos viviam, e o apóstolo Paulo os lembrou disso. Em vez de confiarem em Jesus, eles endureciam o coração contra o Senhor, seguiam os seus próprios caminhos, faziam coisas erradas e cometiam pecados. Paulo sabia que muitos dos cristãos da igreja de Éfeso viviam assim antes de se converterem, mas agora Deus os havia resgatado daquela vida antiga para seguirem a Cristo. Paulo lhes disse que, ao se tornarem cristãos, eles deveriam começar uma vida completamente diferente. Quando alguém se converte a Jesus, deve "despir-se" do velho estilo de vida e "revestir-se" de um nova maneira de viver. Paulo explicou que a antiga maneira de viver era a nossa vida no pecado, incluindo até mesmo a nossa forma de pensar. Depois de terem se convertido a Jesus, os efésios deveriam "revestir-se do novo homem", porque Deus havia transformado o coração deles para que eles fossem semelhantes ao Senhor. Agora, podiam viver em santidade, em vez de escravizados pelo pecado, como antes faziam (Efésios 4.24).

O apóstolo Paulo disse, por exemplo, que, em vez de mentir – como o velho homem faria –, eles deviam sempre dizer a verdade. Isso é revestir-se do novo homem e viver como Jesus. Em vez de roubar – como o velho homem faria –, deveriam revestir-se do novo homem e trabalhar para receber o seu salário, até mesmo para compartilhar recursos com quem estivesse passando por necessidade. Em vez de dizerem palavras imorais, como o velho homem, eles deveriam revestir-se do novo homem e usar as suas palavras para edificarem uns aos outros. Em vez de carregarem amargura e ira no coração, dizendo calúnias sobre as pessoas – também como o velho homem faria –, eles deveriam ser bondosos, compassivos e dispostos a perdoar, assim como Deus é conosco. Isso é comportar-se como um novo homem.

Como foi o Espírito Santo que inspirou as palavras do apóstolo Paulo, elas são a Palavra de Deus para nós também. Assim como com os efésios, o Senhor nos diz que devemos nos "despir" do velho homem que vivia no pecado e nos "revestir" do novo homem, que é semelhante a Jesus. É como se tivéssemos uma roupa velha e manchada e ganhássemos uma nova e imaculada. Antes de usar a roupa nova, nós precisamos, antes, nos despir da velha e deixá-la de lado. Isso, no entanto, não é algo que decidimos por vontade própria. Se o Espírito de Deus não habitar em nós, simplesmente não teremos o poder de mudar. Simplesmente não temos a capacidade de escolher viver para o Senhor por conta própria. Primeiro, Deus transforma o nosso coração; só depois, então, teremos vontade de segui-lo e de viver para agradá-lo, deixando de lado o velho homem. Paulo encorajou os efésios a sempre se lembrarem do Evangelho: "Vivam em amor, como também Cristo nos amou e se entregou por nós como oferta e sacrifício de aroma agradável a Deus" (Efésios 5.2). Dia após dia, quando nos lembramos do que Jesus fez por nós, nos despimos do velho homem que vivia no pecado e, com a ajuda do Espírito Santo, nos tornamos mais parecidos com Jesus, o nosso amado!

Vamos conversar sobre esta história!

O que o homem à esquerda na imagem tirou e deixou de lado?

Você consegue citar duas atitudes que fazem parte da natureza do "velho homem"?

O que Deus deseja ajudá-lo a deixar para trás, a fim de que você siga Jesus?

HISTÓRIA 145

A armadura de Deus

EFÉSIOS 6.10-20

Enquanto aguardava o seu julgamento em Roma, Paulo vivia preso em uma casa guardada por soldados romanos. Conforme os dias iam passando, diferentes soldados se revezavam para vigiá-lo de manhã, de tarde e de noite. Paulo, portanto, passou bastante tempo convivendo com os soldados romanos, e, assim, teve muitas oportunidades de observar as suas armaduras e espadas. Provavelmente, um desses soldados estava ao lado do apóstolo Paulo quando ele escreveu a sua carta aos efésios. O Espírito Santo usou os soldados para dar uma ideia a Paulo, que queria encorajar os seus irmãos da igreja de Éfeso de uma maneira que até uma criança fosse capaz de entender. Ele, portanto, falou sobre a armadura das sentinelas para ensinar aos efésios como eles deveriam lutar as suas batalhas contra o pecado e o Diabo.

Todo cristão, explicou Paulo, está em uma luta contra os inimigos de Deus: "Fortaleçam-se no Senhor e no seu forte poder", escreveu. "Vistam toda a armadura de Deus, para poderem ficar firmes contra as ciladas do Diabo" (Efésios 6.10-11). O apóstolo, então, passou a descrever cada parte da armadura dos soldados, fazendo um paralelo com a vida cristã para ensinar como o Evangelho nos protege contra os nossos inimigos.

Paulo chamou o cinturão dos soldados de "cinto da verdade". A Palavra de Deus é a nossa verdade, e quando envolvemos nossa vida nela, como um cinto, ela segura todas as coisas. Ele chamou a couraça que protege o peito dos soldados de "couraça da justiça". Apesar de sermos todos pecadores, nós, cristãos, somos protegidos e cobertos pela justiça de Cristo. A vida perfeita e sem pecados de Jesus nos cobre com a sua justiça e passamos a ser perdoados. Os calçados dos soldados romanos eram diferentes e especiais, para ajudá-los a correr com bastante agilidade durante as batalhas. Segundo Paulo, eles são como o Evangelho: as boas-novas nos dão coragem e prontidão para correr e contar a todos sobre Jesus, pois sabemos que a mensagem do Evangelho pode transformar o coração de todas as pessoas e lhes trazer a paz.

Parte essencial do armamento de um soldado daquela época era o escudo. Com base nisso, Paulo afirma que os cristãos têm o "escudo da fé". Quando o Diabo lança as suas setas inflamadas de mentiras e acusações contra nós, podemos levantar o nosso escudo da fé em Jesus, a fim de nos proteger dos dardos do maligno. Na cabeça, devemos usar o "capacete da salvação", exatamente como os combatentes romanos usavam seus capacetes nas batalhas. Quando Satanás tenta nos desanimar com as maldades que diz e faz, a nossa salvação nos impede de acreditar em suas mentiras e de desistir. Por fim, o Senhor nos dá uma espada para usarmos com a nossa armadura. É uma arma que podemos usar para lutar – e essa espada é a Palavra de Deus. Ela é tão poderosa que ninguém é capaz de ganhar uma luta contra ela. Por isso, não devemos, jamais, deixá-la de lado.

Você consegue perceber como toda a armadura de Deus, até mesmo a espada, aponta para as boas-novas sobre Jesus? O apóstolo Paulo descobriu que podia confiar no

Evangelho para protegê-lo e mantê-lo firme, até mesmo quando enfrentou sofrimentos, apanhou e foi jogado em uma prisão. Quando "vestimos a armadura" de Deus, nós estamos, na verdade, nos vestindo do Evangelho e crendo em tudo o que ele diz. A armadura da fé ajuda a nos lembrar de que estamos bem protegidos quando depositamos toda a nossa confiança em Jesus. E, com a Palavra de Deus como a nossa espada, podemos cortar as mentiras de Satanás, assim como Jesus fez quando ele o tentou no deserto.

Vamos conversar sobre esta história!

Qual é a sua parte preferida da armadura de Deus?
Por que a espada é diferente das outras peças da armadura?
Por que precisamos dessa armadura?

HISTÓRIA 146

A humildade de Cristo

ATOS 16.6-15; FILIPENSES 2.1-11

Outra coisa que Paulo fez, enquanto esteve preso, foi dedicar bastante do seu tempo para orar pelas diferentes igrejas que ele havia edificado. Uma das igrejas pelas quais orava ficava em Filipos, uma cidade na Macedônia, não muito distante do mar. Você sabia que Paulo não tinha sequer planejado visitar Filipos? Ele, na verdade, estava indo para a direção oposta daquela cidade; mas o Espírito Santo o impediu de seguir viagem e deu a ele uma visão, na qual um homem da Macedônia estava em pé e lhe suplicava: "Passe à Macedônia e ajude-nos" (Atos 16.9). O apóstolo Paulo, então, obedeceu imediatamente ao chamado de Deus e partiu para lá, chegando à cidade de Filipos. Ao chegar, ele falou ao povo sobre Jesus, e muitos acreditaram em sua mensagem. Em pouco tempo, eles criaram a igreja filipense.

Agora que Paulo estava na prisão, ele não podia mais visitar os seus amigos em Filipos. Por isso, decidiu escrever uma carta a eles também. É que o apóstolo queria encorajá-los, ensiná-los e lembrá-los de continuar seguindo a Jesus. Ele começou a sua carta escrevendo: "Agradeço a meu Deus toda vez que me lembro de vocês! Em todas as minhas orações em favor de vocês, sempre oro com alegria, por causa da cooperação que vocês têm dado ao Evangelho, desde o primeiro dia até agora. Estou convencido de que aquele que começou a boa obra em vocês vai completá-la até o dia de Cristo Jesus" (Filipenses 1.3-6).

Paulo sabia que, para que a igreja de Filipos permanecesse firme em sua fé, ela teria de viver como Jesus viveu. O apóstolo continua sua mensagem: "Nada façam por ambição egoísta ou por vaidade, mas humildemente considerem os outros superiores a si mesmos. Cada um cuide, não somente dos seus interesses, mas também dos interesses dos outros" (Filipenses 2.3-4). Enquanto escrevia a carta, o Espírito Santo lembrou a Paulo de que Jesus era o melhor exemplo de humildade que o mundo jamais tinha visto. Portanto, ele diz aos filipenses que o Senhor Jesus abriu mão de todas as coisas que tinha no céu para vir a este mundo nos salvar. Por ser Deus, Jesus poderia ter permanecido no céu, onde os anjos o amavam e o adoravam. Em vez disso, o Salvador escolheu descer ao mundo como ser humano, em forma de bebê, e nascer em uma manjedoura. Por fim, o apóstolo os lembrou de que Jesus estava disposto a morrer em uma cruz pelos nossos pecados (Filipenses 2.8). O Filho perfeito de Deus, que jamais havia cometido qualquer pecado, morreu como um criminoso, a fim de levar sobre si o castigo que merecíamos.

Por causa do seu grande sacrifício, Deus, o Pai, louvou e honrou Jesus, dando a ele um nome que está acima de todo nome, para que ao nome de Jesus se dobre todo joelho, no céu, na terra e debaixo da terra. Um dia, todos honrarão a Cristo como Senhor sobre todas as coisas. Portanto, Paulo escreveu aos seus amigos filipenses: "Lembrem-se de como Jesus viveu por nós e vivam como ele. Se fizerem isso, vocês brilharão como luz em um mundo de trevas. Assim, eu saberei que as minhas orações por vocês não foram desperdiçadas, mesmo que eu não possa estar fisicamente com vocês."

Nenhum de nós conseguiria

compreender, de verdade, como deve ter sido para Jesus se tornar homem e receber o nosso castigo sobre si. Paulo explicou na carta que, para deixar o céu e descer a este mundo, Jesus precisou esvaziar-se, vindo a ser servo, humilhando-se completamente. O apóstolo sabia que se os filipenses se lembrassem de tudo o que Jesus teve que abrir mão para nos servir, isso os ajudaria a amar e servir uns aos outros. Da mesma forma, também precisamos nos lembrar disso. Jesus trocou a sua glória eterna, onde vivia com Deus, o Pai, por uma morte terrível na cruz por todos nós. Por isso, a nossa vida deve mostrar o quanto somos gratos por esse presente maravilhoso que não merecemos.

Vamos conversar sobre esta história!

Onde está Jesus agora? Aqui na terra ou no céu?
O que Jesus fez para se humilhar?
O que podemos fazer para viver em humildade?

HISTÓRIA 147

Prossiga com os olhos no prêmio

ATOS 16.16-40; FILIPENSES 3

Quando o apóstolo Paulo pregou o Evangelho pela primeira vez na Macedônia, um dos primeiros filipenses a se converter ao Cristianismo foi um guarda da prisão. Aconteceu da seguinte maneira: Paulo e Silas foram presos, espancados e lançados na cadeia por compartilhar o Evangelho. Enquanto o carcereiro guardava a sua cela, os dois começaram a cantar hinos de louvor a Deus. Por volta da meia-noite, o Senhor enviou um terremoto tão violento que os alicerces da prisão foram abalados. Imediatamente, as portas se abriram e as correntes de todos os detentos se soltaram. Quando viu o que tinha acontecido, o carcereiro pensou que os prisioneiros haviam fugido e, desesperado, ia se matar. Paulo, porém, gritou para impedir que ele fizesse isso e disse que ninguém havia escapado. Perplexo, o carcereiro olhou para Paulo e perguntou: "O que eu devo fazer para ser salvo?" (Atos 16.30). Paulo respondeu que deveria crer no Senhor Jesus, e foi exatamente isso o que ele fez. Naquela mesma noite, o carcereiro e todos da sua família confiaram em Jesus e foram batizados.

Algum tempo depois, quando estava escrevendo a sua carta aos filipenses como prisioneiro em Roma, o apóstolo Paulo fez questão de contar que Deus estava usando aquele seu tempo na prisão para espalhar o Evangelho também. Ele escreveu: "Tornou-se evidente a toda a guarda do palácio e a todos os demais que estou na prisão por causa do meu amor por Cristo. E a maioria dos irmãos não estão com medo pelo que aconteceu comigo,

pois o Senhor os tornou mais motivados pela minha prisão, e eles estão anunciando o Evangelho de Jesus com mais coragem!" Assim como em Filipos, Deus estava usando o tempo de Paulo naquela prisão romana para levar as boas-novas de Jesus a um número ainda maior de pessoas. O Senhor estava ensinando a Paulo que até uma dificuldade como aquela podia fazer parte do seu plano maravilhoso para o compartilhamento do Evangelho.

Para o apóstolo Paulo, as coisas mais importantes da vida eram conhecer Jesus e confiar nele. Ele disse que, comparado a Cristo, todo o resto ele considerava como lixo! Com isso, quis dizer que qualquer coisa comparada a Jesus não tem nenhum valor. Dessa forma, ele tentava, com todas as suas forças, ser mais parecido com Jesus a cada dia. Paulo sabia que não era perfeito, mas afirmou: "Uma coisa faço: esquecendo-me das coisas que ficaram para trás e avançando para as que estão adiante, prossigo para o alvo, a fim de ganhar o prêmio do chamado celestial de Deus em Cristo Jesus" (Filipenses 3.13-14). O apóstolo mal podia esperar para ir para o céu viver com Jesus, e era isso que ele desejava para os seus irmãos filipenses também. Em vez de se sentir empolgado com as coisas deste mundo, Paulo disse: "Lembrem-se de que o seu verdadeiro lar é o céu. Um dia, Jesus voltará para nos buscar, e quando isso acontecer, ele transformará o nosso corpo terreno em corpo glorioso como o seu." Isso não será maravilhoso? O mundo nos promete a felicidade se corrermos atrás de tesouros terrenos, como dinheiro, fama ou poder. Com todas essas coisas nos tentando, podemos esquecer com facilidade de que temos o verdadeiro tesouro em Jesus. Embora tenha sido uma pessoa bem-sucedida antes de se converter à fé cristã, Paulo sabia que Jesus é o maior tesouro de todos. Veja bem, o apóstolo era judeu e, quando cresceu, tornou-se um importante fariseu. Quando, porém, Deus o salvou, ele abriu mão de sua antiga vida para seguir a Jesus. Assim como os filipenses que leram a carta de Paulo, devemos imitar a sua vida e seguir o exemplo que ele deixou para nós.

Vamos conversar sobre esta história!

Quem são os homens da imagem?
Como as correntes de Paulo e Silas se soltaram?
O que aconteceu com o carcereiro?

HISTÓRIA 148

O caráter é importante

ATOS 16.1-5; FILIPENSES 2.19-22; 1TIMÓTEO

Antes de ser preso em Roma, o apóstolo Paulo passou um tempo visitando algumas das primeiras cidades nas quais ele pregou o Evangelho. Durante uma de suas paradas, alguns irmãos de Listra o apresentaram a um jovem cristão chamado Timóteo. Aquele rapaz amava o Senhor! Sua mãe o havia ensinado a Bíblia desde criança. Paulo ficou tão impressionado com ele que o convidou para acompanhá-lo em suas viagens. Timóteo aceitou o convite, e, durante o tempo que passaram juntos, tornaram-se grandes amigos. O apóstolo ensinou Timóteo a cuidar do povo de Deus e a ajudar na obra do ministério. Paulo passou a amar tanto a Timóteo que começou a chamá-lo de filho. Quando acabou de treiná-lo e prepará-lo, o apóstolo o enviou sozinho para fazer as suas próprias visitas às igrejas iniciadas por Paulo, onde Timóteo passou a ajudar no treinamento dos líderes e a cuidar dos membros.

Uma das igrejas visitadas por Timóteo foi justamente a de Filipos. O apóstolo Paulo escreveu uma carta a eles antes, avisando sobre a chegada de seu enviado: "Espero no Senhor Jesus enviar-lhes Timóteo brevemente, para que eu também me sinta animado quando receber notícias de vocês. Não tenho ninguém como ele, que tenha interesse sincero pelo bem-estar de vocês, pois todos buscam os seus próprios interesses e não os de Jesus Cristo. Mas vocês sabem que Timóteo foi aprovado, porque serviu comigo no trabalho do Evangelho como um filho ao lado de seu pai."

Mesmo após a partida de Timóteo, Paulo continuou escrevendo-lhe cartas para ensiná-lo e encorajá-lo. Ele deu instruções especiais a Timóteo, para que ele fosse capaz de reconhecer as características necessárias em um homem com o chamado para ser pastor.

"Aquele que deseja se tornar um líder do povo de Deus", escreveu Paulo, "deve ser apto para ensinar e ter um coração e uma vida que honrem a Deus. É importante para o Senhor que os pastores liderem pelo seu exemplo, e não apenas pelas suas palavras." O apóstolo passou a Timóteo, então, uma lista com qualidades de caráter que ele deveria usar para decidir se alguém estava pronto ou não para ser pastor. Paulo escreveu que um líder cristão deveria ter apenas uma esposa, ter domínio próprio, ser um homem prudente e respeitado por todos. Esse candidato ao pastorado também deveria ser hospitaleiro, gentil e pacífico. Não deveria ser alguém violento nem apegado ao dinheiro. Paulo também escreveu que um pastor precisava governar bem a sua própria família, tendo os filhos sujeitos a ele, com toda a dignidade. "Pois, se alguém não sabe governar sua própria família, como poderá cuidar da igreja de Deus?" (1Timóteo 3.4-5).

O apóstolo Paulo também escreveu uma lista parecida a Timóteo sobre a escolha dos diáconos da igreja, explicando como eles e suas esposas deveriam comportar-se. Paulo sabia como era importante que os líderes tivessem um caráter íntegro, pois, dessa forma, as pessoas sob sua liderança não seriam levadas ao pecado por meio do mau exemplo dos dirigentes espirituais.

Você sabia que a maneira como nós, cristãos, vivemos afeta o que as pessoas de

fora da igreja pensam sobre Jesus? Por isso é tão importante que os pastores tenham uma vida que honre a Deus. Eles lideram pelo exemplo. Se o pastor de alguma igreja peca e não se arrepende, ele pode levar as pessoas que estão sob a sua liderança a cair também. Com isso, aqueles que não são convertidos podem ver esse tipo de comportamento e pensar que o Evangelho não é verdadeiro. Quando, no entanto, os pastores são transformados por Jesus e levam uma vida que honra o nome do Senhor, toda a igreja aprende a confiar em Deus e a obedecê-lo. Dessa forma, aqueles que estão observando de fora percebem que os cristãos são diferentes do mundo e logo desejarão conhecer Jesus também.

Vamos conversar sobre esta história!

O que o pastor, o homem mais alto da imagem, está fazendo?
O que os seus filhos estão fazendo?
Por que você acha que este homem é um bom pastor?

HISTÓRIA 149

Toda a Escritura é inspirada por Deus

2 TIMÓTEO 3.1-17

Após ter sido mantido em prisão domiciliar durante algum tempo, os romanos libertaram o apóstolo Paulo. Imediatamente, ele voltou a fazer as suas viagens para contar às pessoas sobre Jesus. Pouco tempo depois, o apóstolo foi preso novamente e levado a Roma. Desta vez, ele sabia que os romanos não o libertariam; pelo contrário, Paulo imaginava que seria morto por eles. Seu amigo Lucas, que escreveu o evangelho que leva seu nome e o livro de Atos, foi visitá-lo e passar algum tempo com ele. Paulo também queria muito ver Timóteo, o rapaz a quem ele chamava de filho amado na fé. Por isso, escreveu uma carta a Timóteo, pedindo duas vezes que ele fosse até Roma visitá-lo, pois queria vê-lo uma última vez antes de morrer.

Aquele deve ter sido um tempo difícil para Paulo. Apesar de saber que morreria em breve, ele sabia que a Palavra de Deus e o Evangelho continuariam a ser pregados. As boas-novas que ele compartilhava com as pessoas não eram simples palavras ou ideias de homens, mas a Palavra de Deus, os pensamentos divinos, escritos por homens escolhidos para serem inspirados pelo Espírito Santo. Por isso, o apóstolo escreveu sobre a importância da Palavra de Deus em sua última carta para Timóteo: "Não se envergonhe da história de Jesus nem por eu estar na prisão. O poder de Deus pode ajudá-lo a enfrentar as suas tribulações também. Lembre-se de que o Senhor nos chamou para propagar o Evangelho, um plano que Deus elaborou mesmo antes da criação do mundo." Paulo disse a Timóteo que transmitisse tudo o que ele havia ensinado sobre as Escrituras a homens fiéis, a fim de que estes também as transmitissem a outros e, dessa forma, a mensagem de Deus fosse ensinada para sempre. Os romanos podem ter prendido Paulo; eles, contudo, jamais poderiam impedir o avanço da Palavra de Deus.

Paulo também aconselhou Timóteo a ensinar com paciência e cuidado, para que a sua mensagem fosse sempre fiel à Palavra de Deus. "Lembre-se de como a Bíblia tem sido importante em sua vida", escreveu. "Porque, desde criança, você conhece as sagradas letras, que foram ensinadas por sua mãe Eunice e sua avó, Loide. Foi assim que a sua mente se abriu para a fé em Cristo Jesus", ele continuou. "Toda a Escritura é inspirada por Deus" (2 Timóteo 3.16). Paulo ainda o lembrou de que a Palavra de Deus é útil para o ensino, para a repreensão, para a correção e para a instrução em como sermos santos e justos como o Senhor deseja.

A Palavra de Deus é tão valiosa que Timóteo deveria estar preparado para pregá-la sempre que pudesse, "a tempo e fora de tempo", conforme afirmou Paulo. No entanto, ele alertou Timóteo de que nem todos aos quais ele a pregasse lhe dariam ouvidos. Alguns, infelizmente, se desviariam da verdade para seguir falsos mestres. Por fim, o apóstolo Paulo pediu que Timóteo fizesse o possível para ir até Roma visitá-lo antes do inverno, e que ele levasse os seus livros e a sua capa que haviam ficado para trás. Contudo, o mais importante para Paulo era que Timóteo levasse os seus pergaminhos, que, provavelmente, era onde ele havia escrito grande parte do que temos hoje em nossas Bíblias.

Você sabe o que o apóstolo Paulo quis dizer quando escreveu que toda a Escritura é "inspirada por Deus"? Ele queria que nós soubéssemos que, embora o Senhor tenha usado homens para escrever a sua Palavra, era o próprio Deus que a estava registrando por meio do seu Espírito Santo, que guiava tudo o que aqueles escritores colocavam no papel. O Espírito Santo operava no coração deles, para que eles soubessem o que dizer e se lembrassem das palavras de Jesus, para que os seus textos fossem, na verdade, as palavras de Deus. Jesus disse que "toda palavra" procede da "boca de Deus" (Mateus 4.4) – é por isso que, apesar de ter sido escrita por mãos humanas, nós chamamos a Escritura de Palavra de Deus.

Vamos conversar sobre esta história!

Quem está ajudando o apóstolo Paulo a escrever?
O que ele está escrevendo?
Por que essas palavras são importantes para nós?

HISTÓRIA 150

Os desejos do coração

TIAGO 4.1-10

Você sabia que Jesus não era o único filho de Maria e José? A Bíblia menciona que ele tinha quatro irmãos: Tiago, José, Simão e Judas. No início, seus irmãos não acreditavam que ele era o Messias; porém, depois da sua ressurreição, Jesus apareceu para Tiago, e quando o Espírito Santo foi derramado no dia de Pentecoste, todos os seus irmãos já acreditavam e estavam reunidos em oração com os outros discípulos no aposento onde isso aconteceu. De todos os irmãos do Mestre, Tiago foi quem desempenhou o papel mais importante, pois se tornou o líder da igreja em Jerusalém. O apóstolo Paulo foi visitar Tiago depois que se converteu ao Cristianismo e, mais tarde, quando coletou o dinheiro para a igreja de Jerusalém, Paulo o entregou a Tiago.

Deus usou Tiago para orientar a igreja em tempos de muita confusão. Quando os gentios começaram a se converter, os dirigentes da igreja de Jerusalém não sabiam o que pensar. Contudo, Tiago, líder do conselho, foi quem se posicionou e recebeu os novos cristãos gentios como membros da família de Deus. Tiago chegou à conclusão de que os líderes da igreja deveriam escrever uma carta para ajudar os gentios convertidos ao Evangelho a entender como era a vida cristã. A primeira carta enviada foi pequena e tinha como objetivo ajudar a guiar as novas igrejas. Muitas outras cartas foram escritas depois. O próprio Tiago escreveu uma delas com o objetivo de ensinar os judeus cristãos que estavam espalhados em diferentes igrejas. Deus preservou essa carta, e ela se tornou parte da nossa Bíblia, para que também pudéssemos nos beneficiar do seu conteúdo.

Em sua carta, Tiago fez a seguinte pergunta aos seus leitores: "Por qual motivo vocês brigam e discutem uns com os outros?" Essa pergunta é muito importante, pois todas as pessoas brigam ou discutem de vez em quando. Nós, normalmente, preferimos culpar os outros quando estamos irritados, mas Tiago sabia que a nossa ira e o nosso pecado vêm do nosso coração. Ele afirmou: "Vocês brigam porque não conseguem obter aquilo que desejam." Em vez de amarmos mais a Deus, nós amamos mais as coisas que possuímos. Por isso, quando alguém tenta tomar algo que desejamos ou nos impede de obter o que queremos, ficamos irritados. Isso acontece com todos: desde crianças pequenas até os adultos.

Tiago continuou em sua carta, escrevendo: "Vocês não têm o que desejam porque não pedem a Deus. Ou, quando pedem, não recebem, pois pedem por motivos errados, para gastar em seus prazeres." Tiago sabia que devemos amar mais a Deus do que as coisas deste mundo. Se amarmos mais a Deus, então não ficaremos irritados se perdermos algo ou se algum bem for tirado de nós. Na próxima vez que você ficar irritado, portanto, lembre-se das palavras de Tiago. Faça a si mesmo esta importante pergunta: o que eu desejava e não consegui?

Tiago queria ajudar os cristãos a perceberem quando eles estavam se desviando do amor a Deus para amar as coisas deste mundo. Ele queria que não se esquecessem de que Jesus é o maior tesouro que qualquer pessoa jamais poderá ter. A nossa salvação deveria nos dar uma alegria e paz infinitamente maiores do que qualquer tesouro deste mundo. Jesus disse que as coisas deste mundo passarão, mas o tesouro celestial jamais passará! Na verdade, quando nos lembramos do sacrifício que Jesus fez na cruz por nós, que é o maior presente e tesouro de todos, as coisas deste mundo deixam de ter tanta importância para nós.

Vamos conversar sobre esta história!

Qual é a causa das nossas brigas e discussões, segundo Tiago?
Por que as meninas da imagem estão brigando?
Por que você acha que elas amam mais a boneca do que a Deus?

HISTÓRIA 151

Nascido de novo!

1 PEDRO 1.1-12

Tiago e Paulo não foram os únicos homens inspirados pelo Espírito Santo para escrever cartas aos cristãos ao redor do mundo. O apóstolo Pedro também escreveu cartas, e duas delas estão presentes em nossa Bíblia hoje. Ele escreveu para encorajar os cristãos que estavam sendo perseguidos por sua fé em uma região chamada Ásia Menor. Aqueles servos do Senhor estavam sendo maltratados, insultados e até espancados por causa de sua fé em Jesus.

Pedro sabia que a melhor maneira de encorajar os cristãos em suas lutas era lembrá-los do que Jesus já havia feito por eles. Ele começou a sua primeira carta da seguinte forma: "Bendito seja o Deus e Pai de nosso Senhor Jesus Cristo! Conforme a sua grande misericórdia, ele nos regenerou para uma esperança viva, por meio da ressurreição de Jesus Cristo dentre os mortos" (1Pedro 1.3). Pedro, que também era um apóstolo, sabia que os cristãos que estavam sofrendo precisavam ser lembrados de que Jesus já havia vencido a maior batalha de todas. Jesus foi vitorioso sobre o pecado e a morte e preparou um lugar para cada um de nós no céu, onde não haverá mais sofrimento. Pedro também explicou que Deus está no controle de nossa vida e que ele permite que enfrentemos dificuldades para o aperfeiçoamento da nossa fé.

O apóstolo teve o privilégio de ver Jesus curar os enfermos e ressuscitar os mortos. Ele ouviu as pregações do Mestre e estava presente quando o seu Senhor foi preso e crucificado. Porém, o mais emocionante e maravilhoso de tudo isso é que Pedro viu e conversou com Jesus depois que ele ressuscitou dos mortos! No entanto, a maioria dos cristãos para quem ele estava escrevendo jamais tinha visto Jesus. Eles, apenas, tinham escutado falar dele. Mesmo assim, contudo, creram. Pedro desejava que soubessem que, por causa da fé que tinham em Jesus, Deus havia reservado para eles, no céu, uma recompensa que jamais pereceria, se estragaria ou perderia o valor.

Pedro terminou a sua primeira carta encorajando-os a serem humildes e a confiar no grande poder do Senhor para cuidar deles. O apóstolo os alertou de que o Diabo anda ao nosso redor como um leão, rugindo e procurando a quem possa devorar. Pedro, porém, sabia que Satanás não é tão poderoso quanto Deus e, portanto, escreveu: "Resistam-lhe, permanecendo firmes na fé, sabendo que os irmãos que vocês têm em todo o mundo estão passando pelos mesmos sofrimentos. Depois de terem sofrido durante um pouco de tempo, Deus lhes dará forças e os porá sobre firmes alicerces."

Você já pensou que é Deus quem envia algumas provações – dificuldades – à sua vida? A princípio, isso não parece ser algo que o Senhor faria; no entanto, Deus sabe que as dificuldades e os momentos ruins ajudam a fortalecer a nossa fé. Com efeito, nós costumamos orar mais quando estamos passando por provações. Sabemos que precisamos depender completamente do Senhor quando os tempos são difíceis; porém, temos dificuldade de

nos lembrar disso quando a vida está fácil e tranquila. Na verdade, o Senhor usa as provações para nos ajudar a confiar mais nele. As dificuldades também nos ajudam a desejar o céu, quando estaremos com Jesus e, finalmente, todas as nossas tribulações terão fim. Quando sabemos que o Senhor está no controle dos nossos dias difíceis e que eles são para o nosso próprio bem, então podemos ter mais confiança de que ele nos ajudará a vencê-los.

Vamos conversar sobre esta história!

Quem Pedro comparou a um leão nesta história?
Qual é a arma que temos para lutar contra ele?
Existe alguma dificuldade que o Senhor tenha enviado à sua vida?

Vamos conversar sobre esta história!

O que a espada está fazendo com o coração na imagem?

O que está saindo do coração?

Por que Deus deseja nos mostrar os pecados que temos escondidos em nosso coração?

HISTÓRIA 152

A Palavra de Deus é viva

HEBREUS 4.12-16

Há um mistério sobre o livro de Hebreus – nós não sabemos quem o escreveu! Algumas pessoas acreditam que tenha sido o apóstolo Paulo; porém, muitos discordam disso, pois dizem que Paulo começou todas as suas outras cartas se apresentando, enquanto que nesta não há qualquer apresentação por parte do autor. Há, ainda, aqueles que acreditam que o autor seja um mestre judeu chamado Apolo. Lucas afirmou que Apolo era um homem culto com grande conhecimento das Escrituras (Atos 18.24). Quando falava em público, Apolo conseguia refutar os argumentos dos judeus, provando pelas Escrituras que Jesus era o Messias (Atos 18.28).

Apesar de não sabermos com certeza se foi mesmo Apolo quem escreveu o livro de Hebreus, quem quer que tenha sido o seu autor utilizou o conteúdo do Antigo Testamento para provar que Jesus era o Messias prometido, exatamente como Apolo costumava fazer durante seus debates públicos. Por exemplo, o Espírito Santo inspirou o autor a explicar como todos os sacrifícios realizados nos tempos da lei dos antigos judeus apontavam para a morte de Jesus na cruz. Ele também comparou os sumos sacerdotes de Israel a Jesus, que é o nosso sumo sacerdote. Os sumos sacerdotes de antigamente precisavam sacrificar milhares de cordeiros dia após dia pelos pecados de Israel; porém, Jesus, o Cordeiro de Deus, abriu mão de sua própria vida pelos nossos pecados de uma vez por todas, quando se ofereceu em nosso lugar (Hebreus 7.27).

O autor da carta aos hebreus lembrou aos seus leitores que, nos dias de Moisés, o povo endureceu o seu coração contra a Palavra de Deus. Por causa disso, foram impedidos de entrar na Terra Prometida. Ele os alertou a não seguirem esse mau exemplo: "Se hoje vocês ouvirem a sua voz, não endureçam o coração, como [fizeram os israelitas] na rebelião" (Hebreus 3.15).

Para ajudar na compreensão dos leitores sobre o poder da Palavra de Deus, o escritor registra: "A palavra de Deus é viva e eficaz, e mais afiada que qualquer espada de dois gumes" (Hebreus 4.12). A Palavra de Deus penetra profundamente em nosso coração para nos mostrar as nossas intenções e o que realmente desejamos. Nós podemos afirmar que amamos a Deus; mas, no fundo do nosso coração, talvez amemos mais a outras coisas. Por isso, o Espírito Santo pode usar a afiada espada da Palavra de Deus para abrir o nosso coração e evidenciar os nossos pecados.

Você sabia que a Bíblia é o único livro que é vivo e eficaz? O Evangelho é mais do que, simplesmente, palavras escritas em papel. O Espírito Santo toca o nosso coração quando o lemos! Ele nos ajuda a entender o que está escrito e nos leva a desejar praticar o que lemos. Por isso, a Bíblia é viva e eficaz – o próprio Deus trabalha por meio dela para transformar a nossa existência. A Bíblia nos diz que Jesus é a Palavra de Deus que se tornou homem para viver entre nós. O Todo-poderoso usa as palavras de Jesus e a história do Evangelho de sua vida para nos dar a salvação. Nenhum outro livro pode fazer isso!

HISTÓRIA 153

Pela fé

HEBREUS 11

A pessoa que escreveu o livro de Hebreus queria que seus leitores entendessem algo muito importante: todas as pessoas mencionadas no Antigo e no Novo Testamento tornaram-se parte da família de Deus da mesma maneira: por meio de sua fé no Senhor. O escritor descreveu a fé da seguinte forma: "A fé é a certeza daquilo que esperamos e a prova das coisas que não vemos." Quando acreditamos que Deus criou o mundo por meio de suas palavras, fazemos isso pela fé; afinal, nós não o vimos fazer isso, mas acreditamos que é verdade. O livro de Hebreus contém uma longa lista de pessoas que creram em Deus para realizar grandes coisas que elas ainda não podiam ver.

Aqui estão algumas das pessoas usadas como exemplos de fé: Abel ofereceu um sacrifício a Deus porque tinha fé. Pela fé, Enoque agradou a Deus com a sua vida e foi arrebatado ao céu, sem experimentar a morte. Também pela fé, Noé construiu uma arca. Mesmo sem qualquer sinal de chuva, ele confiou no que Deus havia dito que iria acontecer. Pela fé, Abraão obedeceu ao chamado de Deus para deixar a sua casa, mesmo sem saber para onde o Senhor o estava levando. Por isso, ele peregrinou, viveu em tendas e seguiu a Deus, esperando ansiosamente pela cidade celestial que o Senhor estava preparando para ele, mesmo sem poder ver nada disso. Pela fé, a sua esposa Sara recebeu poder para gerar um filho que cumpriu a promessa de Deus, apesar de ser estéril e avançada em idade. Pela fé, ela e Abraão creram na promessa de Deus, de que ele faria seus descendentes tão numerosos quanto as estrelas do céu e tão incontáveis quanto os grãos de areia.

A lista no livro de Hebreus continua. O autor diz que foi, igualmente, pela fé que Abraão ofereceu Isaque como sacrifício, porque acreditava que Deus poderia ressuscitá-lo dos mortos. Pela fé, também, Moisés foi escondido, quando recém-nascido, por sua mãe. E, pela fé, Moisés, quando adulto, se recusou a ficar com os egípcios, preferindo ser maltratado com o povo de Deus. Pela fé, ele tirou o povo do Egito e celebrou a Páscoa, colocando o sangue do cordeiro nos batentes das portas. Igualmente pela fé, o povo de Deus atravessou o mar Vermelho como em terra seca. Pela fé, Raabe escondeu os espiões de Israel dos governantes de Jericó. Se quisesse, o autor de Hebreus poderia ter mencionado muitas outras pessoas que viveram pela fé com o Senhor, como Gideão, Sansão, Davi, Samuel e tantos outros.

Você sabia que a fé continua sendo a maneira pela qual nós agradamos a Deus hoje? Pela fé, cremos que Jesus morreu na cruz pelos nossos pecados. Pela fé, acreditamos que ele ressuscitou dos mortos. Pela fé, cremos que ele foi para o céu, a fim de preparar um lugar para todos aqueles que creem. Pela fé, assim como Abraão, nós esperamos, ansiosos, pela cidade celestial edificada por Deus, onde viveremos para sempre. Um dia, todos que creem em Jesus se juntarão aos grandes heróis da fé, como Abraão, Moisés, Sara, Raabe e tantos outros e adorarão ao Senhor por toda a eternidade. Na verdade, o autor do texto escreveu que "sem fé, é impossível agradar a Deus" (Hebreus 11.6).

Vamos conversar sobre esta história!

O que a venda nos olhos do homem da imagem tem a ver com a fé?
Cite algumas pessoas do Antigo Testamento que viveram pela fé.
Em que Deus deseja que nós acreditemos pela fé?

Vamos conversar sobre esta história!

O que o garoto está fazendo com a menininha na imagem?

Por que há uma cruz atrás dele?

Como você acha que a menina está se sentindo por ele compartilhar as suas coisas com ela?

HISTÓRIA 154

Amando uns aos outros

1 JOÃO 3.1 – 4.19

Quando falou sobre as leis do Antigo Testamento, Jesus afirmou que elas poderiam ser resumidas em apenas dois mandamentos: "Ame o Senhor, o seu Deus, de todo o seu coração, de toda a sua alma e de todo o seu entendimento; e ame o seu próximo como a si mesmo" (Mateus 22.37, 39). Mateus, Marcos e Lucas incluíram essas palavras em seus evangelhos, as quais foram repetidas por Paulo e Tiago em suas cartas. Porém, ninguém escreveu mais sobre o amor de Deus do que o apóstolo João. Foi João quem escreveu o novo mandamento dado por Jesus aos seus discípulos, uma noite antes de sua morte (João 13.24-35). Jesus disse: "Um novo mandamento lhes dou: Amem-se uns aos outros. Como eu os amei, vocês devem amar-se uns aos outros. Com isso, todos saberão que vocês são meus discípulos, se vocês se amarem uns aos outros."

João ainda estava pensando sobre o amor quando escreveu, mais tarde, uma carta às igrejas que Paulo havia iniciado na Ásia. Ele lembrou que o amor entre os irmãos era a mensagem que eles haviam ouvido desde o início. João os advertiu para não serem como Caim, que matou o próprio irmão, mas que, ao contrário, seguissem o exemplo de Jesus, que nos mostrou como devemos amar uns aos outros. João escreveu: "Nisto conhecemos o que é o amor: Jesus Cristo deu a sua vida por nós, e devemos dar a nossa vida por nossos irmãos" (1João 3.16). João sabia que é fácil dizer "eu te amo", mas não fazer nada para provar isso. Ele disse: "Filhinhos, não amemos de palavra nem de boca, mas em ação e em verdade" (1João 3.18). Ora, como podemos dizer que amamos a Deus se não compartilhamos o que temos com aqueles em necessidade? É bonito dizer que amamos alguém, mas é ainda mais belo quando demonstramos esse amor com as nossas atitudes. Foi dessa maneira que Deus nos amou, ao enviar o seu único Filho Jesus para morrer na cruz pelos nossos pecados.

Você sabia que o Espírito Santo inspirou o apóstolo João a usar a palavra "amor" vinte e quatro vezes em sua pequena carta? Deus queria que a Igreja Primitiva e também todos nós que a lemos, hoje, em nossas Bíblias, soubéssemos que o amor deve ser o centro de tudo o que fazemos e que o motivo pelo qual devemos amar uns aos outros é o amor demonstrado por Jesus a cada um de nós, ao morrer naquela cruz. João escreveu: "Nós amamos, porque ele nos amou primeiro" (1João 4.19). Antes de termos o nosso coração transformado pelo Senhor, só pensamos em nós mesmos. Quando, porém, ele abre os nossos olhos para crer e enxergar como Jesus nos amou ao morrer por nós, então passamos a desejar demonstrar esse mesmo amor uns aos outros. Se você está enfrentando dificuldade para amar alguém, lembre-se do Evangelho e de como Deus demonstrou o seu amor por você, ao enviar seu Filho para morrer na cruz. Então, peça ao Senhor que transforme o seu coração, a fim de que você possa demonstrar esse tipo de amor pelos outros também.

HISTÓRIA 155

Digno é o Cordeiro

GÊNESIS 49; APOCALIPSE 5

Quando Jacó estava em seu leito de morte, chamou os seus doze filhos e disse: "Ajuntem-se a meu lado para que eu lhes diga o que lhes acontecerá nos dias que virão." Jacó, então, começando pelo seu primogênito, Rúben, fez uma profecia sobre o futuro de cada um de seus filhos. Quando chegou a vez de Judá, Jacó disse: "Judá é um leão novo" e "o cetro [de liderança] não se apartará de Judá, nem o bastão de comando de seus descendentes" (Gênesis 49.9-10). Isso significa que os líderes de Israel viriam, todos, da família de Judá. Nós sabemos que, um dia, Judá morreu; um de seus descendentes, porém, de fato, foi um grande governante, cumprindo, assim, a profecia de Jacó sobre o seu filho. Jesus veio da tribo de Judá e foi crucificado como o "rei dos judeus"; contudo, Jesus não permaneceu no sepulcro como os outros reis de Judá: ele ressuscitou e voltou para o seu Pai no céu, a fim de segurar o cetro de liderança para todo o sempre.

Anos mais tarde, quando o apóstolo João já estava muito idoso, o imperador romano o enviou até a ilha de Patmos, como punição por sua fé em Jesus. Enquanto estava naquela ilha, Deus enviou um anjo a João em uma visão. O anjo contou ao apóstolo como a profecia de Jacó seria cumprida por Jesus, e o apóstolo escreveu toda a sua visão no que chamamos, hoje, de livro do Apocalipse. Na visão de João, Deus segurava um rolo escrito e selado com sete selos. Ele escreveu: "Vi um anjo poderoso, proclamando em alta voz: 'Quem é digno de romper os selos e de abrir o livro?' Mas não havia ninguém, nem no céu nem na terra nem debaixo da terra, que podia abrir o livro, ou sequer olhar para ele" (Apocalipse 5.2-3). O apóstolo João começou a chorar porque não foi encontrado ninguém digno de abrir o livro e de olhar para ele. O rolo representava o plano de Deus para trazer fim ao pecado, de uma vez por todas, e levar todos os seus filhos para o céu. Somente alguém aprovado por Deus, o Pai, poderia tentar abri-lo. Então, de repente, um dos anciãos disse a João que parasse de chorar, pois havia uma pessoa que poderia abrir os selos e o livro – era o "Leão da tribo de Judá". Quando, porém, João olhou para procurar o Leão, o que ele viu foi um Cordeiro, que parecia ter sido sacrificado.

Tanto o Cordeiro quanto o Leão representam Jesus Cristo. O Filho de Deus foi sacrificado como um cordeiro pelos nossos pecados, mas venceu o pecado e a morte como um poderoso leão. Então, Jesus, o Cordeiro, recebeu o livro com a permissão de Deus, o Pai. Os quatro seres viventes e os vinte e quatro anciãos prostraram-se diante do Cordeiro e começaram a cantar um cântico novo. Eles cantaram para Jesus: "Tu és digno de receber o livro e de abrir os seus selos, pois foste morto, e com teu sangue compraste para Deus homens de toda tribo, língua, povo e nação" (Apocalipse 5.9). Então, todos que estavam no céu se juntaram e cantaram em alta voz: "Digno é o Cordeiro que foi morto de receber poder, riqueza, sabedoria, força, honra, glória e louvor" (Apocalipse 5.12). Jesus, o Leão da tribo de Judá, o descendente distante de Jacó, foi o único digno de abrir os selos e o livro!

Não é maravilhoso saber que Deus

planejou a nossa salvação, por meio de Jesus, milhares de anos antes de seu nascimento? Muitos anos antes, lá no início, ainda no Antigo Testamento, Deus deu uma palavra profética para Jacó liberar sobre o seu filho Judá, que apontava para a primeira vinda de Jesus. Hoje, por meio do livro de Apocalipse, Deus nos aponta para a segunda vinda de Jesus. Quando lemos a revelação do apóstolo João, estamos lendo sobre o dia, no futuro, em que Jesus voltará para tomar o livro do plano de salvação de Deus, abrir os seus selos e concluir o plano de salvação!

Vamos conversar sobre esta história!

Por que as pessoas da imagem estão tão animadas?
Por que o apóstolo João chamou Jesus de Cordeiro?
Por que Jesus também é chamado de Leão?

HISTÓRIA 156
A adoração diante do trono de Deus
APOCALIPSE 7.9-17

Você, alguma vez, já leu o último capítulo de um livro antes do seu início, para saber como ele terminava? Quando Deus deu a visão do Apocalipse para o apóstolo João escrever, a fim de que um dia todos nós lêssemos, ele estava permitindo que soubéssemos o que aconteceria no fim da sua história. O livro de Apocalipse nos dá um vislumbre de como serão os últimos dias. Ainda enfrentaremos dificuldades aqui neste mundo, mas podemos ter a certeza de que Jesus já venceu a luta contra o pecado e a morte. O livro de Apocalipse nos conta que, um dia, todos os seus filhos se juntarão a ele no céu. Jesus, o Cordeiro de Deus, trará um fim para a maldição do pecado que destruiu a sua maravilhosa criação.

Em sua visão na ilha de Patmos, João pôde ver como todo o plano de salvação de Deus será concluído no final. Ele escreveu: "Depois disso olhei, e diante de mim estava uma grande multidão que ninguém podia contar, de todas as nações, tribos, povos e línguas, de pé, diante do trono e do Cordeiro, com vestes brancas e segurando palmas. E clamavam, em alta voz: 'A salvação pertence ao nosso Deus, que se assenta no trono, e ao Cordeiro!'" (Apocalipse 7.9-10).

Depois disso, mais pessoas do que João podia contar se prostraram com o rosto em terra diante do trono e adoraram a Deus. Deus havia prometido a Abraão que os seus descendentes seriam mais numerosos do que os grãos de areia de toda a terra, e naquela visão ficou claro que a sua promessa havia se cumprido. Quando perguntaram a João se sabia quem eram aqueles que estavam vestidos de branco, ele não soube responder. Então, lhe disseram que aqueles eram todos os que haviam acreditado em Jesus, que tinham lavado as suas vestes do pecado e as branqueado no sangue do Cordeiro.

Você e eu ainda cometemos pecados todos os dias. Mas na visão do apóstolo João não havia

mais pecado algum! Todas as pessoas que estavam diante do trono de Deus o adoravam e serviam dia e noite em seu santuário. No céu, todo o nosso pecado deixará de existir, assim como os nossos sofrimentos. João escreveu: "Nunca mais terão fome, nunca mais terão sede. Não cairá sobre eles sol, e nenhum calor abrasador, pois o Cordeiro que está no centro do trono será o seu Pastor; ele os guiará às fontes de água viva. E Deus enxugará dos seus olhos toda lágrima" (Apocalipse 7.16-17).

Você se lembra de como essa história maravilhosa começou? Adão e Eva desfrutavam de uma vida na presença de Deus no Jardim; porém, depois de pecarem, eles perderam esse privilégio. As pessoas foram se tornando cada vez mais perversas até os dias de Noé, quando Deus destruiu a terra com um dilúvio. Passado algum tempo, depois que a família de Noé saiu da arca e se multiplicou, as pessoas voltaram a pecar tanto quanto antes, por isso, Deus confundiu a sua linguagem na torre de Babel. A partir de então, cada um seguiu os seus próprios caminhos, odiando a Deus e uns aos outros – até a vinda de Jesus. Cristo venceu a morte e destruiu o poder do pecado, para que pudéssemos amar e obedecer a Deus. Um dia, Jesus retornará para destruir o poder do pecado para sempre e receber pessoas de todas as tribos e nações no céu.

O livro de Apocalipse nos dá uma prévia de como tudo finalmente se dará para o cumprimento do plano de Deus. A promessa feita pelo Senhor de que ele pisaria na cabeça da serpente e uniria os povos de todas as nações, um dia, se cumprirá. Até que chegue o dia da volta de Jesus, a nossa fé pode ser fortalecida pela leitura do final da história. Se você depositar a sua fé em Jesus e no seu sacrifício na cruz, então um dia você estará no céu junto a milhões de outras pessoas adorando diante do trono de Deus. Você se juntará a todos os cristãos que já viveram em todos os tempos e assumirá o seu lugar no último capítulo da história do Evangelho de Deus. Que grande dia será este!

Volte logo, Senhor Jesus!

Vamos conversar sobre esta história!

Por que todas as pessoas da imagem estão usando vestes brancas?

Quem está no centro da imagem?

Qual é a relação desta imagem com a maneira como nós devemos viver aqui na terra?

Agora é a sua vez!

Escolha uma história que você gostou e faça o seu próprio desenho!

Agora é a sua vez!

Agora é a sua vez!

Agora é a sua vez!

Agora é a sua vez!

Agora é a sua vez!

Agora é a sua vez!

Agora é a sua vez!

Agora é a sua vez!

Esta obra foi impressa no Brasil e conta com a
qualidade de impressão e acabamento
Geográfica Editora.

Printed in Brazil.